U0533398

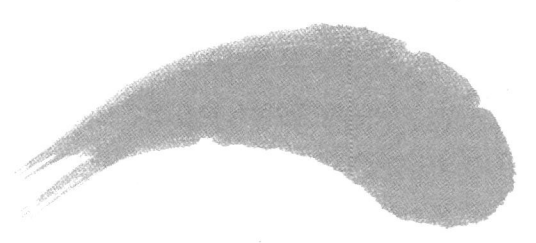

周易新解

陈鸿彝 编著

四川人民出版社

图书在版编目（CIP）数据

周易新解/陈鸿彝编著. -- 成都：四川人民出版社, 2025.7. -- ISBN 978-7-220-13874-4

Ⅰ. B221.5

中国国家版本馆CIP数据核字第2024D79P02号

ZHOUYI XINJIE

周易新解

陈鸿彝　编著

出 版 人	黄立新
责任编辑	李京京
版式设计	张迪茗
封面设计	李其飞
责任校对	徐　芳
责任印制	周　奇
助理编辑	勒静宜　苏　玲
出版发行	四川人民出版社（成都市三色路238号）
网　　址	http://www.scpph.cn
E-mail	scrmcbs@sina.com
新浪微博	@四川人民出版社
微信公众号	四川人民出版社
发行部业务电话	（028）86361653　86361656
防盗版举报电话	（028）86361653
照　　排	四川胜翔数码印务设计有限公司
印　　刷	四川机投印务有限公司
成品尺寸	145mm×210mm
印　　张	14
字　　数	305千
版　　次	2025年7月第1版
印　　次	2025年7月第1次印刷
书　　号	ISBN 978-7-220-13874-4
定　　价	58.00元

■版权所有·侵权必究

本书若出现印装质量问题，请与我社发行部联系调换

电话：（028）86361656

前　言

让易学走向现代、走向世界

《周易》是现存最早的中华原创经典，是商周千余年文明史关于国家治理、社会管理、民生护卫的智慧结晶。

《周易》的最大贡献是提出了"阴阳对应"的世界观，它认为世间万物都是分阴分阳而互根互渗、相互对应的。所谓对应，既包括事物之间的对立、对抗关系，也强调事物之间的对比、对称、对偶关系与对等、对齐、对扬关系，更强调事物之间的共生、共存、和谐共进关系，因而更适应系统论、结构论的理论诉求，更符合全息性学说、可持续发展学说的精神需要，也为人类的趋吉避凶、安全发展提供了多样的方案选择。例如，在解析社会刑狱问题时，可以不受黑白二元对立论、为治唯法论、赎罪论、复仇论的左右，不致堕入丛林法则之吃人或被吃的可怕陷阱。

《周易》的重大贡献还在于它首举"天地人"三才一体的价值论，把人的价值提升到与天地齐平的高度。它明确申述了儒学的"神圣观"："利用出入，民咸用之谓之神"，"备物致用，立成器以为天下利,莫大乎圣人""始能以美利利天下,不言所利";进一步肯定了"天地之大德曰生","崇高莫大乎富贵"——这就把发展群体利益、发展民生产业提到了神圣的高度,从而肯定了人的生存权、发展权,肯定了人的优化生态、发展性灵、提升生存质量的要求。这正是中国学界、政界的通识,而后世小儒、腐儒、庸儒们却总想用空洞说教来遮蔽它。

《周易》的可贵还在于它为丰富法理思维开辟了广阔的空间。它最先展开了对中华法哲学的基本论述,形成了礼、法、禁、令与罪、刑、狱、讼等法学基本概念。它的六十四卦,卦卦皆为趋吉避凶而设,但它不语怪力乱神,不把现世祸患归结为当事人的先天命定,也不归结为上帝对世人之"原罪""本罪"的惩罚;不把解决现实灾难的希望推到彼岸世界去;它不空口许诺荒渺的来世幸福,也不许诺个人超脱现实去成仙成佛;它也不赞成使用暴力对平民进行恫吓与震慑。恰恰相反,它以社会吉凶治乱衡量政局清明度,要求以良政善法为社会做安全保障。它指导在位掌权的君子承担起解除民生疾苦的责任,希望统治者能明白"理财正辞,禁民为非"的道理,从而"利用正法"来形塑人、形塑社会。为此,它确立了"裒多益寡,称物平施"的施政方针,确立了"明慎用刑而不留狱"的人性折狱规范。西哲苏格拉底说,普世国家都有"法",我们的目标是如何确保"法为良法"。可以说,《周易》早已从根本上回答了这个问题。由此看来,《周易》不愧是中华法学的理论先导,是中华法治的无可取代的学术资源。人们自当应用易理来指导礼法赏罚，指导罪刑狱讼，指导对吉凶祸福的判断与救济，离开这个核心，对《周易》六十四卦的任何解读，都是隔靴搔痒。

《周易》是公认的人类公共文化资产，不同民族文字的译本众多，相关的研究著述难以计数。其所含蕴的东方智慧为中西哲人所共尊，研究者往往由此深入内层，可见其理论覆盖面之广、生命力之强、学术地位之崇高。早在明代中后期，当利玛窦来华之时，《周易》便已走向了世界，成为中西文明正态对接的第一桥梁。正如比利时汉学家柏应理所说，人们向欧洲介绍的中国，不是人们耳闻目睹的现实中国，而是出于《周易》等古老典籍之思想的中国，即孔夫子的哲学中国。他认为孔夫子的哲学是一种古老的、智慧的自然哲学，它树立了理性原则、道德秩序，成就了一种明智、宽容、深厚、淳朴的文化传统，而这正是欧洲文艺复兴、宗教改革、启蒙运动所急需的人文精神，成为欧洲人反对"天启神学"的重要思想元素，从而参与了欧洲人文思潮的推进和发展。而今，让易学进一步走向现代、走向世界，是当代中国学界义不容辞的责任。当然，这并不是一件轻而易举的事。

本书的释读

要想读懂《易》的经传原文，并不容易，一是因为各卦、各爻所取之事象、物象或景象、意象，都出自上古甚或远古的生活实际或神话传说、历史典故，经过漫长而复杂的历史变迁，变得生涩难懂；二是原文行文极其简古，其表达方式已远离今人的语用实际，不少文字、语法，已经死去，即使还活在今人的文化生活中，实际含义也会大不一样；加之学派纷争，异说纷呈，使人难索正解。重新释读此书，就是期望应对阅读理解的疑难。

本书由上、中、下三篇组成。

上篇《触摸易学》，重在介绍易学基础知识及其理论构架。我们注意到：第一，传统易学的"阴阳对应"学说完全不同于西方的黑白二元对立论，二者不可对译，不容混淆；第二，八卦卦符的"天地人"三才一体论是中国式的宇宙构成论，它讲的是天人合一，但突出了人的价值和人的地位；第三，民众的趋吉避凶，责在君子，君子要保证政清法明；第四，历代圣贤都是"利益万民"者，是终身劳动的创造者，绝不会凌驾于整个社会之上。对此，我们都将立足原文进行阐释。

中篇《六十四卦解析》是全书的主干部分，逐一疏解六十四卦之卦、彖、象、爻之辞；我把它分为原文、释义、心裁三部分，参考清人阮元的《十三经注疏》本做解析。首先，列出本卦的卦符与卦名、卦辞，对其作出解说，突出本卦的卦象与卦德；其次，依次列出本卦之《彖辞》《象辞》，注释其关键字词，疏通文义，重点是引出君子的从政德能、从政法理、从政艺术；再次，列出本卦六爻爻辞及其《小象辞》，逐条释义，叙述各爻所取的事象、物象或景象、意象（请注意：各卦的爻辞及其《小象辞》，多是既往占卜话题的集合，题材各别，给了人们灵活解说的空间，故释义不强取一家之言）；最后，附以各卦之"心裁"，抽绎其背后的易学义理，抒写个人的阅读体认，链接必要的文史政法知识，指示当代应用的可能方向。

下篇《〈十翼〉解析（孔子解〈易〉）》。《十翼》是古《易》的有机组成部分，是孔子晚年思想高度成熟之作。孔子本着"不语怪力乱神"的精神，突破商周龟卜巫筮千百年来既有的解释模式，表达了自己的政法观、刑狱观、吉凶观、财利论、产业论、圣贤论，为先秦儒学开辟了广阔的义理空间。对此，我们做了分题介绍。

工作中，我们注重从政刑法制的角度，把握其理论生长点，努力做好传统文化的当代诠释工作和创新性理论对接。各部的评议之文当然吸收了前人和今人的研究成果，但也注意不架空立论，不株守旧解。如果所言与时贤相同相近，那是不得不同不近；如果差距明显，那就请多多包容，并不吝赐教。

2020年6月16日

目录

§ 上篇　触摸易学 / 001

一、从古《易》传说到卦符爻符 / 001

二、伏羲画卦——照亮原始生态的智慧光芒 / 007

三、文王重卦——用符象刻录社会生态 / 011

四、《周易》的阴阳对应学说 / 015

五、易象·易数——易学的方法论与表达式 / 024

六、《周易》的三才观——破天荒的中华人权宣言 / 034

七、《周易》的刑狱观——对法治秩序的奠基性论述 / 038

§ **中篇　六十四卦解析（上经）/ 042**

一、乾卦 / 042

二、坤卦 / 051

三、屯卦 / 058

四、蒙卦 / 064

五、需卦 / 070

六、讼卦 / 076

七、师卦 / 081

八、比卦 / 087

九、小畜卦 / 091

十、履卦 / 095

十一、泰卦 / 100

十二、否卦 / 106

十三、同人卦 / 110

十四、大有卦 / 115

十五、谦卦 / 120

十六、豫卦 / 126

十七、随卦 / 131

十八、蛊卦 / 135

十九、临卦 / 139

二十、观卦 / 143

二十一、噬嗑卦 / 149

二十二、贲卦 / 154

二十三、剥卦 / 158

二十四、复卦 / 162

二十五、无妄卦 / 167

二十六、大畜卦 / 171

二十七、颐卦 / 175

二十八、大过卦 / 180

二十九、坎卦 / 184

三十、离卦 / 188

§ 中篇　六十四卦解析（下经）/ 193

三十一、咸卦 / 193

三十二、恒卦 / 198

三十三、遁卦 / 202

三十四、大壮卦 / 206

三十五、晋卦 / 210

三十六、明夷卦 / 215

三十七、家人卦 / 219

三十八、睽卦 / 223

三十九、蹇卦 / 229

四十、解卦 / 232

四十一、损卦 / 236

四十二、益卦 / 240

四十三、夬卦 / 245

四十四、姤卦 / 249

四十五、萃卦 / 253

四十六、升卦 / 257

四十七、困卦 / 261

四十八、井卦 / 265

四十九、革卦 / 269

五十、鼎卦 / 274

五十一、震卦 / 278

五十二、艮卦 / 282

五十三、渐卦 / 286

五十四、归妹卦 / 291

五十五、丰卦 / 295

五十六、旅卦 / 301

五十七、巽卦 / 305

五十八、兑卦 / 309

五十九、涣卦 / 314

六十、节卦 / 318

六十一、中孚卦 / 322

六十二、小过卦 / 326

六十三、既济卦 / 331

六十四、未济卦 / 334

§ 下篇 《十翼》解析（孔子解《易》）/ 339

一、孔子的学术心胸与学术贡献 / 339

二、《周易》之《象辞》的主题思想
　　——论对君子品能的规范 / 344

三、从《文言》看孔子的教学示范 / 349

四、《系辞上》阐释 / 357

五、《系辞下》阐释 / 376

六、《说卦》的主干内容 / 395

七、《序卦》的主干内容 / 403

八、《杂卦》的主干内容 / 408

九、《十翼》论及仁义，但未论忠孝 / 411

十、《十翼》的中庸论与辩证思维 / 413

十一、《十翼》论农业文化与财富 / 417

十二、《十翼》倡导科技利民 / 420

十三、《周易》的艺文之美 / 424

十四、《十翼》是孔门儒学成熟的标志 / 432

上篇 | 触摸易学

一、从古《易》传说到卦符爻符

《周易》的核心内容就是八卦，它的第一块基石就是用阴爻（- -）、阳爻（—）作三重排列组合，从而形成原始八卦：乾（☰）、坤（☷）、震（☳）、巽（☴）、坎（☵）、离（☲）、艮（☶）、兑（☱），人称"伏羲八卦"。不过，最初的八卦卦符到底是由谁画出来的，今已无法考证了。这里，我们把"伏羲"作为五千年前中华远古文明的人格化身来看待。伏羲八卦的卦符、爻符，反映了天地、风雷、水火、山泽的相互作用，也反映了原始生态的变化发展与运动机理，成为远古社会生产力与人的认识能力的一种映射，每个线段（爻符）都携带着原始社会的文化积淀，穿透原始荒原的混沌长空，映照出人类社会向文明前进的身影。

（一）古《易》之经与传

古老相传，《易》有三种：夏之《连山》、商之《归藏》与周之《周易》，而《连山》与《归藏》都失传了。今传之《周易》之"周"字，据说有两层意思：一指周遍，即易道广大、无所不包的意思；一指周代。"周"原为岐山之阳、渭水上游的一个小地方，是周部落的发祥地，后来周人沿渭水东下，搬迁到渭水中下游，聚居于丰镐（今陕西西安）一带。商时，姬昌获得了"西伯"（西部霸主）的称号。姬昌就是后来的周文王。今传《易》的六十四卦及其卦辞、爻辞，据传便是由周文王等人创制，故叫作《周易》。经周人的世代相传，得以流布至今。"易"字，后人有的认为其甲骨文的字形像个蜥蜴（变色龙），由此引申出变易之义；也有人认为"易"字金文字形由日、月构成，象征着阴阳对应。随着时间的推移与文明的累进，它承载了越来越丰厚的社会文明信息，于是"周易"的核心理念便成了"周遍、变易、阴阳对应"三义的叠加，而"阴阳对应"则是三者中最为重要的理念。

通常说的"古易经传"，包括古本《周易》的"经"和"传"两个部分。古经部分指六十四卦的卦符、卦名、卦辞；每卦有六爻，六十四卦共三百八十四爻；每爻又由爻符、爻名、爻位、爻辞构成；卦符与爻符连同卦辞与爻辞都刻录在竹简上，统称为"古经"。"传"，特指"古传"，即专门解说古经文（卦辞与爻辞）的十篇专论，称作《十翼》。翼，有辅助之义，是对古经文的解释与阐发。这十篇专论，分别是《彖辞》（上下篇）、《象辞》（上下篇）、《系辞》（上下篇）、乾坤两卦的《文言》，再加上《说卦》《序卦》《杂卦》各一篇。其中，《彖辞》上下、《象辞》上下，原是各自成篇的专题论文，被后人按自然段拆分开，再分别配置于六十四卦中相应的卦辞、爻辞之下，成为卦辞、爻辞的释义。同时，后人又将乾坤两卦的《文言》配置于两卦之卦辞、爻辞之后。这样一来，就体现出为经文做传注的功能了。汉唐以降，人们把固有的卦辞、爻辞与《十翼》合在一起，统称为"古易经传"，借以与汉以后历代学者各自增补的注疏、训诂、评析之文相区别。

今天看来，卦符、卦名相当于后世论文的编码、索引；卦辞相当于这篇文章的关键词或标题；相关的彖辞、象辞则是对该卦中心思想的分层展开；爻辞及其小象辞则是商周卜筮的话题集结；其后的文言、系辞、说卦、序卦、杂卦之类，则是专题式的说明与论证；汉唐及其后历代学者的注疏之文，则组成了后世的"今释今解"，都是仁者见仁、智者见智之作。

后世学者为《周易》而作的注疏传释太多了，《四库提要》说有六千多种，所录达三千种。其中，以揭示经传义理为基本目的的、影响特别大的有汉代郑玄、晋代王弼、唐代孔颖达、宋代朱熹、元代胡震亨、清代阮元等人的辛勤劳作。当然，还有一批承续巫卜占筮应用操作方面的传释之作。

（二）《周易》之卦与爻

《周易》是以八卦（六十四卦）为逻辑顺次来展开论述的。

1. 卦符、爻符

什么叫"卦"？（1）远古先民"结绳而治"，后来才"代之以书契"。"卦者，挂也"（音近义通）。"卦"之名是结绳时代遗留下来的远古记忆。（2）先民是用定性归类法，依"同气相求"的思维方式看世界的：凡同"气"者皆可列为一串、一挂，这是中国先民对事物做类别区分的原始法则。因乾、坤二卦的涵盖率最高，于是具有阳性（—）与阴性（- -）的事物便都"挂"在这两符之下了。（3）"卦"字由"圭"与"卜"组成："圭"是远古用于观测日影、定位时空的第一仪表；"卜"指卜算，知来藏往，指导人事。故八卦卦符，既储存着丰厚的自然生态信息，又深藏着丰富的社会民生智慧，这就叫"天人合一"。原始八卦的卦符（☰、☷、☲、☵、☳、☴、☶、☱）是阴阳爻的排列组合。

卦符由爻符组成，爻符象征着交错变化之意。伏羲八卦由三爻排列组合而成；文王八卦是重卦，由六爻组成。爻符依照从下往上的顺序排列。爻有性、序、位的区别，强调要在时空秩序中衡准自己的值，故爻是易理的逻辑起点。

伏羲八卦是由三道爻符组成的八个经卦，天在上，地在下，人居中，居中的是万物之灵。远古人把自身及其以外的一切，都称为"天"，视为天然的状态，视为天帝的恩赐，敬畏它、顺从它，把自己统一于它；人是生活在风雨、雷电、高山、大川、莽原、烈火、草泽、龙蛇之间的精灵。这是人类对自身存在价值的确认，于是有了"天地人三才观"，而人为贵，人具有与天地同在的主体性、主动性。三爻，则象征着三者的共存互动关系。

六十四重卦卦符中的初、二爻讲地道，三、四爻讲人道，五、上爻讲天道。道者，哲理也，易学原理也。易之道，穷则变，变则通；顺时应位而作，不违时逆位而行，是为"天人合一"之道。

2. 卦名、卦辞

与八卦卦符相配的，有卦名、卦辞，内含着卦象、卦德，显示出古人对八卦寓意的理解与阐释。例如，乾卦之卦辞所示之卦象、卦德："乾：元、亨、利、贞。"这是《周易》第一卦，"乾"是卦名，开宗明义，突出了生命力之本源性特质：乾，刚健阳光，贞正利物。这是老天爷的本旨，它也是易学的总纲。乾卦，取象于天。乾、天、健，三者音近义通，有健康、健旺、雄健之义；又为"键"，有关键、枢纽、要害之义。乾卦之卦德有四：（1）元：首也，指天地万物之首、之本源。（2）亨：亨通，顺畅。（3）利：禾与刀合成"利"字，有收益、利益之义。（4）贞：正也，利物而不害于物为贞、为正；又，固也，其义为固守原则而不动摇。

3. 爻辞

《周易》古经中，与爻符相配的有爻辞，明示了古人对八卦寓意的理解与应用。古经之爻辞，是商周卜者的卜例汇集。六爻卜例未必有特定的内在关联，故能给人以巨大的解释空间。今以《蒙卦·初六》的爻辞为例：

初六，发蒙，利用刑人，用说（脱）桎梏。以往，吝。
《象》曰：利用刑人，以正法也。

蒙卦讲的是社会或幼儿的启蒙教育，其关键是"利用刑人，以正法也"。刑人，即"型人"，塑造人、规范人之义。童蒙的可塑性最强，需要启蒙；而社会的文明转轨，也需要启蒙。两类启蒙教育中，最有利、最有效也最必需的型人办法是利用正法，以正法启蒙之、教化之、陶冶之、塑造之，而不可随意加以"桎梏"，尤其不可妨害童蒙天性的发抒，这才是启蒙教育之根本大法。这里，"利用刑人，用说（脱）桎梏"句，可以释为：以"正法"教育人、形塑人，使之远离"桎梏"（之惩罚）。这才是对社会最根本的"利"。

4. 卦象与爻象

《周易》的卦名、卦辞与爻辞，都有取象问题。其象都来自现实社会生活中实有的或可能有的物、事、景、德、情、理，不带任何玄虚冷奥迷信色彩，尤其是没有任何恐怖、阴暗、谲怪色调。这是中华民族以自己的阳光心态认识世界的反映，是上古群体生活经验的积累与提炼，表现出人们对八卦知识的崇奉与珍视和趋吉避凶的文化态度。比如，乾卦有阳刚之气，即取象于天、日、龙、马、男子之类，以象征阳光、刚强、勇猛、进取之德；坤卦有阴柔之美，即取象于大地、月亮、母牛、女子之类，以象征柔顺、承载、包容、慈良之德。至若爻象，都近取于身边，贴近于民生，如冰霜、篱笆、车辐、枯杨之类。随事取象，随意赋形。

总之，卦、爻、符、象，都来自生活、反映生活，可以用来解释生活、指引生活，绝非迷信产物。

二、伏羲画卦
——照亮原始生态的智慧光芒

中原大地——中国先民找到的最适宜人居的地方。这是一片充满生机又充满考验的圣地，是一片日月照临、四季分明、风雷震发、水火充盈、山陵伟岸、碧水奔腾、草木欣荣、禽鸟争欢的生态家园。华夏儿女生于斯，长于斯，劳作于斯，歌哭于斯，对它充满了爱，充满了感恩情怀。于是先民与大自然构成了一个生生不息、新新不已的社会共同体，提供了诞育东方文明的生态基地。

（一）伏羲是谁的名号

最初的八卦到底是谁画出来的，今天已无法考证了。我们取通行的说法：起于伏羲氏。因为先秦人语音中的声母"b、p、m、f"以及"w、v"是不分家的，都发重唇音，而且记录语音的文字最初也没有定形，所以"伏羲"二字在文献中又被记作伏牺、伏曦、伏戏、庖牺、包牺、宓羲……它们都指向同一个客体：一个最初活动在甘陇一带、后来迁入中原而拥有高度文明素质的氏族群体，被称为"伏羲氏"，这个氏族的历任酋长自然地世代相传，也就都叫作"伏羲"了。伏羲氏与先后相存的盘古氏、女娲氏、有巢氏、燧人氏、神农氏等氏族相接力，在中原大地开创了华夏家园。今天，我们就把"伏羲"作为中华远古第一道文明曙光的人格化身来看待。

据传，伏羲氏（氏族）由甘肃天水迁入中原大地后，"建都于陈（本名宛丘，今河南淮阳）"。这儿有一个方形土墩叫作八卦台，相传是伏羲（酋长）当初仰观天文、俯察地理、始画八卦的地方。伏羲观天、测地、画卦的活动，标志着中华先民开始从野蛮进入文明。

（二）原始群居生活，启迪了先民的"阴阳思维"

伏羲氏过着狩猎与采集的群居生活，生儿育女、不断繁衍。他们习惯用瓦器或陶器上的各式符号做原始信息的储存与传递，记录他们的生活内容。

酋长伏羲见证着这一切，他从男女交媾而后有新生命，领悟到天地交合而生万物。于是，面对朗朗天宇的云起霞飞，他画出了一道横线（—），用来表示那无尽的长天与充塞于其中的阳刚之气；又面对着被长河深谷切割开的山川大地，用一道连线（- -）表示气脉相连而又分片呈现的大地，以及流注于其间的阴柔之气。如此天地叠合，阴阳交汇，世间万物便争长而欣荣了。于是，先民的阴阳意识也就获得了一种符号表达式，最初的"乾符（—）"与"坤符（- -）"便出现了。

（三）伏羲创圭表，实现了时空转换的认知

伏羲在仰观俯测活动中，用上了一套专门的仪器"圭表"，圭表由一根标杆加一个土圭（长条形石板）组成。标杆直立着，土圭横躺着，二者构成直角。圭面有个水槽，槽中注上水，以保证圭板放置的绝对水平。使用时，看日影落在圭板上的位置。一天之中，日影最短时为正午，正午时日影落在圭板上的方向为正北，反向为正南，其直角交叉线则指向正东与正西，于是确定了四面、八方——中国人由此确立了空间方位概念。日影在不同方位的投影，又标示着时间的推移，于是时空的相应变化与转换，也是可以认知的了。将长期的观测记录归纳比较，可测出一昼夜的十二时、一年十二个月的时间演变，逐步认定其起止的时间点，也就获得了时空节令的相关数据。进而根据一年四季天象、物象的变换周期，测出"天""地"的运行规律，由此衍生出天文、历

算、动植生死、农事安排的一系列知识来,衍生出天地变化、周而复始、天人合一的理念。这对于中国先民来说,意义实在是太重大了。

"圭测日影"的技术,是中华文明曙光初照时期的头等科技发明,是一个了不起的世界级创造。埃及的金字塔、玛雅的祭天台对天文的精确测算极端神妙,但其投资浩繁,且只是服务于"神"的;不像中国先民的圭表,这么密切地关注着社会民生与农业生态,投入极少,操作大众化,便于普及。这预示了中国科技的发展路线:后世中国人爱用的筷子、银针、算盘、舟车、纺织机械等,其发明制作,无不走着这条简易的亲民路线。

(四)伏羲仰观天文、俯察群生,制作了八卦卦符

太空中日升月落、星宿璀璨、云起风生,引动伏羲对"空间"的遐思;大地上万品交呈、春生夏长、新新万状、生生不息,让他想到了这"时间"隧道中万物变化的神妙。他目睹着天与地、水与火、风与雷、山与泽的天然存在,见证着人类的生育、万物的繁衍,不禁发问:这一切从哪里来,到哪里去?它们之间有什么联系?他意识到:山泽提供了一切生存资料,有取之不尽的动物、植物资源;水是生命的源泉,是生存之需;火提供光明,提供熟食,也是安全防范的必要手段;而人,两只眼睛可以俯仰天地,两只脚可以踏遍山河,两只手可以经营家园。呵,人是万物

之灵，人给了这个世界以灵魂、灵性、灵机……

伏羲要把自己的心得与公众分享。他用他发明的卦符向人们展示、解说。他用阴阳符的三重叠合来描述天地、水火、山泽、风雷的相互作用，表示世界万物都在天地之中生长化育着，谁也离不开谁，于是原始八卦就问世了，人称"伏羲八卦"：☰乾天、☷坤地、☴巽风、☳震雷、☵坎水、☲离火、☶艮山、☱兑泽。它们合称"八经卦"，组成了有机统一的世界图像。于是，"天地定位，山泽通气，雷风相薄，水火不相射"（《说卦》）。八经卦的符象，不带任何玄秘迷信成分，尤其没有恐怖、阴暗色调，是中华民族以阳光心态认识世界留下的清明镜像。

三、文王重卦
——用符象刻录社会生态

伏羲画出八经卦，文王"益《易》之八卦为六十四卦"（《史记·周本纪》）。其增益的第一道工序就是"重卦"，把八经卦卦符两两重叠起来，使之形成六爻重卦。文王六爻，表示三才各自都是可分的；其分、其动、其相互关联，又都是有规律可循的。于是，它对人生、对社会、对世界的解释力、涵盖力以至理论表达力都比伏羲八卦成几何级数地增强了。

(一)"文王重卦"的问世

周人原本生活在陇上,在始祖后稷的领导下,垦植了田园,培育出了麦、黍、稷、菽(豆)、麻五谷,进入了农业社会。后来,周部落沿渭水东下,定居于镐。周人与周边各族(戎、濮、茅、巴、羌……)共处相安,宗亲、老幼、五谷、六畜,园圃、川泽……构成了周人的生态家园。在这里,人们可以享受到"万类霜天竞自由"的欢乐。

公元前12世纪的一天,周人的首领姬昌(文王)走出了渭川,远赴千里之外的殷都安阳,去觐见商王受(纣王)。此时的商王正在发兵进攻徐夷、淮夷,把商人的势力向东方、东南方大大地推展开去。姬昌沿渭入黄,一路东进,他走出了"小邑周",看到了"大邦商"的高度文明,在这里,一切都在递进,一切都无止境……这启发了他的灵性智慧。

这天,姬昌来到洛水边,东行,穿越了渑池"仰韶文化区"。途中,他在一个山坡前停住了,从山麓到山顶,一列列土窑有序地排列着,窑顶冒出蒸汽,阳光下,山腰以上被幻成一幅美丽的图画:有人正在脱坯,有人正在坯子上作彩绘;这边有人正向窑中堆放陶坯,那边有人在向窑中加柴、吹火;左方有人从窑顶向窑内喷水,右方有人正从窑中取出成品来……好不忙碌,好不热火。

面对这一切,姬昌激动了,他恍然大悟:这制陶工艺,不就是靠水、火、土三要素的人为调配吗？那些"自在"的水、火、土，原是互不相容的，水会灭火，火旺也在耗水；水能把硬土泡软，火能把泥土烧结成器，其中的"窑变"之事理实在太神妙了！社会生活发展到这样的程度，单一的卦符已经不足以揭示其奥妙了，必须另辟蹊径。他开始琢磨把伏羲八卦（八经卦）改造一下，以满足新需求。最简易的改变就是将其两两叠合起来，仍沿用其原名：乾（☰）、坤（☷）、震（☳）、巽（☴）、坎（☵）、离（☲）、艮（☶）、兑（☱）。

（二）六十四卦的生成

姬昌来到了殷都安阳。这里有发达的制陶和青铜冶炼技术，有制作兵器与礼器的国家作坊，有发达的农耕作业，有远距离的经商活动，有高大连片的粮仓，有储藏奇珍异宝的国库；姬昌还见到了商王受的御苑鹿台，目睹了酒池肉林……呵，生活原来是如此复杂，人生是如此多变，社会竟如此纷繁，王家竟如此奢华！这一切对姬昌来说，都是全新的。他的脑子飞速地运转起来。

姬昌在殷都待了很长时间，通过层层推介，好不容易才见到了商王受。商王听说他不远千里来觐见，还带来不少西方特产，一高兴，就封他为"西伯"，即"西部的霸主"，有征伐周边小邦部族的权力。姬昌知道当时商人在商王的率领下，正与徐夷、淮夷进行着人口与土地资源的争夺，便向商王进言："要珍视生命，别打仗了！"但商王哪里听得进去，一句话不对胃口，便下令："把这个周人关到羑里狱城中去！"顷刻之间，姬昌的身份发生了巨大变化：从使者变为西伯，又一下子成了阶下囚！唉，人生就是这么变幻着的吗？

姬昌被商王囚禁于羑里七年。在羑里，他观察、思考、记录，潜心研究伏羲八卦，终于形成了六十四重卦，实现了六十四卦的高度体系化。八卦演变成为六十四卦，有三百八十四爻，于是配置了三百八十四条爻辞。这就成为对大自然的整体描述，成为对各事物之间细部关联的揭示。相较于伏羲时代，这是一次知识爆炸，是一项巨大的文化工程，自然需要有更高的智慧才能把握。

交代一下：人们说"文王重卦"，并不是说六十四卦之卦爻辞都是文王一个人完成的。武王、周公、姜尚，甚至箕子等人，都可能参与了创制与完善工作。人们公认文王是这一文化事业的精神代表。

（三）六十四卦强调"变"的普遍性、绝对性

这六十四卦，是由八重卦之六爻各自发生爻变，从而构成了爻变系列：由乾卦爻变而成的称为"乾宫卦"，由坤卦爻变而成的称为"坤宫卦"，由震卦爻变而成的称为"震宫卦"，依此类推，共八宫六十四卦。注意：当爻变时，卦符是由下向上推衍的，这是一个"生"的过程。文王重卦的哲理含义很丰富，它贯穿着

整体观、变易观，掌握它，"以通神明之德，以类万物之情"。这里所说的"神明之德"，是指功能、规律、成效、德行；"情"，指内情、实况、表现。

如果说，伏羲八经卦的卦象天地水火风雷山泽，是远古原始生态的具象表达；那么，文王六十四重卦，则是时人对已知的自然知识、社会知识的有序整合与分类归纳，充满了辩证思维的智慧和现实精神，展现着商周社会文明、政治文明、产业文明的现实风貌。记住：有规律的"变"，是八卦文化的支柱性思想，是易学世界观的活的灵魂。

四、《周易》的阴阳对应学说

《庄子·天下篇》说"《易》以道阴阳"，这是说，《易》讲的是阴阳变化之理。《系辞下》曰："子曰：'乾坤，其《易》之门邪？'乾，阳物也；坤，阴物也。阴阳合德而刚柔有体，以体天地之撰，以通神明之德。"《周易》用符、象将阴阳互动观念表达出来，以阴阳的相推、融合而形成整体稳定与和谐的阴阳对应学说。这种思想贯穿于全书，为开启中华学术思维准备了丰厚的营养。

《周易》之阴阳对应学说，内涵十分丰厚，一下子很难全面把握，作为入门之学，我们可以从这五个方面来初步认识它：分阴分阳之说；阴阳应象之说；阴阳互根之说；八卦相荡之说；阴阳五行对应之说。

（一）以阴阳观来看世界，首先要把握"分阴分阳"之说

《周易》是怎样分阴分阳的呢？

《周易》把光明的、向上的、刚性的、强大的、积极的、外显的、正面的事物和事理，都归之于"阳"，如天、日、火、男、山、龙等，而不涉及各自的理化构成。同时，凡保守的、黑暗的、静态的、消极的、柔弱的、内藏的、反面的事物或事理，都归之于"阴"，故地、月、水、女、泽、蛇等均为一类，而不顾及各自的生化形态。这两组阳类、阴类事物之间，又存在着正态的或负态的对应、对称、对等、对扬、对比、对照关系，甚至对立、对抗关系，那不是任何生化仪表所能测定的，不可做静态的定性解析。

在《周易》中，凡天地、山川、水火、风雷这些对应概念，全都可以用阴阳爻符的排列组合来表达、来推演，于是阴阳符便有了它的哲理意蕴，而上下、表里、日月、雌雄、黑白、寒温、虚实、高低、强弱、甘苦……也就有了此阳彼阴的归类。但某事物属阴属阳的划分，并不是僵死的，要看具体条件。比如日与月，日为阳，月为阴。但就月自身而言，则其受光面为阳，背光面为阴。手足对称时，手为阳，足为阴；手足分讲时，手足各自有阴阳：手背为阳，手心为阴，足背为阳，足心为阴。男生在女生面

前为阳，在老师面前则为阴。一切都以具体条件为转移，所以事物之分阴分阳是相对的。

《周易》把阴阳两种属性的相互组合、相互作用看成万物生成变化的始基，是生成变化的原动力。据说，西亚、中东、欧洲的古人认为世界充塞着"黑白二元"的对立、争斗，非白即黑，非昼即夜，非神即魔，互相对立，互不相容，你死我活，终极归一。而其归一，是一个吃掉一个，而不是二者综合为一。南亚先民把世界看作"水、火、地、风"四大要素的有机结合，他们不讲"你死我活"，而讲"同登极乐世界"，这种思维就客观而缜密得多。伏羲八卦大概就是这四大要素的一分为二："水"分江河湖海之水（坎）与浸润滋长之水（兑）；"火"有天生之火（震）和人用之火（离）的不同；"土"（地）有大地（坤）与山石（艮）之别；"气"（风）有天气（乾）与地气（巽）之分。它们又以对偶形式相联系：天地一对、风雷一对、水火一对、山泽一对。这里，乾者，天也，积气也；巽者，风也，气之动也，故皆为"气"类。震乃天火，指雷，神威莫测；离为人火，生活用火，象征文明；坤指大地、农田，有承载之德；艮指山石、金玉，具有静止、固守之性；坎喻陷阱、困厄、牢狱之灾、身外之祸；兑为润泽、滋养，乃生命之源，象欣悦之态。这就既看到了它们之间的共存关系，又看到了它们之间的阴阳消长关系，把世界的多样平衡涵化于其中，更具哲理性，更能反映宇宙万物的动态组合，更能说明宇宙的生成运化的内在机理。

八卦卦符的阴阳属性是根据八卦初爻的阴阳来定的，乾、离、震、兑四卦的初爻均为阳爻，故属阳性；坤、巽、坎、艮四卦的初爻均为阴爻，故属阴性。八卦本着阴阳消长、相反相成的自然之理来模拟宇宙秩序，极具阴阳对称性。其中，乾坤（天地）、巽震（风雷）、坎离（水火）、艮兑（山泽），两两相对，每一对中都阴阳交错，阴中含阳，阳中含阴。这是易理的第一块基石，也是中国哲学的第一块基石，还是中国法学的理论生长点。

（二）阴阳应象之说：通过相应的易象来表达生活哲理

阴阳学说中的"阴阳"，不是对某种具体物性的抽象概括，而是以事物的相互关系与动态性能为观照对象所做的一种意象性归纳。其表达方式就是运用对应的"象"或"符"，故称为"阴阳应象"。

中国古人采用"比类取象"的方法，把世间万物的形态、性质与功能，通通归属于阴阳体系，取其代表性物象（或意象）表示之，借以象征系统内部以及系统与环境之间的复杂联系。中医为表述其生理、病理与药理的对应关系，有所谓"东方生风，风生木，木生酸，酸生肝，肝生目"这类说法，就是按阴阳应象的思路来的。

在《周易》中，阴阳应象有四大类表达式：

符象表达式：━、--。☰、☷；☳、☴；☵、☲；☶、☱。

物象表达式：比如借用龙马表阳性，借用冰霜表阴性。注意：这里只是借其外在之"象"，而不是用其物理之"形"。

事象表达式：借事象来言理，而不论此事的实况如何，只是借来表达一种生活哲理。如"高宗归妹"的史实、"割耳断指"的刑惩、"匪寇婚媾"的抢婚习俗之类，重点在言理，不在于追究当时的实况。

意象表达式：比如用来渲染气氛、提升诗意美感度的画面，如"鹤鸣在阴""鸿渐于陆""履霜，坚冰至""载鬼一车"之类比兴手法的应用，用来映射一定的卦义、卦旨、卦趣。

（三）阴阳互根学说：揭示阴阳之间的同生共存关系

阴阳是同生共存的。中国古人认为，"孤阴不生，独阳不长"，如果将阴阳孤立起来，它就不能生长，不能发展。《素问·六微旨大论》说："故非出入，则无以生长壮老已；非升降，则无以生长化收藏。"所谓"阴阳互根"，就是指阴中含阳，阳中生阴，阴阳消长，互为作用，谁也离不开谁，谁也取代不了谁，只能在彼消此长、此消彼长中呈螺旋式上升，波浪式推进，只能互依共存、互渗共进，各以对方的存在为自身存在的先决条件，故不赞成用"生死对立"关系说明一切、指导一切。比如，立法与犯罪是"互根"的：犯罪推动了立法，立法控制了犯罪；立法者不要指望能"消灭犯罪"，犯罪者不要指望能"无法无天"……这都出于"互根"式思维。阴阳互根学说反对偏盛偏衰，认为双方的发展都有一个客观的"度"，要保持相对的平衡、对称、互依关系。阴阳只有共存于一个系统中，事物才能存在和发展。

八卦中阳符"—"与阴符"- -"的组合，就表示着统一体内部的阴阳互根关系。比如，巽卦（☴），初爻为阴爻，象征大地，地之上有双"阳"照临，便形成"风"，风动万物（木），万物就有了生气、生机。震卦（☳），初爻为阳爻，象征天空；二爻、上爻为阴，表示天上阴霾堆积，于是出现雷，春雷震响，开启生机，夏雷霹雳，世界大变，所以震卦"☳"呈裂变之象。

（四）坚持八卦相荡之说：守护法学思维的理论空间

所谓"八卦相荡"之说，就是指阴阳转化，即相应事物之间的性的转化、数的转化、格的转化、势的转化、位的转化、运的转化。人们将"八卦相荡"之说称为"爻变"，如阳爻与阴爻的互变，或下位与上位的互易之类。《系辞下》说，"刚柔相推，变在其中"，"变动不居，周流六虚，上下无常，刚柔相易，不可为典要，唯变所适"，指的就是八卦相荡这个意思，也就是变易、交易、互易、互动之意。八卦相荡之说，不以对方的不复存在为条件、为目的，恰恰是以双方的共存、共进来显现其自身的价值，缺了任何一方，都将是不完整的、不可持续的。强调协和、强调统一，强调对整体的保持、维护；故反对分割，反对裂解，反对人为的对抗。"黑白二元对立论"处处讲对立、时时讲斗争，把弱肉强食说成"公理"，把屈从霸权说成"秩序"，把一山不容二虎说成"规律"；在所有两相对应的关系上，不论是黑白、敌我、输赢、胜负、功罪、赏罚之间，还是男女、夫妻、君臣、官民、干群、医患、劳资、工农、体脑、城乡之间……都讲对立斗争，都搞你死我活，都推行一个吃掉一个，一个综合一个，绝无中立、调和、互渗、共生、共存、双赢的余地。把社会上极端繁复的双边或多边关系，都简化为"对立"关系，名义上是"哲学的高度概括"，事实上是对世界多样性的粗暴否定。依"黑白二元对立论"，你死我活就是一切：条约无所谓平等不平等，签字画押就是一切；战争无所谓正义非正义，战胜就是一切；官司无所谓民心、民情，打赢就是一切。全套法学，也就只能建立在"复仇论"基础上，于是同态复仇、等价复仇、血亲复仇也就有了理论形态的包装。一句话，否认了世界的多样性，也就局限了法学思维的理论空间。

（五）阴阳五行对应之说：揭示了事物之间更普遍、更本质的多维交织联系

阴阳之间，有时表现为对立、对抗关系，比如吉凶、悔吝、生死、敌我之间，是你死我活的斗争。但在通常状态下，更多的、更普遍的也是更重要的关系，则是对应关系，是正态的、共存的对称、对偶、对等、对比、对扬关系。

1. 对称、对偶关系

生活中，人们把中轴线两侧数量、质量、形态、势位、力量相同相近的两个事物之间的关系视为对称关系；人们也常常把实力悬殊的对手之间的关系称为"不对称关系"。生活中的"不对称"往往更引人瞩目，是因为只看到单一的实力对比，不识其"势""位"的综合功能；而善于乘势握机者，往往能从某个物理量的"不对称"外，知此识彼，精准定位，造成量、势、位总体上的平衡式对称，去破解难题；而这样的"对称"更具有实战（践）意义。五代谭峭在其科技读物《化书》中这样讲："转万斛之舟者由一寻之木（舵），发千钧之弩者由一寸之机。"是的，蚁穴可溃大堤；星星之火，可以燎原；飞来的瓦片会使路人避让，路边的巨石却被垫在屁股底下……这是对对称学说之能动性的最好诠释。其关键在于对"物""势""位"的精准谋划。"唯实力论"者和"唯武器论"者绝不可能有这样的智慧。

易理所言之对称、对偶关系，正是知对称、求平衡的诀窍：不仅要看个体之"数"和"量"的机械对比，更要看其所具"势"和"位"的动态较量，这才是对人的主体性、能动性的最大尊重、最佳发挥。历史上，处于上升期、兴发期的"弱势"力量，总能摧折貌似强大的既有力量。只要会谋势、会占位，战胜强大十倍、百倍于己者也不在话下。周武王推翻商王朝，陈胜战胜秦王朝，努尔哈赤打败明王朝，无不如此。

2. 对扬关系

对立斗争者心目中是没有"对扬"理念的。对扬，讲的是水涨船高，是人我的共生共赢，是成就自己、利益他人，反对偏胜偏衰。比如在阴阳五行学说中，金克木的同时，金又生水，水又生木，木又通过生火、生土而生金，从而保持总体的动态平衡。

五行生克之外，还有一种"乘侮"问题。比如，水生木，如果水太大而木太小，反而不利于生木；母生子，如果母太强势，反而不利于子的成长，这就叫作"乘"。金克木，如果金太弱而木太强，木反而会克金；拿斧砍树的同时，树太硬，也会磨损甚而斫缺斧的刃口，这就叫作"侮"。乘和侮都是生和克的逆向运作。这也是一种"对扬"关系，一种负态的对扬关系之表达，互相伤害，谁也不讨好，这就成了"对损"，成了"内耗"。

3. 对应关系

这里，一是指五行、五谷、五星、五色、五音、五味、五声、五脏、五德、五礼、五禁、五刑……之间的对应关系；二是指互成对偶、对比、对抗、对立事物之间的对应关系，有我必有你，有赢必有输；三是指一事物与周围事物之间的对应关系，比如人体的健康胖瘦与食品的寒温燥湿、天气的阴晴风雨、食物的精粗多寡、肢体的经络穴位都有着对应关系，战争胜负与地形地貌地物的利用也有着对应关系。

注意：易理的阴阳对应关系，是不能用某种仪表或仪器来量化的，谁能测试出水火、日月、男女的阴阳成分各有多少、各占何种比例呢？但它们之间的对应关系同样是客观存在、不容忽略的。这种对应关系，是构建阴阳学说的主要基石。

还应注意："对应"与"对立"不是一回事。"对立"是建立在"黑白对立"或曰"矛盾对立"基础上的，它所讲的是"一个吃掉一个，一个综合一个"，故曰"斗争哲学"；而"对应"是建立在"阴阳互根""阴阳对扬"基础上的，它所讲的"统一"，是共存共赢、总体平衡、双方要素的综合优化，因此，它不主张偏盛偏衰。这是"对应"学说与"对立"学说的原则区别，不能混淆，不能简单互译。

五、易象·易数
——易学的方法论与表达式

"易"是用"数（数据）"来观察、分析、评价事物及事物之间的关系的，它又是用"象（符象）"来表达其思维成果的。

"象"不等于"形"。老子说"大音希声，大象无形"（《道德经》），他是把音和声、象和形做了精细区分的。在这里，"形"是指客体事物的存在样式或运动状态，它表现的是客体事物的状态、形貌、质地、结构、性状、功能、存在方式、运动形态，可以计量，可以分解，不以人的主观意志为转移；而"象"则是人所感知的事物状貌，它可以是物象、事象、景象，也可以是纯粹的意象，它取决于人的认知力、感受力，只存在于人的思维屏幕，无可计量，不可触摸，浸润着人的感情色彩与主体评价。易理的表达的方法便是易象。以象明理，这"象"本身就是主客观双方要素的统一。

（一）象不等于形，象表达的是抽象的情与理

易理是通过象（符象）来模拟万物、表现天道的。六十四卦所呈现的符号形象及其所使用的生态形象，具有高度抽象的品性，能为表达相应的思想、观念、心态、情感、哲理服务。《系辞上》说："圣人有以见天下之赜（指大自然的奥义），而拟诸其形容，象其物宜，是故谓之象。"摹写客体事物的形貌来表达其"物宜"（即事物的情态与规律），这就叫作"象"。我们在讨论这种"象"时，不涉及客体事物自身的生化结构与几何形态，是取其"神似"而不论其"形"之似或不似的。同一朵荷花，其"形"唯一，但在文化素养、美学素养不同的人心目中，"象"是千差万别的，其所唤起的心灵感应是大不相同的。这便是"象"和"形"的根本区别。

在古文中，"形"与"象"是两个不同的概念，"混言则同，别言则异"。讲区别的话，"形"是指客观事物的一种存在方式与运动形态，是一事物区别于他事物的外在表征，不以人的情感

和意志为转移，人们可以对其点线面体、声光色味进行具体的量度；而"象"则是指人们对事物形态及其事理的反映和认识（印象、意象、象征、特色），它呈现于人们的思维屏幕，是客体的形貌与主体的认知感受（情意）相结合的产物。中国人看星空，能"看到"银河、牛郎、织女、二十八宿、紫微垣，那都是"天象"，是中国人带着民族意识、民族情感去"看"天而成的"象"。"海上生明月"的"月"不同于太空中的那颗物质性的月球；"纸老虎"是人们意念中徒有其表的"脆弱之虎"，而不是正月十五闹花灯时舞的那种"纸糊的虎"。人们对事物的观赏，实际上是对"象"的观赏。形和象有同一性，这是认识的基础；又有差异性，这是表达的需要。

说起"表达"，人们在表达抽象事理时，是取其"象"而无法用其"形"的，因为它根本没有具体的形。比如"易道""天道"，乃是无大无小、无里无外、无生无灭的宇宙之永恒规律，它涵盖一切又超越一切，存在于天地之间又超越于天地之外，所以它的"象"只存在于人的思维活动中，而不可能有具体的物质性的"形"，无法触摸，也不可度量。

据此，人们把"象"分为三类：（1）物象：是指人所认知的客观世界实有的事物之映象，即所谓"取其形容"（如牝马、霜、枷、鼎）；（2）事象：是指社会生活中存在的与可能存在的世事之形象，如"阖户""辟户""羝羊触藩""焚如，死如，弃如""履霜，坚冰至""匪寇婚媾"之类的"事态"；（3）意象：是指抽象事理的喻意形象，它不受实物实事的限制，是人们在思维屏幕上"合成"的形象，如"潜龙""飞龙在天""载鬼一车"之类。《系辞上》："在天成象，在地成形。"这些"象"，是星象、天象、气象之"象"，用《周易》的话来说，都是"不可拘而得"的、难以具体把握的东西，但它又是特定的天体表征在古人头脑中的反映，能示现给人们某种启示、带给人们某种自然或社会信息。这也是"意象"，其信息含量非常丰厚。

（二）"易象"的构成及其审美理据

《系辞上》说"圣人设卦观象"，"圣人立象以尽意，设卦以尽情伪，系辞焉以尽其言"。这里提出了"立象尽意"的命题，结撰生动的"象"来表达主体的"意"，此论在中国思想史、美学史、文学史上都是第一次发表。它传达了人们对世界的认识、判断、评价和感受、预测、揣想。这"象"，可以是具体的物象如蓍草，也可以是八卦刻符，还可以借用其他事物形貌来表达。"阖户谓之坤，辟户谓之乾，一阖一辟谓之变，往来不穷谓之通，见乃谓之象，形乃谓之器，制而用之谓之法，利用出入，民咸用之谓之神。"（《系辞上》）这里就借用了"门户开合"的"象"，书中的潜龙、牝马、秋霜、羝羊……都有这种作用。由此可见，"象"的概念不仅指人对事物的印象、影像、形象，还包括抽象事理的象征、代表、征兆、预示，从而揭示出"象"的多层次性。

象的信息容量大，它不但具有生动、具体、鲜明的品性，还负载着作者的主体感受及情绪律动，因而能让读者常看常新。用"象"来表达"意"，可以起到以少驭多、以简驭繁、意在言外、含咏不尽的表达效果。正如《系辞下》所说："夫《易》，彰往而察来，而微显阐幽。……其称名也小，其取类也大，其旨远，其辞文，其言曲而中，其事肆而隐。"

（三）"易数"是实现天人合一的枢机

"数"是什么？"数"是对世界万事万物的计量表达，它高度抽象，事物的形或质、结构或功能，都可以用"数"来做精准表达，今谓之"数据"。这"数据"，就是事物的"质的规定性"。每一事物之"质的规定性"都可表现为一组数量指标，只要认识了该组之指标数值，也就能准确把握该事物了，就能揭示其神妙之处了。如果某一事物显得神妙莫测，那只是因为人们暂时还没有认识到构成它的特定"数据"而已。

《系辞上》说："参伍以变，错综其数，通其变，遂成天地之文；极其数，遂定天下之象。"这是认为"数"在人类一切知识领域中占据了关键地位，起到了桥梁作用，发挥了枢纽功能；视"数"为"通神明之德"的必要途径，甚至认为"数"本身就是"神明之德"，因为"数"能表达天下一切事物及其命运。可贵的是，还认识到"数"是动态的，具有"通其变""参伍以变"的品性。搞数学的人，容易认死理，一是一，二是二，不容改变；但在哲学上，"数"就得"变"，就该是变与不变的统一，所谓"一生二，二生三，三生万物"是也。

在八卦中，阳符（—）代表阳，代表天，代表1，代表奇数；阴符（- -）代表阴，代表地，代表2，代表偶数。10以内的奇数叫"天数"，其和为25；偶数叫"地数"，其和为30；天地数的总和叫"成数"，合计55。①把天、地、成"三数"作加、减、乘、除、开方、平方的运算，可以得出无数个神奇的数字，从而跟天文、地理、音律中的某种现象或规律相契合，古人便从这些神奇数字中抽引出万万千千种对事理的易数解释，并用于指导实践。

《阴符经》上说："日月有数，大小有定……人知自然之道不可违，因而制之。"这是中国人搞科技发明的一条基本思路：日月星辰的运行是有"数"的，万事万物的大小迁移、生化运发是有既定的"度"的，人们不可违背这"天道"（自然之道），但可以认识它、把握它、利用它，即"因而制之""制天而用之"（《荀子·天论》）。

《周易》揭示了数的客观性，又赋予它人的主观评价，找到

---

① "天一地二，天三地四，天五地六，天七地八，天九地十。""天数二十有五，地数三十，凡天地之数，五十有五，此所以成变化而行鬼神也。""乾之策二百一十有六，坤之策百四十有四，凡三百有六十，当期之日（恰当一年之整数，360天）。二篇之策，万有一千五百二十，当万物之数也。"按："二篇"，指《周易》中六十四卦分成上下两篇。

了打开天道之门的金钥匙，还事物的神妙奥秘性以客观实在性。从此，人们开始让易数来负责揭示事物的性质与功能；让易象来负责再现事物的形貌，表达观察者的主观体认；把象与数综合起来，便形成了易理表达式。它兼具双方的优长而避开了各自的缺陷。

象和数是构成《周易》学理的两块基石。《周易》对天地之数的巧妙应用，体现出它在思维方法论上的特色：这"数"是天地之数，所以它能贯通"天地人"三才，能本质地抽象出一切存在物之运行、生化的内在规律。象数思维能既生动又抽象地表达事物的外在特征与内在本质，这就使易理独具征服力。

（四）"易数表达式"的社会应用

数的社会应用很玄妙也很实际。例子太多了，体现在数学定理上，如勾股定理、黄金分割；体现在天文应用上，如天体测量、历律推步，人们皆知其神妙而不知其所以神妙。这里以数在国家管理上的应用，如周代的礼制规范、秦代的"水德规范"来加以说明。

1. 周代城建设计中对"数"的运用

周人每分封一个诸侯，就要建一个新都城，于是就派工程人员用土圭去测定一个中心点，再由中心点向外辐射，认定新城的四面、八方之所至范围，划出城市中轴线，沿线布置宫城建筑。

建筑面积以井田制下的"一夫百亩"①为计量单位。这样来设计全城宫室、街巷、坊里、市场、道路、仓库、绿地、农田、河渠的布局及其配比，进而确定土木工程的各项指标值，按既定指标值进行施工和量化管理。

自古以来，中国城市就有这样的先期设计②：方方正正，有贯城通道，主体建筑、功能建筑依轴线作有序分布，连城市坊巷的细部设计也以井田的方正为基础，再结合地形地貌作适当调节。周人重礼制，换言之，就是对一系列标准化数值严格遵循。这种遵循，原是有科学依据的。今人反迷信、反专制，但不能把它们背后隐藏的数据也统统抛弃掉。周人注重建筑用地与生活资源用地的配比，注重生态平衡，注重对土地资源承载力的评估，于是能保证未来城市生活的可持续发展。故各诸侯国的城市规划，都是依循同一个蓝图，按比例缩放得来的。这对城建规划、大型土木工程的量化管理，尤具透明化、标准化的意义。在严格的等级制度下，一举手，一投足，都不得违礼，不得僭越，即不得超过

---

① 《周礼·考工记》："匠人营国，方九里，旁三门。国中九经九纬，经涂九轨；左祖右社，面朝后市，市朝一夫（百亩）。"
② 《周礼·考工记》："周人明堂，度九尺之筵，东西九筵，南北七筵，堂崇一筵。五室，凡室二筵。室中度以几，堂上度以筵，宫中度以寻，野度以步，涂度以轨。庙门容大扃七个，闱门容小扃三个，路门不容乘车之五个，应门二彻三个。内有九室，九嫔居之；外有九室，九卿朝焉。九分其国，以为九分，九卿治之。王宫门阿之制五雉，宫隅之制七雉，城隅之制九雉。经涂九轨，环涂七轨，野涂五轨。"注意：这里用到的数字，基本上都是"天数"，因为这组建筑属于天子。

规定的指标值。可以说，大讲周礼的周公，是把数字管理用于营造社会文明、提升社会文明的鼻祖。

2. 制作"定音管"时对数值的应用

当年，孔子周游到齐国时，曾亲闻《韶乐》，他很激动，觉得太美妙、太神奇，于是"问乐"。乐师指出，乐音并不神秘，是可以通过律管的各种数值来批量性复制的：先造一个标准定音管，此管长9寸，直径9分，正好装入81粒黍米（古人用山西上党所产的黄黍米的数值做计量的基准单位，64粒黍米为一圭，4圭为一撮……），用它吹出的乐音名为黄钟宫；然后按三分损益法确定其余各管的管长，标准定音管长81黍，损其三分之一为54黍，54增三分之一为72黍，72减三分之一为48黍……依此轮换类推，不同长度的律管可以吹奏出不同的乐音。各管的管长确定后，其发出的音便是各律调的正音，加长一倍为浊音，缩短二分之一为清音，这叫清倍法。按照三分损益法和清倍法造出一组管乐器，就能吹奏出美妙动听的乐音。以定音管所发之音为准，能批量复制出许多同质的乐器。

孔子感慨：如果不知这三分损益法与清倍法，就会把81、54、72、48、64……这组数字看得很神秘又很零乱，觉得生活中处处有怪力乱神在莫名其妙地起作用，而一旦掌握了法则，知道事物背后的数的关系与功能，就豁然开朗，一切都可以付诸操作了。连《韶乐》这么古老抽象的事物都能测定、复制出来，还有什么事物不可以从数的角度去掌控它呢？事物数据一旦为人所掌控，哪里还有什么怪力乱神的活动余地呢。

3. 秦人车同轨的实现

当年，秦始皇焚书时，明令不焚《周易》，不焚医药、卜筮、种植、树艺之书。他是相信《周易》的，他认定自己的王朝是"以水德王"，由"水"而"王"（动词）的。水在八卦中是坎卦，坎卦之数为6。于是秦始皇把6看得很神圣，将6确定为部署一切、指导一切的"模数"，无处不用6或6的倍数来衡定。

我们知道，秦始皇实行"车同轨"，要求全国统一车的规格、统一道路轨宽。首先，他把车轴长度、道路轨宽、车轮的轮高（直径）定为秦尺6尺；然后，以6为"模数"，推算出轮围的长度、车轴的直径与轴围的数值，确定车厢的长、宽、高和车辕的直径、长度，并确定车轮辐条的应用之数：多则36根，少则24根，再少就不能保证载重运行时轮圈的正圆而难以"载重致远"了。车盖（遮阳伞）的伞骨也是24根或36根（6的倍数）。

有了"模数"，对于生产者来说，他只要掌握一个"模数"，就能画出全车的结构图像，然后可以关起大门来"按图造车"、制作同一规格的零部件。这样造出来的车子，稳定、结实、美观，运载量统一，很是实用。这样造出的所有零部件，在全国任何地方都可以找到相同规格的来替补或更新。重要的是：由于车的规格是确定的，其质量检验就是透明的、公开的；其造车的原材料投入、劳动力投入的数可以大体确定；整个工程的管理可以做到"心中有数"。秦始皇向全国发布"模数令"，全国的制造系统就都统一运作起来，其监控、审计也就有一套公开的、统一的、人人皆知的尺度、规格、指标，这很便于操作。于是，《周易》之坎卦6数，在秦始皇手下，就成了一个国家工程预算体系、工程投资体系、工程监管体系的基准数字，以至于人才评价体系、技术评品体系也可以此为据，科学而不神秘。秦始皇统一中国之后，仅仅十年时间他就去世了（死时才50岁），十年中他完成了那么多国家级大型土木工程，其科学的"数字化管理"应该是原因之一。

在西方，"标准化生产""数字化管理"被视为工业革命后提高生产效率的秘诀，而中国秦代早就凭借它取得了卓越成效。在秦人看来，这一切，都是"天人合一"的，是自然规律与社会应用的统一。可以这么说：周孔的"等级礼制"与秦始皇的"坎水之数"，联手创建了中国式的制度文明。

六、《周易》的三才观
——破天荒的中华人权宣言

如何看待"人"，如何看待人的生命价值，如何评价人的主体性、能动性，是法学的首要问题和根本问题。《周易》的三才观对此作了精辟的回答。

（一）三才观是对人生和人权的积极肯定

《周易》首标"天地人"三才观，认为"天在上，地在下，人居中"，这就把人提升到与天地等价的高度。在旧社会"奴隶=牛马"的普遍共识之下，它宣告了人的生命价值的觉醒，给予人的主观能动性以明确的肯定与释放，简直是中国式破天荒的人权宣言。这就让人权理念深深地嵌入芸芸众生的心灵深处，并使之转化为法治信仰，永不磨灭；也就为中华法理奠定了伦理根基，让中国人早早地挺直脊梁站在人类法治文明的最前列。

在三才观下，《周易》首先研究了天之道，明确揭示了"天地之大德曰生"的生命原则；又研究了地之道，总结出"厚德载物"的生态学命题；更深入地研究了人之道，指出"人为万物之灵""崇高莫大乎富贵"。这就肯定了人的生存权、发展权，肯定了人的优化生态、发展性灵、提升生活质量的需要。《系辞下》声明："何以守位？曰仁。何以聚人？曰财。理财正辞，禁民为非曰义。"把仁看成巩固统治地位的生命线，把财看成国民昌盛发展的依据，把义明定为理财正辞和禁民为非，充分评价了理财正辞与禁民为非的正当性和刑赏适用的必要性。这正是中华良性法治的精神前提。

三才观宣告了人命第一、人为万物之灵的价值理念，一举冲破神学魔障，击碎了凌驾于全人类之上的神权威严，抽掉了"赎罪论"的法理基础，从而确立了政教分离的政治体制。中国，连夏、商、西周也没有出现过以教主为君主、以宗教凌压全社会的怪现象。

（二）三才观是中华法理的优质基因

《周易》对人的生命价值和人的主观能动性给予肯定与释放，是中华法理、法治的优质基因，是历代法为良法、政为善政的法理先导，是人们趋吉避凶的精神武装，也是保护民众之人格、人命、人权不受戕害的法纪屏障。它超越了通常所说的公平、正义的法律底线，预先把一切形式的暴力论、复仇论、命运论、赎罪论阻断在法理论域之外。

想想看，那种基于暴力论的法制建构，怎么会关注被打击、被排斥者，甚至被误解、被冤屈者的基本人权？更何论对那些心存异见卓识、身怀奇技淫巧者的人权保护？那些基于复仇论，主张同态复仇、等价复仇、血亲复仇连同司法决斗、弱肉强食的人，自我标榜为公平正义的化身，可他们包容不下刑罚世轻世重、衡情量刑、区别对待、胁从不问等的法理思辨；那种基于赎罪论的神断神决而认可权势、认可削夺、认可强权，进而甘受凌辱、自甘卑微、甘受榨取的生存态度，又怎能推动社会的进步发展而不致僵死沉沦？又怎能阻断神权擅断主义的泛滥和君主独裁（教主妄断）主义的横行？又怎么会促进立法、司法、护法的进步改革？又怎么会促进侦查、预审、检验与误判追责之法治体制机制的确立？怎能保证司法程序的严格遵守和公案文书的如实制作？一句话，复仇论、命定论这类主张，都根源于对人的生存价值的蔑视，无助于人类的趋吉避凶。

（三）三才观期待政清法明、慎狱恤刑

检视《周易》所有卦、彖、象、爻之辞可知：它反复论及"君子"（即在职在位的执政者及其所属阶层）的社会责任，却从没有把君子抬到绝对高度，让他去独享专利与独占特权。书中凡论及君子之处，无一不是在向其提出政清法明、慎狱恤刑的严正要求，把化民成俗、解民倒悬、救民于水火归于君子的应有担当。同时，书中凡论及庶民的祸福遭际、吉凶境遇，无一句是委之于"天命"的，更无一句要求民众对自己的灾难负责，无一句说什么社会冲突、民生灾难是老百姓自身"在劫难逃"，是"赎罪"。《周易》主张：治理者不得推卸治理的责任，而被治者不必承担治理的义务。翻遍全书，没有一句是不守贞节、不行忠孝者"必遭惩罚"之类的诅咒与恫吓，也没有一句脱离民生吉凶去奢谈什么"仁义""大爱"。什么叫民本思想？这才是。

七、《周易》的刑狱观
——对法治秩序的奠基性论述

《周易》全书都在讲趋吉避凶,一个社会,一个人,其最大的"吉",就是社会和谐、福寿康宁、安居乐业;最大的"凶",便是兵荒马乱、身陷囹圄、损财伤身、家破人亡。那么,如何趋避之呢?就社会而言,责在君子,看他能否正身率法,明慎折狱;就君子个人而言,一看其能否修德敬业,表率万民,二看其能否居位尽责,积德远祸;对小人、对庶民来说,则是安分修己,自求多福,但《周易》并不要求小民承担社会祸福的治理任务,也不必对社会祸福承担责任。

(一)刑者形也,用刑是为了形塑人、形塑社会

中国先民对"刑"的界定,分为三大层次:(1)刑者,形塑也,其基本功能是形塑文明个体、形塑社会、形塑良风美俗;(2)刑者,律法也,指规范、引导、约束君臣庶民之公私行为的礼法、法律、法规、法纪之总和;(3)刑者,刑惩也,是施加于不法行为与犯法主体的各种惩治手段,包括名誉刑、财产刑、身体刑、生命刑等(按:本书未涉及财产刑),是对人的人格权、生存权、发展权的强制限制或剥夺。其根本目的是优化社会、改造人群、提纯民风,而不单是向犯法个体寻求"报仇",让社会成

员去"赎罪",也不是用杀一只鸡,去震慑所有的猴,尽管客观上能够起到这些作用。

由此出发,《周易》便将慎狱恤刑、不侮鳏寡、救助弱势群体论定为政刑的基本原则,这就为古代的礼治德政刷上了人性的底色。不过,《周易》直接论列的刑惩方式,只是名誉刑、肢体刑(肉刑)、生命刑,尚未及"罚锾"与"赎刑"——那是春秋战国时期才正式进入刑惩体系的罚则,而《尚书》中是有"罚锾"一说的。由此看来,古《易》应形成于赎刑提出之前,其问世不会晚于春秋时代。

(二)法禁:国家意志的体现,国民利益的护卫

"法"是体现国家意志的,它在判定罪责、衡定刑罚上的功能无可替代;而刑赏与狱审则是一切是非善恶的社会聚焦,是政府执政能力的直接宣示,是社会发展态势的重要风向标,是政治清明度的可视性指示器。

"五刑"是中国上古五种刑罚的总称:墨、劓、剕、宫、大辟,构成了中国早期法律中的刑惩体系。在施刑问题上,它提出了民命至上、预防为先、刑赏兼顾、分级管理、慎狱恤刑、不侮鳏寡、依法定罪、衡情量刑、证据第一、误判追责的全套法治原则与狱审规程,从而保证了法明而政清。

总的说来,它摒弃"为治唯法"论,在起点上用"五礼"教

导人，预先遏止社会矛盾、社会冲突的激化；用"五禁"在活动进程中规范人，把大量社会矛盾、社会冲突消弭在萌芽状态；用"五刑"在运动的终点审视人，并进行针对性的奖惩，从而激发人的主体能动性，而不是只惩不奖，让世人终生背负什么"原罪""本罪"。这才是中华法理、法系、法典的文化之根，它已经深入人心，内化为中国人守法护法的内在信仰了。

在刑赏宽严问题上，中国法学界是有过持续争议的。不过，从总体上说，人们都公认刑重则残民，赏多必庸腐；"赏虚施则劳臣怨，罚妄加则直士恨"（诸葛亮语）。故人们都赞同刑赏并举，需要掌握一个适当的度。

从国家机器诞生之日起，我国就一直在实行政教分离体制，王权高于一切，宗教系统始终处于服务性的位置。国家在王权主导下，组建了覆盖全国的行政网络。而处于这个网络节点上的各级行政负责人，承担着一方疆土的治理总责，他们有权调动政、经、兵、刑、法、禁、礼仪、宗教、风俗、道德等一切法治资源实施综合治理。故《周易》一再要求"先王以明罚敕法"（噬嗑卦）、"君子以明庶政，无敢折狱"（贲卦）、"君子以明慎用刑，而不留狱"（旅卦）。

（三）《周易》深论刑狱，排除神谕神判的神权擅断主义

先秦百家对刑狱的论述，《周易》之经传是最早、最权威的。

乾坤二卦之后,"自屯蒙至需讼,即争讼之始也。故圣人法雷电以申威刑,所兴其来远矣"(《孝经注疏》卷六)。可见,我国第一经典对狱讼问题非常重视。老庄没有提到过罪、刑的相应概念;墨子没有讨论过罪与刑的立法司法问题;后起的法家,倒是详明地阐述了自家的刑狱主张,但其中心思想是"为治唯法"论——把法律裁决、军事裁决推向极端,还把"法"与"术""势"紧紧黏合在一起,赤裸裸地宣扬独裁君主对权术与威势的运用。

  狱政是一切是非善恶的社会聚焦,为万众所瞩目,保证政清、法明、刑简,是从政者的政治底线。比如《贲卦·象辞》说:"君子以明庶政,无敢折狱。"《丰卦·象辞》说:"君子以折狱致刑。"《中孚卦·象辞》说:"君子以议狱缓死。"这里一再讲求明慎用刑、议狱缓死之狱政原则。《周易》的明刑敕法、折狱恤刑、不侮鳏寡等一系列人性折狱主张,从中华制度文明的源头上明确了清明政治的价值取向,为中华法治的话语表达打造了最初的范式,为中华法制建设如三令、三审、五刑、五禁、侦巡、法医等预置了活动平台,也就明确地排除了神谕神断的擅断主义做法。

中篇 | 六十四卦解析（上经）

一、乾卦

☰ 乾（乾下乾上）①

乾：元、亨、利、贞。

《彖》曰：大哉乾元，万物资始，乃统天。云行雨施，品物流形。大明终始，六位时成，时乘六龙以御天。乾道变化，各正性命，保合大和，乃利贞。首出庶物，万国咸宁。

《象》曰：天行健，君子以自强不息。

初九，潜龙，勿用。《象》曰：潜龙勿用，阳在下也。

九二，见龙在田，利见大人。《象》曰：见龙在田，德施

---

① 括号内的四个字，不是古《易》经文原有的，是后人添加上去的，王弼注本中就有，故予保留。下同。

普也。

九三，君子终日乾乾，夕惕若，厉无咎。《象》曰：终日乾乾，反复道也。

九四，或跃在渊，无咎。《象》曰：或跃在渊，进无咎也。

九五，飞龙在天，利见大人。《象》曰：飞龙在天，大人造也。

上九，亢龙，有悔。《象》曰：亢龙有悔，盈不可久也。

用九，见群龙无首，吉。《象》曰：用九，天德不可为首也。

【说明】唐孔颖达本《周易》将《乾文言》附后，今与下文《坤文言》一起，仍旧并入《十翼》，作为专题论文去解析。这里略去，以避烦冗。至若《彖辞》《象辞》《小象辞》则一仍其旧，分插于《周易》经文之后，以发挥其传注作用。

（一）卦辞释义

乾。

【注解】乾：这是首卦卦名，它取象于天，天的德行是广大、覆盖、光明、阳刚、公正、勇往直前，是一切生命活力之源。乾取义于"健"，有刚劲雄健、光明正大义；又为"键"，有关键、枢纽义。

【今按】文中，与之对应的爻象是一切阳性的人与事，如男人、丈夫、君子、君主、公马、雄鹰、猛虎，连同宫调、正道、奇数之类。凡刚性而抽象的事物、事理,均有乾阳之德。

元、亨、利、贞。

【注解】元:始也,大也。亨:通也,享也。利:宜也,益也。贞:正也,固也。

【今按】它揭示了从政的最高原则:国家从一开始就要保证百业亨通,利益万民,并坚持下去。相应地,对当政君子的要求就是:光明正大,反本溯源,通达天地之心,服务万民;坚守正道,持一而终。这是从政者应有的政治品能。

对乾卦卦辞的这四个字,《十翼》做了社会学的义理阐释,称之为"乾卦四德"。后世大多依循这一阐释路线加以引申,而卜算家则解"元亨"为"大享","利贞"为"有利的贞卜"。那么,全句就是"占卜得吉日,可以举行国家大祭享之盛典了"。这大约较为贴近本卦的原始应用情况。

(二)《彖辞》释义

《彖》曰。

【注解】彖:断也,断定也。它是对古经卦辞要旨的解析决断之词。

【今按】《彖辞》,相传为孔子所作《十翼》之一,本是独立的一篇,后人将其分解,分别置于各篇卦辞之下,用于阐释卦名、卦象、卦辞的含义,并作出吉凶的评断。《周易·彖辞》的这一思维路径与表达程式，贯穿六十四卦之始终。

大哉乾元，万物资始，乃统天。云行雨施，品物流形。

【注解】乾卦取象于伟大崇高的"天"。天德乃统领万物、推动变化的原初第一动力。它充沛于宇宙万物之间，无处不在，无时不有。万物因雨水滋润而不断变化发展、壮大成形。

【今按】天德之崇大的首要表现，就是普济万物。卦辞以此为乾元的首要功能。乾：天也。元：元气，宇宙创始的阳刚之气。资：凭借，依赖。统：统领，驾驭。云行雨施：水为生命之源，天德之普济万物，是通过行云施雨实现的。品物：各类事物。流形：流布成形。

大明终始，六位时成，时乘六龙以御天。

【注解】这是说乾元天德之崇大的第二种表现：终而复始，御天而行。喻指事物生长、发育、成熟、收藏的变化所显现之"象"。大明：指太阳。终始：日出日没，终而复始。六位时成：乾卦六爻拟六龙之象，各有其位，依时而成，即所谓"亨通"。六龙：指本卦中龙所具有的"潜""见""惕""跃""飞""亢"六种状态。御天：驾驭天道，利用大自然的发展态势。

乾道变化，各正性命，保合大和，乃利贞。首出庶物，万国咸宁。

【注解】天道的变化，使得万物各自静定，涵养精神，保全其太和元气，这便是元亨利贞的大利之所在。（圣王君临天下，使）天下万事万物均能各得其所，各安其位，各尽其职，各守其序,则天下万国自然和谐而安宁。乾道:天道。正:静定。性命:生命及其特性。保合:保持阴阳会合的冲和之气。大和:太和,阴阳二气原初固有的中和本色。庶物:万物。咸:皆,周遍。宁:静定、平安。

(三)《象辞》释义

《象》曰:天行健,君子以自强不息。

【注解】《象辞》说:天的德行是刚毅坚卓,自强不息。君子处世,就应取象于天,法天而为。

【今按】古人把"天"高度人格化了,认为"天行健",天的秉性是刚强雄健、包容万物;其品能、行止,不为任何人而改变。这里,"天行",应读为"天性",意指天德,不能作"天的行动"解。

《象辞》相传为孔子所作《十翼》之一,本是独立的一篇,后人将其分解,分别置于各篇《彖辞》之下。象,为说明易理而引用的物象、事象或意象。本卦的取象为天(人格化的天)。六条爻辞则取象于六龙。依例,置于《彖辞》之后的《象辞》,俗称为《大象辞》;置于六爻爻辞之下的《象辞》,俗称为《小象辞》。《彖辞》与《象辞》都体现着以孔子为代表的先秦儒家的社会政治理念,与卦辞产生背景不同,故命意未必完全扣合。

（四）爻辞释义[①]

初九，潜龙，勿用。《象》曰：潜龙勿用，阳在下也。

【注解】初九，是本卦由下往上数之第一爻，即初爻。它为阳爻，故称"初九"。一开始，作为阳性象征的"龙"处于潜伏状态，决不能轻举妄动。《小象辞》说道：阳气初生而居于下位时，气微而位卑，故应"勿用"。潜：潜伏、隐藏，即懂得韬光养晦，不冒尖，不出头，不以己能去用世，更不得傲世。

【今按】龙：传说中变化莫测、隐现无常的灵物，翱翔天宇是其本性、本能。这里喻指善于修持自身德能的君子。"潜龙勿用"，潜什么？答曰：既要藏其"智"，也要藏其"器"。"勿用"不是消极自保，无所作为，而是韬光养晦，积蓄实力，把目标与手段先潜藏起来。乾卦取龙之六态（潜、见、惕、跃、飞、亢）作为阳气变化和君子秉德之六象，"潜"是其第一象。能飞而潜，是一种修持本领。《象》，这里指《小象辞》，专指与爻辞相配之《象辞》。爻象不同于卦象，它象征着事理发展的阶段性路径、方向、因由和吉凶。

九二，见龙在田，利见大人。《象》曰：见龙在田，德施普也。

【注解】进入第二阶段，龙不再潜藏；而当龙出现于大泽广

[①] 含与之相配套的《小象辞》，下同。

野之中时，正有利于大德之人的出现。当天下呼唤英才之时，君子应能适时而出，此最为有利。德施普：阳气出现于地面，普施于万物，乃生养之德，是早春气象。见：出现，被发现，被认知。田：农田，广野，万物畅茂之地，喻指人类活动的广阔场所，正是有所作为者的用武之地。

九三，君子终日乾乾，夕惕若，厉无咎。《象》曰：终日乾乾，反复道也。

【注解】（有才有德而在位的）君子既已用世，则始终勤勉奋发，夜晚也保持警觉状态而不松懈，这样，即使陷于危险境地，亦可免于过失，远离麻烦。反复道：反复于正道，反复行道，即坚持不懈地行道。乾乾：勤奋不懈的样子。夕：夜晚。惕：警惕。若：语助词，……的样子。厉：危险。

九四，或跃在渊，无咎。《象》曰：或跃在渊，进无咎也。

【注解】龙在渊中，显隐自如，时或呈现速上速下、忽显忽隐之势。或：有时，可能，意在择机而为，应机而出。《文言》说"或之者，疑之也"，不僵守于一隅、一时、一事。进无咎：有所进取而无虞于灾难。跃：快速的应机进退之象。应机而作，偶或为之，并非常态。

【今按】九四爻位，下应初爻之潜，上应九五之尊，象征着君子处于进退两可的地位。能当机立断，做到潜跃随心，即无咎无过；但也有危机潜伏着，应该当心，则前进途中虽"厉"而无咎。

九五，飞龙在天，利见大人。《象》曰：飞龙在天，大人造也。

【注解】飞龙在天，风起云从；云行雨施，得势得位，泽惠万民。此乃事物顺利发展，趋于极盛之象。大人造：九五爻象所示，乃君子大有所为而达到的境界。造：抵达。九五，尊位，六爻中最吉祥之位。

上九，亢龙，有悔。《象》曰：亢龙有悔，盈不可久也。

【注解】亢龙：穷极之龙，离群而无辅之龙。盈不可久：盈满是不可能长久保持的。

【今按】它居于本卦最上端，呈高危、孤立之象，其优越的发展态势将向反面转化，不可持久。象征人升腾到最高处，必有忧虞之灾祸相随，故有悔。

用九，见群龙无首，吉。《象》曰：用九，天德不可为首也。

【注解】"用九"，即用阳、用刚之义。意为全卦都在运用并贯彻着阳刚精神。群龙：即六龙。这里总说龙的六种变化状态与应对方式。见（现）群龙无首：表现为六龙均无一呈持续冒尖之象，即不使"六态"中的任何一态成为常态。因为天道是循环往复、无首无尾的，故"不可为首"；有首即有终，这不符合天德、天道、天性。

【今按】天，化育万物而不居功，长养万物而不自矜。不出首，不冒尖，天何言哉？自按规律运行而已。秉持天德，就不可以为首，既要始终贯彻阳刚精神，又不能人为地冒尖，要保持顺应自然的循环无首状态。又，帛书《周易》"用九"写作"迵九"。迵：通也。迵九，贯通于全卦的阳刚精神。

[心裁] 天道与人性

乾卦讲的是天道，天道就体现在"元亨利贞""不可为首"两个方面。天的德行是：化育万物而不居功，长养万物而不自矜。不出首，不冒尖，天何言哉，自为而已。学乾卦，须认知这个天德。君子处世，应取象于天，法天而为。

就乾的"六龙"来说：初九"潜龙勿用"，能"勿用"当然好，如果"用"了，自然有凶险，这就须警戒；九二"利见大人"，而大人若"不见"，自然就谈不上有"利"；九三"终日乾乾"，君子始终保持阳刚精神，但绝不是好勇斗狠、横冲蛮干，而是度势量力、积极有为。是利还是咎，全看行为人是否能坚持正道了；九四"或跃在渊"，这一个"或"字、一个"跃"字，都用得极有分寸，讲究的是灵敏的动态反应，需要的是行为主体的精准把握，而吉凶就在一念之间；九五"飞龙在天"，碧海长空，翻腾变化，一切由心，又天然合理，没有比这更大的吉利了。然而，紧随其后的就是"亢龙有悔"，乐极生悲，能不警惕吗？总之，低调做人，立志成事；顺天应人，终有所成。此"元亨利贞"之要义，天下成功人士之心诀。

在条件不成熟时，既要能忍气，还要会"藏器"。不要轻易露脸,不要强行出头,但要修持你"龙"的德行,做好应有的德才准备。面对世态人情,要谨慎,也应保持对时势的敏感。当"龙现于野"之际,当世事呼唤驭龙能手之时,你得应时而出,做个有为的君子,终日乾乾而不懈,以求或跃在渊,一试锋芒,终得飞龙在天,施展一番。那自然会风起云生,雷鸣电掣,达到云从龙,风从虎,圣人出而万物睹的境界,这就能以美利利天下。当此之际,功成名就、占位得势,一般人即走向反面,物盈而亏,持满必败,这也是一条定律。只有真正的君子,才懂得有所为有所不为,才知道戒盈、戒骄、戒满的道理,才能够功成而后抽身。但是,这么做,难乎其难也! 谁能做到呢? 大概只有理想中的圣人才行。

君子自强不息,无论是潜是跃,是隐是现,都不能忘了"终日乾乾",这是乾卦对世人的至诚叮嘱。

二、坤卦

䷁ 坤(坤下坤上)

坤:元亨,利牝马之贞。君子有攸往,先迷后得主。利西南得朋,东北丧朋,安贞吉。

《彖》曰:至哉坤元,万物资生,乃顺承天。坤厚载物,德合无疆,含弘光大,品物咸亨。牝马地类,行地无疆。柔顺利贞,君子攸行。先迷失道,后顺得常。西南得朋,乃与类行;东北丧朋，乃终有庆。安贞之吉，应地无疆。

《象》曰：地势坤，君子以厚德载物。

初六，履霜，坚冰至。《象》曰：履霜坚冰，阴始凝也。驯致其道，至坚冰也。

六二，直方大，不习无不利。《象》曰：六二之动，直以方也。不习无不利，地道光也。

六三，含章可贞，或从王事，无成有终。《象》曰：含章可贞，以时发也；或从王事，知光大也。

六四，括囊，无咎无誉。《象》曰：括囊无咎，慎，不害也。

六五，黄裳，元吉。《象》曰：黄裳元吉，文在中也。

上六，战龙于野，其血玄黄。《象》曰：战龙于野，其道穷也。

用六，利永贞。《象》曰：用六永贞，以大终也。

（一）卦辞释义

坤。

【注解】坤卦：下坤上坤，六爻皆阴。

【今按】卦象为地。对应的爻象有臣民、女人、母马、冰霜、黄裳之类，连同偶数、吕调、阴术等抽象事理。其功能特点为柔顺、包容、承载、化育。能承载者德厚，能化育者智高，故"坤德"能赢得世人发自内心的亲近与敬重。

元亨，利牝马之贞。

【注解】元：始也；亨：通也。利牝马之贞：利于像母马那样守持贞固，随顺从于马首（牡马）。

【今按】坤以柔顺为正，故取象于母马，取其贞正、有利于人之德。乾取象于龙，龙，飞天自翔之物，故以刚强为德；坤，取象于牝马，乃驯顺服从之物，故以柔驯为德。据说，牧民在马群中，先选最强壮的牡马（公马）做种马，其余皆骟了，自为一"骟马群"。此群与母马群都在种马的管护之下，以服从为德。种马既不许本群之任一母马出群，也不许他群之种马混入本群，否则必拼命咬踢驱逐之。故"牝马之贞"是以贞驯守一为内涵的，非一般意义上的无条件服从，它只服从种马一个。

君子有攸往，先迷后得主。

【注解】攸往：所往，所从事，所争取。君子有所从事，若先于人，则可能迷失方向；而后遇上好君主，于是辅佐之、顺从之而有所成就。

【今按】历史上，张良、诸葛亮、王猛、刘基等人，智足以安天下，却宁愿去投奔不事产业的刘邦（亭长），或打草鞋为生的刘备（皇叔），或异族的头领苻坚，或讨饭的僧人朱元璋，终生为之尽心卖命而不辞。他们用自己的一生为"后得主"做了注释——儒士的理想人生是为帝王师，而不是当群龙之首，这叫严守臣道。

利西南得朋，东北丧朋，安贞吉。

【注解】往西南则得友朋，往东北则失去友朋，但只要安静驯顺而固守正道，则吉祥。另，朋，或释为"贝币"，丧朋为失财，得朋为获利。

【今按】据王弼的解释，西南为致养之地，属阴类，与"坤"同道，同道则得朋，是为"吉"。然此为以阴诣阴，却如二女同居，同性相斥，难免争风。东北为西南之反，属阳类。坤往东北则丧朋，是为"咎"。然以阴诣阳，虽则丧朋，但只要阴阳协调，守其驯顺之德，阴阳相得益彰，仍可获得安贞之吉。这里，"安贞"是双指"得朋"与"丧朋"而言的：得朋是好事，但也要防"二女同居"的困扰；丧朋自然是坏事，但也存在着阴阳协调、相得益彰的可能，这全看个人自身的努力。这便是辩证思维。

（二）《彖辞》释义

《彖》曰：至哉坤元，万物资生，乃顺承天。坤厚载物，德合无疆，含弘光大，品物咸亨。牝马地类，行地无疆。柔顺利贞，君子攸行。先迷失道，后顺得常。西南得朋，乃与类行；东北丧朋，乃终有庆。安贞之吉，应地无疆。

【注解】坤的元始之德美哉至极，万物赖以生长，因为地德顺从、秉承于天。大地深厚，承载万物，德行广大，无边无际，含弘深厚，光明盛大，万物遍受其滋养，皆得亨通而畅茂。马像大地一样（柔顺、能承载），能永续地行走于大地（为世担当）。其安静贞正带来的吉祥，就和大地之德一样，永无止境。

（三）《象辞》释义

《象》曰：地势坤，君子以厚德载物。

【注解】坤卦取象于大地，大地之势就是"坤势"。又取象于母马，母马有承载驯顺之德。君子效法大地之道，以其厚德来容载万物。

（四）爻辞释义

初六，履霜，坚冰至。《象》曰：履霜坚冰，阴始凝也。驯致其道，至坚冰也。

【注解】踩到微霜，就知道阴气开始凝结了，发展下去，寒冬的坚冰就来到了。《小象辞》说：初六乃阴气之微，阴气刚开始凝结，只有微霜；然微霜渐积，冷势加深，必至于坚冰出现。

【今按】此言见微须知著，积柔可成刚，故不可不慎，不可失去预知预测之明。

六二，直方大，不习无不利。《象》曰：六二之动，直以方也。不习无不利，地道光也。

【注解】生物不邪，是谓直；地体安静，是谓方；无物不载，是谓大。正直,端方,宏大,是为地之道。人只要效法地道,不必刻意作为,也就无不利。《小象辞》说:六二爻的变动,趋向正直、端方。地道光:地之道,广大含容。

【今按】六二阴爻,居于阴位,且居下卦之中,体现出坤道柔顺而中正的本来秉性。

六三,含章可贞,或从王事,无成有终。《象》曰:含章可贞,以时发也;或从王事,知光大也。

【注解】彰显阳刚之彩,可以得正;有机会随从王事,不求"居首",不敢"居成",倒能使主上之事业有终,内含彰美而外得贞正。《小象辞》说:六三之爻,象征智慧光明,恢宏广大,懂得"顺王从事,不擅其美"的道理。章:彰,文彩。知:智也。

六四,括囊,无咎无誉。《象》曰:括囊无咎,慎,不害也。

【注解】束紧口袋,闭紧嘴巴。喻指藏其智,慎于言,以求免祸免誉。《小象辞》说:缄口不言,隐而不用其智。慎,不害:保持谨慎,借以免除祸害。

六五,黄裳,元吉。《象》曰:黄裳元吉,文在中也。

【注解】黄裳:黄色的下裳(裙)。古人认为黄为色之中,此喻指信守中道之"象"。《小象辞》说:人臣当具"中道""文德"之象,方能通达无咎。

【今按】所谓"黄中通理,正位居体,美在其中而畅于四支,发于事业,美之至也",说的就是这个道理。

上六,战龙于野,其血玄黄。《象》曰:战龙于野,其道穷也。

【注解】群龙在原野上交战，流出的血青黄相杂，这是走上了末路。

【今按】上六是阴之至极，阴盛而转阳，故亦称之为"龙"，此为虚拟之龙。阳气之真龙来与之战，阴阳相伤，流出青黄的龙血，走上了末路。

用六，利永贞。《象》曰：用六永贞，以大终也。

【注解】与乾卦"用九"相对应。全卦皆贯串阴德，体现坤德，以顺驯为贞固，故曰"利永贞"，利于永久地贞静守正，可以达到大终的结果。

[心裁] 地道与事功

生物不邪，是谓直；地体安静，是谓方；无物不载，是谓大。正直，端方，宏大，是为地之道。地道讲究的是贞顺，是包容，是含弘，是承载，是守常，是顺应。相应地，它也就要求为妇为臣、为子为弟、为辅为下者恪守贞顺，而反对出头，反对冒尖，反对越位，反对居功自伐。讲秩序，讲顺从，是坤卦之要。人们不是要"趋吉避凶"吗？这是《周易》趋避的第一要诀：贞顺——有原则的服从。

世间事，没有阳刚，不求变革，那就会失去生命力；但若没有阴柔，不讲保守，不讲维护，不讲顺从，那么，社会也将不能存在于一日。故乾坤二德，不可失一；社会人生，不可失衡。这就是中国人的辩证法。不过，中国社会，历来习惯于守常，而较少讲变革。当此之时，是需要九州风雷的。

要而言之，人生在世，要想修身养性，一乾一坤足矣：乾以自律、自为、自用，坤以为他、为人、为世。

三、屯卦

䷂ 屯（震下坎上）

屯：元亨，利贞。勿用有攸往，利建侯。

《彖》曰：屯，刚柔始交而难生，动乎险中，大亨，贞。雷雨之动，满盈。天造草昧，宜建侯而不宁。

《象》曰：云雷，屯。君子以经纶。

初九，磐桓，利居贞，利建侯。《象》曰：虽磐桓，志行正也。以贵下贱，大得民也。

六二，屯如邅如，乘马班如，匪寇婚媾。女子贞不字，十年乃字。《象》曰：六二之难，乘刚也。十年乃字，反常也。

六三，即鹿无虞，唯入于林中，君子几不如舍，往，吝。《象》曰：即鹿无虞，以从禽也。君子舍之。往，吝穷也。

六四，乘马班如，求婚媾，往，吉。无不利。《象》曰：求而往，明也。

九五，屯其膏，小贞吉，大贞凶。《象》曰：屯其膏，施未光也。

上六，乘马班如，泣血涟如。《象》曰：泣血涟如，何可长也？

（一）卦辞释义

屯。

【注解】屯卦，雷下水上，雷震而水险。

【今按】屯有多义：（1）屯，积也，聚也；积蓄能量，蓄势待发，一发即波起浪翻。（2）屯，迍也，挫折不前也，喻境遇之艰难险阻。（3）在甲骨文中，屯象豆类种子破土出芽，豆芽之头弯曲朝下，喻初生事物之艰难而又必胜之理。天地交而孕万物，春雷震而万物生，万物之初生，屯而必出。

元亨，利贞。勿用有攸往，利建侯。

【注解】本卦卦德，与乾卦"元亨利贞"四德同，也与临、随、无妄一样。卜得本卦的人，要知道"勿用有所往"，不要到处找门路、找捷径，注意囤积实力，静候"建侯"机会，很快就能如愿。

（二）《彖辞》释义

《彖》曰：屯，刚柔始交而难生，动乎险中，大亨，贞。雷雨之动，满盈。

【注解】屯卦取象于水雷，雷在下而上行，水在上而润下，水柔而雷刚，刚柔交而难生。坎险而雷震，雷震动于坎险之中，充实盈满，终得大亨之正道。

天造草昧，宜建侯而不宁。

【注解】大自然造成的如此态势，是一种草创蒙昧、来日不明的状态。宜于封侯，而侯却不得宁静于位，必奔走劳碌而不歇，历尽草创之艰。因此，君子应周密筹谋，积势蓄力而不轻举妄动。

【今按】周初灭商，天下草创，首务就是封侯建国，赶紧去开发国土，开启民智。故八十高龄的渭滨钓翁姜子牙仍要远赴东海之滨、斥卤之地去"辟草莱而居之"，建齐国。周公的亲子弟们也得离开丰镐，远去黄河下游，独当一面，自行建鲁、卫、蔡，他们都要经历草昧不宁的创业之艰。这是每一个志在创业者应有的思想准备。

（三）《象辞》释义

《象》曰：云雷，屯。君子以经纶。

【注解】君子取象于云雷，积势蓄力，直面创业之艰难，谋划管理好国家大业。经纶：经营管理，有序安排。

（四）爻辞释义

初九，磐桓，利居贞，利建侯。《象》曰：虽磐桓，志行正也。以贵下贱，大得民也。

【注解】盘桓不进，流连忘返（之象），但志行端正，有利于居常守业，追求封侯。《小象辞》说：初九阳爻，居于六二阴爻之下，象征着降尊纡贵，俯顺舆情，满足社会期待，进而大得民心。

六二，屯如邅如，乘马班如，匪寇婚媾。女子贞不字，十年乃字。《象》曰：六二之难，乘刚也。十年乃字，反常也。

【注解】一队人马忽进忽止，忽隐忽聚，不知要干什么。哦，原来是来抢婚的。象征目标已锁定，但前路状况不明。十年乃字：即使得到她了，也不会很快如愿生子，还有个漫长的等待期。《小象辞》说：六二阴爻，居于阳爻之上，称之为"乘刚"。乘：挟持也，胁迫也，欺凌也，故"难"。这是个漫长的韧性坚守期，最后总是能达到目的的。

六三，即鹿无虞，唯入于林中，君子几不如舍，往，吝。《象》曰：即鹿无虞，以从禽也。君子舍之。往，吝穷也。

【注解】君子追捕野鹿进入森林，而没有山虞前来当向导，恐有所失，倒不如舍去，不怀奢望的好。几：细微的可能。《小象辞》说：君子前往捕鹿而无向导，不仅捕不着，反而会生吝生悔。"刚"过分了生悔，"柔"过分了则吝。

【今按】虞：虞人，山虞，上古专管山林生态保护的吏员。

他不允许非时砍伐、非时捕猎,不允许毁林。君王如果田猎,他要负责预备好猎场,当好向导,并收管猎获物。

六四,乘马班如,求婚媾,往,吉。无不利。《象》曰:求而往,明也。

【注解】这桩婚事,可望成功。其人若能深明形势,知所进退,则会如愿以偿。《小象辞》说:为求婚而前往,是光明正大之举。

九五,屯其膏,小贞吉,大贞凶。《象》曰:屯其膏,施未光也。

【注解】谋事者囤积脂膏,小囤而久积之,终能达到目的。大事无望,不成气候。《小象辞》说:无长远眼光者,囤积多了,却"施未光"(光,广大也),施舍不广泛,不能广结民心,结果反而危险。

上六,乘马班如,泣血涟如。《象》曰:泣血涟如,何可长也?

【注解】遭际艰苦困顿,以至付出血泪代价。《小象辞》说:即使付出血泪代价,又哪里长久得了。

【今按】屯卦以阴爻为主,象征其步步艰难,总体效应需要久待。只能步步累进,囤积实力,静待时机,勿以小善而不为。

[心裁] 囤积实力，静待时机

屯有多义，有囤聚、囤积义；有迍危、迍邅，遇险遭困义等。综合而言，形势不顺畅、不通达，故需积跬步而至千里。做事不得操之过急，总会有困难在前，务必明确目标，坚定信心，知难而进；小心翼翼，步步为营；积以时日，可望有成。

如果说乾、坤二卦是《周易》之门户，那么，屯、蒙二卦就是刚刚跨进门槛了。屯卦讲的是积跬步而至千里的道理，蒙卦讲的是启蒙教育的问题，正是万事之开端。是故，本卦特别重视积蓄实力，静待时机，多施泽惠，广聚友善情谊，而后期于有成。

又，抢婚是上古的一种民俗，本卦以它为象，提醒人们：一种事态出现了，不要匆忙得出结论，以免误判，或非"匪寇"而是"婚媾"呢？但即使婚媾成功，也可能"十年乃字"，事情的发展方向，还有待跟踪观察——"君子几不如舍"，与其侥幸投机，不如干脆放弃。要舍得放弃，有舍才有得。不轻下结论，多跟踪观察，这也是执法办案者的一条行为准则。

另，本书中很多爻辞提及远古或上古社会生活中的某种事象或事态（比如本文涉及的建侯、抢婚、狩猎之类），却又往往语焉不详，故它当时的实际场景与象征意义，后人未必能准确理解。各家各派都会从中引出自家需要的结论来，就看是否言之有据而能自圆其说了。

另，若从"天造草昧""利建侯"的角度来理解本卦，则其背景应指周初封侯建国之举。当此之时，尤其应不急不躁，持之以恒；要广施恩惠，固结民心；前路不明而又无向导之时，力戒侥幸投机；囤积实力时，力戒掠取民脂民膏，宁可小聚微囤，积以时日，自会有成。这层意旨，与《尚书·康诰》的主题是一致的，可以参看。

四、蒙卦

䷃蒙（坎下艮上）

蒙：亨。匪我求童蒙，童蒙求我。初筮告，再三渎，渎则不告。利贞。

《彖》曰：蒙，山下有险，险而止，蒙。蒙，亨，以亨行，时中也。匪我求童蒙，童蒙求我，志应也。初筮告，以刚中也。再三渎，渎则不告，渎蒙也。蒙以养正，圣功也。

《象》曰：山下出泉，蒙。君子以果行育德。

初六，发蒙，利用刑人，用说桎梏。以往，吝。《象》曰：利用刑人，以正法也。

九二，包蒙，吉。纳妇吉，子克家。《象》曰：子克家，刚柔接也。

六三，勿用取女。见金夫，不有躬，无攸利。《象》曰：勿用取女，行不顺也。

六四，困蒙，吝。《象》曰：困蒙之吝，独远实也。

六五，童蒙，吉。《象》曰：童蒙之吉，顺以巽也。

上九，击蒙，不利为寇，利御寇。《象》曰：利用御寇，上下顺也。

（一）卦辞释义

蒙。

【注解】蒙卦，取象于山下有水，呈山下有险之象，提醒人遇险而止，否则会蒙难。

【今按】蒙有童蒙、启蒙义，又有蒙昧无知义。本卦既讲了儿童启蒙教育，也讲了社会启蒙教育，都是教育事业的主要任务。而教育又是从"正法""刑人"入手的。它居于六十四卦之前列，紧随乾坤开天辟地之后、当诸侯建国立业之初，以正法育人形塑人为先行，颇具深意。

亨。匪我求童蒙，童蒙求我。初筮告，再三渎，渎则不告。利贞。

【注解】卜得蒙卦，亨通。对童蒙的教育，要启发童蒙自身的求知求学欲望，"匪我求童蒙，童蒙求我"。对昏蒙愚昧之人，开始要好好引导他，启诱他，经再三教导，他若亵渎神灵，就不必再讲了。对于轻视知识、亵渎神灵的人，不必多费口舌。这样利于守持正固。

（二）《彖辞》释义

《彖》曰：蒙，山下有险，险而止，蒙。蒙，亨，以亨行，时中也。匪我求童蒙，童蒙求我，志应也。初筮告，以刚中也。再三渎，渎则不告，渎蒙也。蒙以养正，圣功也。

【注解】蒙昧之人总是止步于险难，但必有走向亨通之时，只是要把握住最适当、最关键的教育时机。童蒙来求我，我即告知他，因为他内心有求知的欲望，我即满足他的这个要求。我把最初的卜问情况告诉他，让他有个明确的行动方向。他若亵渎神灵，亵渎知识，不把卜问当回事，就先不要告诉他，因为他仍处于蒙昧状态。但对这种"蒙人"，又不能放弃教育，而应"蒙以养正"，也就是要着眼于培育其正确的道德观念，唯有正道（天理、良心、王法）才是圣功。

【今按】卦辞讲的是"渎则不告"，而《彖辞》说"渎"正是"蒙"的一种表现，贤者怎能放弃对"蒙"者的教育，怎能放弃"正法刑人"？显然，《彖辞》对卦辞的说法做了拨正。"蒙以养正"原则特别重要，任何时候都不得淡忘。这才是中国教育思想的第一原则，与《论语》的教育思想相对应。

（三）《象辞》释义

《象》曰：山下出泉，蒙。君子以果行育德。

【注解】蒙卦取象于山下出泉。山泉因其源深，故汨汨不竭，奔涌前行。《小象辞》说：君子受此启发，从此深化修炼功夫，果行育德，对社会的贡献将不可限量。果行：犹言果决其行。

（四）爻辞释义

初六，发蒙，利用刑人，用说桎梏。以往，吝。《象》曰：利用刑人，以正法也。

【注解】启蒙教育的关键，是"利用刑人，用说（脱）桎梏"。刑人，型人也，塑造人格也。童蒙的可塑性最强，关键是要以"正法"来教化之，陶冶之，但不可强加桎梏（硬行规范，使束手束脚），妨害童蒙之天性的发抒，故曰"以往，吝"，桎梏过甚，不好。

【今按】这是型人者（从教者）进行启蒙教育之根本方法。正法：正确的规范，包括道德、法纪教育在内。另，"利用刑人，用说桎梏"也可释为"以正法教育人、形塑人，使之远离桎梏"，这也是"以刑弼教，刑期于无刑"之义。

九二，包蒙，吉。纳妇吉，子克家。《象》曰：子克家，刚柔接也。

【注解】包容童蒙之子有好处，接纳痴蒙之妇有吉利。《小象辞》说：对童蒙之子实施教养，将来子有所成，子克承家，刚柔相接，自然吉利。

六三，勿用取女。见金夫，不有躬，无攸利。《象》曰：勿用取女，行不顺也。

【注解】六三居于九二之上，这是以柔乘刚之象，故勿用娶女；女，阴柔之象也。乘，强势压人。再遇上刚夫，不躬自处置，那是没有好处的，故《小象辞》说：其行不顺。

六四，困蒙，吝。《象》曰：困蒙之吝，独远实也。

【注解】为蒙昧无知所困扰，很不好。《小象辞》说：这是因为远离了生活实际，不能提供必要的教育。

【今按】这是对"型人者"所提的忠告。

六五，童蒙，吉。《象》曰：童蒙之吉，顺以巽也。

【注解】幼童蒙稚正受启发，吉祥。《小象辞》说：应以服从需要、顺应本性为教学要领。

上九，击蒙，不利为寇，利御寇。《象》曰：利用御寇，上下顺也。

【注解】击打蒙昧无知者，警告他，不利于为寇，而利于御寇。《小象辞》说：能御寇则上下顺，有前程，而上下顺又是"御寇"的前提与结果。

【今按】需要警诫的重点对象，是那些容易受蒙蔽而盲目起哄甚至捣乱的人，不能因为是"愚民"而放松法的启蒙教育，应教育其不得为寇，不得祸害社会；应抵御寇贼，为社会提供安宁，这才能"上下顺"。

[心裁] 启蒙教育,正法塑人

蒙卦主要讲的是启蒙教育。启蒙,不仅是对儿童,更难的是对社会上未觉悟的人。启蒙教育,大致应该这么做:(1)蒙以养正,培养公民意识,树立社会民生民权理念;(2)正法型人,摧毁蒙昧主义,确立法律原则,维护法治秩序;(3)利用御寇,击退一切反社会、反文明者的进攻。做到这三条,启蒙教育也就到位了。

蒙卦的一个亮点是"果行育德"。这是君子承担"养正""刑人"与"御寇"之重任的前提条件。君子若不能"果行",不能"育德",如何称得上是"君子",又如何去"育人""御寇"?

本文最大的亮点在于"利用刑人以正法也"。清人黄宗炎对这句话的解释是:"刑土而陶,刑金而铸,必先正其模范,而后求肖焉。刑人亦犹是也。未有身不正而能正人者。"可知"刑"的第一要义是"型",是形塑之义而不是刑杀或刑惩;"刑人"的正解是"型人",即规范人、塑造人。抟塑泥土可成陶器,型铸青铜可成青铜器。推而言之,"形塑人"即可陶铸出一个文明社会。而要陶土铸金以成器,必先要有精良的模子、正确的范型,这才能求得精美的产品。同理,要想形塑人、规范人、塑造人,陶铸一个良性的秩序社会,其先决条件就是主事者(立法、司法、执法者)"先正其身",正身而后方能正法,正法而后可以正人,这才叫作"利用刑人",这才是贤人政治。这一思想,是中华法理的高起点、亮起步。

在中国，在远古至上古时期，有学问、有知识者不是"巫"，就是"史"。"史"在君王身边工作，"左史记言，右史记事"，他们不直接面向社会；"巫"是为社会各阶层释疑消难的，故人们就"以巫为师"了。所以本卦把启蒙教育的责任交给巫师（这是远古至上古时期普遍通行的法则，也是"学在官府""以吏为师"的早期形态）。巫师是神的代言人，启蒙教育是神圣的事业，故"匪我求童蒙，童蒙求我"，你若亵渎神灵，他当然就不予传授了。要知道，全世界的古老文明都是从"巫文化"发端的，中国上古时期"巫医同源"，这就给早期巫文化注入了"现实主义"因子。《周易》作为上古巫文化的集萃，自然是动用现实世界的力量，去解决现实世界的问题，获取现实世界的回报——与"彼岸世界"无关，与"怪力乱神"无关，与"极乐世界""神的国度"无关。这样说来，儿童的启蒙教育、社会的启蒙教育，从一开始就从"利用刑人"入手，其意义是非常重大的。

五、需卦

䷄需（乾下坎上）

需：有孚，光亨，贞吉，利涉大川。

《彖》曰：需，须也，险在前也。刚健而不陷，其义不困穷矣。需，有孚，光亨，贞吉，位乎天位，以正中也。利涉大川，往有功也。

《象》曰：云上于天，需。君子以饮食宴乐。

初九，需于郊，利用，恒无咎。《象》曰：需于郊，不犯难行也；利用，恒无咎，未失常也。

九二，需于沙，小有言，终吉。《象》曰：需于沙，衍在中也。虽小有言，以吉终也。

九三，需于泥，致寇至。《象》曰：需于泥，灾在外也。自我致寇，敬慎不败也。

六四，需于血，出自穴。《象》曰：需于血，顺以听也。

九五，需于酒食，贞吉。《象》曰：酒食贞吉，以中正也。

上六，入于穴，有不速之客三人来，敬之，终吉。《象》曰：不速之客来，敬之终吉。虽不当位，未大失也。

（一）卦辞释义

需。

【注解】需：需求，需要，备物而动也。又，需：须也，待也，待时而为也。

【今按】本卦这两层意思兼而有之：备物而动，待时而为。满足刚需，平衡利益。乾、坤二卦之后，随之以屯、蒙，解决教育问题，附之以需、讼，解决分配问题。六十四卦，原是布置得有伦有序的。

有孚,光亨,贞吉,利涉大川。

【注解】需,等待。等待以充实信赖为前提,以广泛亨通为任务,这才是贞吉的。这有利于济越大川,又何畏乎坎险?孚:守信。光亨:广亨,广泛亨通,给大多数人以利益。

(二)《彖辞》释义

《彖》曰:需,须也,险在前也。刚健而不陷,其义不困穷矣。需,有孚,光亨,贞吉,位乎天位,以正中也。利涉大川,往有功也。

【注解】有险在前面,就等待一会儿,别冲动。刚健强硬而不屈服,其所怀的真理正义终会彰显出来,不会被孤立。需卦以诚信充实为宗旨,以中正之心守天位,何往而不胜?

(三)《象辞》释义

《象》曰:云上于天,需。君子以饮食宴乐。

【注解】云上于天,时雨将至,这正是万民之需。饮食,是人类最基本的生存需求;宴乐是君子高层次的生活方式。

【今按】《周易》从不否定人的基本生活需要。不过,结合后文看,作者是反对君子享受非分之乐的。那么,这段《象辞》也可意译为"白云天上飘,君子乐逍遥",表现一种心态宽和、淡泊之象。

（四）爻辞释义

初九，需于郊，利用，恒无咎。《象》曰：需于郊，不犯难行也；利用，恒无咎，未失常也。

【注解】待于郊野，客观条件好，可长期利用。《小象辞》说：不必犯难而行，一切顺心，不失常态就好。犯难：冒险。

九二，需于沙，小有言，终吉。《象》曰：需于沙，衍在中也。虽小有言，以吉终也。

【注解】待于沙地，邻近于坎险，会有人说三道四，闹点小摩擦，但无伤大雅。《小象辞》说：不用管它，事态都在把握之中。衍在中：指处于内卦中位的演化。九二，阳爻处于阴位，可虑而无大碍。

九三，需于泥，致寇至。《象》曰：需于泥，灾在外也。自我致寇，敬慎不败也。

【注解】待于泥地，陷入尚浅未深之境。招致寇至，很麻烦。《小象辞》说：这是外来侵害，尚无大碍。麻烦的是自引贼寇、自招戕害的"内耗"。若能守住内心，敬慎待物，则能挽回，不会崩盘。

六四，需于血，出自穴。《象》曰：需于血，顺以听也。

【注解】不惧险难，深入坎险，由于方法合理、顺应天命，可以化险为夷，涉越坎险。《小象辞》说：谨防不安全，需要顺势巧取，因势求利。听，与"顺"义近为互文，顺其自然。

【今按】远古先人茹毛饮血，打猎杀牲是家常便饭。其经验是：对出自山洞的大虫，不能硬斗死拼，而应顺势巧取。

九五，需于酒食，贞吉。《象》曰：酒食贞吉，以中正也。

【注解】不只是宴与安，而且有待于酒食，过上如意富足的生活。《小象辞》说：这需要守住中正无邪之位。中正：九五爻处于上卦中位，占尊位，守中道。

上六，入于穴，有不速之客三人来，敬之，终吉。《象》曰：不速之客来，敬之终吉。虽不当位，未大失也。

【注解】在有安防保障的洞穴中，有不速之客来访，敬以迎宾，并无不妥。《小象辞》说：不速之客，不约而至的意外之客，喻指不当位的爻；而上六是阴爻在阴位，当位，只需以顺为原则，就不会出现大失误。

【今按】即使所待非人，在有备的情况下，给予应有的酒食招待，也能消灾于无形，不会有大碍，这是待人以礼的底线。

[心裁] 衣食之需，天经地义

《周易》首先肯定了人对"食"与"安"的基本需求。这与《尚书·洪范》将"食""货"放在"八政"前列的意旨是一致的。

本卦六爻，提出了六种场合下的生存需要：需于郊、需于沙、需于泥、需于血、需于酒食，甚至入于穴，所遇即使是不速之客，也能正常接待。其实，在远古至上古时期，处于北温带的中原大地果木繁茂，禽兽繁多，衣食资源较为充裕，对当时的人口总数与生产力水平而言，满足需求并不困难，采集渔猎，加上粗耕农业，基本足矣。然而，此时社会上已经有了"寇"，这才是对安全生存最大的威胁。"寇"是本书最先提及的消极力量，是趋吉避凶中的首出之"凶"，自然要严加防范。人类社会出现寇盗，正是对"合法私有"的破坏。换句话说，《周易》第一次把防寇的任务、安全防范的任务摆到了人们的面前。这与全世界法律都要求"勿偷盗"之意旨是一致的。需要讲明的是：它不是反对私有，而是反对"非法占有"。非法占有是私有制与公有制的共同敌人。

本卦又进一步指出：根本危害在于自我致寇。人世间，占有欲远远早于私有制的产生。人的需求应该合理化、合法化，不要超越法纪，不要过分追求物质享受。淡泊可保平安，奢求就会致寇。"寇"有两种：一种是自我为寇，私欲膨胀，自造陷阱，超限享乐，超限占有，导致血光之灾，付出沉重代价；一种是自我引寇，招致外来不法侵害。故防寇要从防欲入手。人们要想趋吉避害，需要完善社会安全机制的整体建构，也需要提高自我设防、自我约束的能力。

总之，备物而动，待时而为，防寇防害，保持自身的刚健而不陷，则其义不困穷矣！这是本卦的主题。

六、讼卦

☰ 讼（坎下乾上）

讼：有孚，窒惕，中吉，终凶。利见大人，不利涉大川。

《彖》曰：讼，上刚下险，险而健，讼。讼有孚，窒惕，中吉，刚来而得中也。终凶，讼不可成也。利见大人，尚中正也。不利涉大川，入于渊也。

《象》曰：天与水违行，讼。君子以作事谋始。

初六，不永所事，小有言，终吉。《象》曰：不永所事，讼不可长也。虽小有言，其辩明也。

九二，不克讼，归而逋，其邑人三百户，无眚。《象》曰：不克讼，归逋窜也。自下讼上，患至掇也。

六三，食旧德，贞厉，终吉。或从王事，无成。《象》曰：食旧德，从上吉也。

九四，不克讼，复即命，渝，安贞，吉。《象》曰：复即命渝，安贞，不失也。

九五，讼，元吉。《象》曰：讼，元吉，以中正也。

上九，或锡之鞶带，终朝三褫之。《象》曰：以讼受服，亦不足敬也。

（一）卦辞释义

讼。

【注解】讼卦取象于天下有水，水在天下。天为乾纲，水乃阴柔。古人认为，水由西向东流，而天由东往西转，两相背违，有矛盾，于是生讼，讼之生乃势之必然，不可避免。讼：争讼，诉讼，狱讼。

【今按】汉代学者注书时对"狱"和"讼"作了区分，认为"争罪曰狱，争财曰讼"，争讼区别于刑狱。刑狱是指人身伤害之案，由司刑官按刑律判处；争讼是指财利侵占之讼，由小司徒据合法契约处置。这是刑事狱案与民事讼案的区别。

有孚，窒惕，中吉，终凶。利见大人，不利涉大川。

【注解】诉讼参与者要有起码的诚信，勿抱侥幸之心，警惕投机心理，一切追求合乎中道，才有利于大人出面辩讼，而不利于渡"大川"，以免遭遇灭顶之灾。窒：窒息，堵塞。惕：警惕，警觉。中吉，终凶：诉讼，即使有阶段性局部胜利，到头来终不会有好结果。

（二）《彖辞》释义

《彖》曰：讼，上刚下险，险而健，讼。讼有孚，窒惕，中吉，刚来而得中也。终凶，讼不可成也。利见大人，尚中正也。

不利涉大川，入于渊也。

【注解】上乾为刚，下坎为险，刚硬而不计险阻地贸然从事于讼事，必无好结果。诉讼参与者要有起码的诚信，追求中道，若执迷不悟，必无成果。只有让高级司法者判决是非，那才会公正。千万不要涉险冒进，不计深浅。

（三）《象辞》释义

《象》曰：天与水违行，讼。君子以作事谋始。

【注解】古人认为天体与水体运行方向不同（两相违行），水由西向东流，而天是由东往西转的（日月星辰皆东升西降），二者相矛盾，象征人间不和睦而生讼。对君子的要求则是做事谋始，顺其自然，别莽撞行事，以防涉讼。

【今按】《象辞》的要义是：讼，客观上不可避免，但君子要尽力避免，防止其发生。

（四）爻辞释义

初六，不永所事，小有言，终吉。《象》曰：不永所事，讼不可长也。虽小有言，其辩明也。

【注解】不永所事，事不久长；讼有小争，终能顺意。《小象辞》说：(争讼双方) 不要固守己见，争讼之风不可长。生活中的小利小争，其是非不难辩明（未见得都要大动手脚，去启动诉讼程序）。

【今按】爻辞说"小有言，终吉"，《小象辞》说争讼之风不可长，显然是对爻辞的一种拨正。

九二，不克讼，归而逋，其邑人三百户，无眚。《象》曰：不克讼，归逋窜也。自下讼上，患至掇也。

【注解】诉讼不胜，逃跑归来，祸端已现，迅速退避，即使归隐于三百户的小邑，也能免灾，因为"自己人"会做掩护。《小象辞》说：诉讼不利，只能逃避。然而，自下讼上，不论胜负，祸患都将随之而来。

【今按】爻辞作者说即使诉讼不利而逃归，也会有人做掩护，退路宽着呢！然而，《象辞》作者则是反对争讼的，尤其反对"自下讼上"，因为不论胜负，到头来吃亏的总是"在下者"。

六三，食旧德，贞厉，终吉。或从王事，无成。《象》曰：食旧德，从上吉也。

【注解】"食旧德"，安享旧日的德业，目前可维持，在上者尚能关顾，终究还得另做打算。《小象辞》说：在王家服职的人，靠吃老本混下去，是有靠山吧？

九四，不克讼，复即命，渝，安贞，吉。《象》曰：复即命渝，安贞，不失也。

【注解】诉讼不胜，即复命认错，败诉之后，服从判决，吉。《小象辞》说：安分守己，是唯一的出路。

九五，讼，元吉。《象》曰：讼，元吉，以中正也。

【注解】诉讼胜利，大吉。《小象辞》说：诉讼胜利，只能来自中正之德、中正之道；歪门邪道行不通。中正，上卦中爻，是正位。

上九，或锡之鞶带，终朝三褫之。《象》曰：以讼受服，亦不足敬也。

【注解】诉讼胜利，受到颁赐鞶带的嘉奖，但一天内又多次被剥夺刚得的荣誉（赐鞶带）。这说明争讼的胜利是不长久的。《小象辞》说：人们千万别想从诉讼中获取根本利益；就算得到了，也保不住，这又有什么值得敬重的呢！

【今按】从"锡之鞶带""食旧德""其邑人三百户"等语来看，本文的涉讼人员是上层人士，非庶民百姓。作者说"以讼受服，亦不足敬也"，表明了对上层之间的"讼"的轻蔑态度。

[心裁] 作事谋始，讼不可长

本书在衣食之需之后，立即提出"致寇"问题，这里又进一步提出"诉讼"问题，可见诉讼在当时的社会生活中已经占有一定的分量，已经成为国家机器的一项日常公务了。中国先民早就认识到：人类社会总是有矛盾、有争讼的，就如"天水违行"一般不可避免。而一有争讼，即"利见大人"，就应当交由政府来解决，这个"习惯法"的形成，看来已经很有历史了。然而，中国老百姓历来又并不热衷于"打官司","讼则终凶"这一理念的形成,大概也已经很有历史了,至少从本卦《象辞》之主旨开始。

有意思的是,专论"讼"的卦,并不笼统地赞同用打官司的办法来解决问题。它明确提出了"做事谋始,涉讼何利"的问题,认为任何事从一开始就应该谋划清楚,不去侵害任何一方的合法利益,尤其是利益相关者的核心关切,以免日后酿成矛盾冲突而涉讼。到那时,即使官司打赢了,又能得到多少实际好处呢?另,本卦所说的"讼",主要是指上层人士间争权夺利所引发的讼,故胜者也并不荣耀,且难以持久。

讼,不以胜负论成败,而以是否守正为标的,这才是本卦主题之所在。总而言之,《象辞》作者对"讼"是抱消极态度的,这与孔子"听讼,吾犹人也,必也使无讼乎"(《论语·颜渊》)的态度是一致的。人们说《象辞》合于孔子思想,本章是又一证。

七、师卦

师(坎下坤上)

师:贞丈人,吉,无咎。

《彖》曰:师,众也。贞,正也。能以众正,可以王矣。刚中而应,行险而顺,以此毒天下,而民从之,吉,又何咎矣。

《象》曰:地中有水,师。君子以容民畜众。

初六,师出以律。否臧,凶。《象》曰:师出以律,失律凶也。

九二，在师中，吉，无咎。王三锡命。《象》曰：在师中吉，承天宠也；王三锡命，怀万邦也。

六三，师或舆尸，凶。《象》曰：师或舆尸，大无功也。

六四，师左次，无咎。《象》曰：左次无咎，未失常也。

六五，田有禽，利执言，无咎。长子帅师，弟子舆尸，贞凶。《象》曰：长子帅师，以中行也；弟子舆尸，使不当也。

上六，大君有命，开国承家，小人勿用。《象》曰：大君有命，以正功也；小人勿用，必乱邦也。

（一）卦辞释义

师。

【注解】师，大众也，军旅也。师卦取象于地下蓄水，喻众里藏兵。坤，顺也；坎，险也。顺险而行，危事也，以喻战争。

【今按】兵，君子不得已而用之。需、讼二卦之后，继之以师、比，即继之以战争或竞争。国家机器之职能就是要适度把控战争或竞争，使之向有利于我的方向发展。

贞丈人，吉，无咎。

【注解】卜得师卦，坚持正道，讨伐不义。选取顶天立地的汉子为军帅，必吉而无咎无过。丈人：有才德的主帅。无咎：战事不会出岔子，不会失策丧师。

（二）《彖辞》释义

《彖》曰：师，众也。贞，正也。能以众正，可以王矣。刚中而应，行险而顺，以此毒天下，而民从之，吉，又何咎矣。

【注解】顺从民意，以众心正己、正军，则可以称王，可以带兵出征。只要以"刚中而应，行险而顺"的精神治理军队、指挥征战，即使前途有"坎"，也能化险为夷，战则必胜。

【今按】刚中而应：九二爻（即内卦之中爻）为阳爻，是谓"刚中"，与六五阴爻相应相配。所谓"刚中而应"，是吉利之象。行险而顺：坎在坤下，水在地下，行险而顺达，喻战而获胜。毒天下：以霹雳手段治天下。毒，崔憬释为养育和化育万物。《老子》曰"亭之毒之"，毒药攻病而可以活人。是药皆为毒，"毒天下"正所以药天下、治天下。又，古"毒""督"二字音近义通，故毒亦有督导之义，"毒天下"即以阳刚正气督导天下，必要时，不惜用战争手段去排除祸患。

（三）《象辞》释义

《象》曰：地中有水，师。君子以容民畜众。

【注解】君子从地中有水取象而成师卦，由此获得容民畜众的启示。凡能容民畜众者，战必胜，攻必克。

（四）爻辞释义

初六，师出以律。否臧，凶。《象》曰：师出以律，失律凶也。

【注解】部队行动，要有严明的军纪。否则，凶。《小象辞》说：失去军纪，必败。律：一是纪律，二是规律。带兵打仗，一严纪律，二讲规律。

九二，在师中，吉，无咎。王三锡命。《象》曰：在师中吉，承天宠也；王三锡命，怀万邦也。

【注解】帅在师中，师出有名，持守中道，战则能胜，必获君王"三赐"之荣。《小象辞》说：中正之师，必邀天佑。君王多次赐命封赏，用意在于怀柔万邦，收聚天下民心。

六三，师或舆尸，凶。《象》曰：师或舆尸，大无功也。

【注解】尸位者驾临前线，无功而返。《小象辞》说：大部队受尸位者节制，战争必付出沉重代价。舆：运载。尸：白占着要位的角色，指尸位素餐之人。载着捧着一个尸位素餐之人，让他白占着指挥位置，战争怎会获胜？

【今按】《诗·召南·采蘋》"谁其尸之"句，尸训"主"。又，从文字学上讲"尸"是活体，非指死体。有注家把"舆尸"释为"运载尸体"，把"尸"理解为死体，以为有误。

六四，师左次，无咎。《象》曰：左次无咎，未失常也。

【注解】左次：大部队撤退下来，临时驻守，不算大错。左：

示弱后撤。次：驻扎。《小象辞》说：只要不失常态就行。

六五，田有禽，利执言，无咎。长子帅师，弟子舆尸，贞凶。《象》曰：长子帅师，以中行也；弟子舆尸，使不当也。

【注解】田猎有收获，初战获胜，利于坚持谋略。长子为统帅，居中军以行，亲临阵前指挥，必胜；弟子占位而监众，吃了败仗，凶。《小象辞》说：这是用人不当。

【今按】这里，"长子"义同前文之"丈人"，指有决断力、号召力的主帅；弟子，喻指私家信用的小人。旧时打仗，君王常派私人亲信监军以牵制主帅，往往起不了好作用。

上六，大君有命，开国承家，小人勿用。《象》曰：大君有命，以正功也；小人勿用，必乱邦也。

【注解】英明君主早有指示：开国承家，小人勿用。这是千古真理。《小象辞》说：服从大君之命，不用小人掌权，这才能建功立业；小人乱邦，如何用得？

【今按】这里虽未明确论及如何识别君子与小人，但信用丈人，勿让弟子参与谋议，实属关键。

［心裁］打仗：一顺民心，二用将帅

战争只有得到民众拥护，才是正义的战争。兵，凶器也，圣人不得已而用之。这里说了一个大道理：战争必须是符合民意的正义之战，但即使是正义之战也是毒天下的猛药，稍有不顺，危矣！区分正义与非正义，是中国战争学的重要内容。

选帅要选具有统帅素质，天资聪颖、性格灵活的人；要选具有坚强的意志，对事业执着追求、迎难而进的人，这样才可以成就大事业。那种喜竞争、善争辩、爱冒险者，往往会带来麻烦。务必老成持重，不贪功、不贪利，以中正为要。

本卦强调了战争的正义性，反对临阵对将帅掣肘；还强调了"失律"的危害性。什么是"律"？古人云："执事顺成为臧，逆为否。理有必然之胜者，师出而谋合之为臧，乃其律也；失之，是以凶也。"（《子夏易传》）又，"兵法，地生度，度生量，量生数，数生称，称生胜。师出以律，则教道素明，兵卒有制，胜敌之道也"（《汉上易传》卷一）。可见，律，不仅指军纪，还指军事规律。不仅要有严明的军纪管理，更要有合乎军事规律的战争谋略，这才叫"合律"。对于"律"的这一理解，是非常深刻而全面的。

我们发现，古人笔下，已经把残酷的战争或竞争形式化、哲理化了。以神圣的名义制定出复杂的角斗规则，投入巨大的智力、物力、财力和人力，演出人世间一幕幕惊天动地的拼搏场面，浓缩了斗士们的生命特色与人生意义——这的确是值得人类仔细裁量的一个重大主题。

刚讲完诉讼，即继以军事，作者别有一副心肠。他看到了国家职能的强势一面，非一般儒生可比。

八、比卦

䷇ 比（坤下坎上）

比：吉。原筮，元永贞，无咎。不宁方来，后夫凶。

《彖》曰：比，吉也。比，辅也，下顺从也。原筮，元永贞，无咎，以刚中也。不宁方来，上下应也。后夫凶，其道穷也。

《象》曰：地上有水，比。先王以建万国，亲诸侯。

初六，有孚，比之无咎。有孚盈缶，终来，有它吉。《象》曰：比之初六，有它吉也。

六二，比之自内，贞吉。《象》曰：比之自内，不自失也。

六三，比之匪人。《象》曰：比之匪人，不亦伤乎！

六四，外比之，贞吉。《象》曰：外比于贤，以从上也。

九五，显比。王用三驱，失前禽，邑人不诫，吉。《象》曰：显比之吉，位正中也。舍逆取顺，失前禽也。邑人不诫，上使中也。

上六，比之无首，凶。《象》曰：比之无首，无所终也。

（一）卦辞释义

比。

【注解】比卦取象于地上有水，水可润泽大地，也可冲决大地；地可吸纳水源，也可供水流通。"比"有比附、比肩、比并、比较、比邻、竞争义,有依附、联络、辅助、衬托义,还有"朋比为奸"之类的贬义。

【今按】需、讼二卦之后,继之以师、比,即继之以战争与竞争。组织良性竞争、正义战争,是国家机器的职能之一。

吉。原筮,元永贞,无咎。不宁方来,后夫凶。

【注解】卜得比卦,很吉利。前已卜筮过,从头就是贞正无碍的。一时拿不定主意者,见到"永贞"之利就来亲附了,那些后来者失其先机,在比拼中自然会倒霉。

(二)《彖辞》释义

《彖》曰:比,吉也。比,辅也,下顺从也。原筮,元永贞,无咎,以刚中也。

【注解】比的含义丰富,这里取其基本义:辅助、顺从,具有永贞守正的秉性。过去的占筮一直是贞卦,这是因为"刚中"。刚中,指比卦之六二爻乃阴爻居阴位,对应九五爻为阳爻居尊位,此为"刚中"之卦,故吉而无咎。

【今按】这是从上下、大小、内外、主客双方立论的,故分出主辅顺应来。永贞守正,是良性竞争的灵魂,取胜并不是它的终极追求。

不宁方来,上下应也。后夫凶,其道穷也。

【注解】拿不定主意者而今赶来亲附了,因为上下经卦有应。

后来者最终倒霉,是因为其要求无法实现。

(三)《象辞》释义

《象》曰:地上有水,比。先王以建万国,亲诸侯。

【注解】地上有水,乃比卦之象。喻水土和、五谷旺、万民乐。君王有取于此,选择亲民润泽路线,则可以建万国,亲诸侯,保国治民,安享太平;如不顾民望,则川壅而溃,伤人必多。

(四)爻辞释义

初六,有孚,比之无咎。有孚盈缶,终来,有它吉。《象》曰:比之初六,有它吉也。

【注解】要比就要与有信誉的人比。有孚盈缶,信誉满满。不仅比邻过来,远处的他者也会闻声而至,气象热烈。《小象辞》说:有信誉的"比",从一起步就吸引人,就是吉利的。

六二,比之自内,贞吉。《象》曰:比之自内,不自失也。

【注解】内部自比,自我调动优势力量,吉。《小象辞》说:从内部强化自己,将越比越出色,并不会迷失自己。

六三,比之匪人。《象》曰:比之匪人,不亦伤乎!

【注解】与不恰当的人比拼,不对。《小象辞》说:与不恰当的人比拼,无益有损,反而会伤害自己。

【今按】很多人不明白这个道理，专门与比自己弱的、差的，甚至坏的去比高低，到头来越比越丧志，反而害了自己。

六四，外比之，贞吉。《象》曰：外比于贤，以从上也。

【注解】外比贤能，见贤思齐；三人行，必有我师。《小象辞》说：比是为了进贤修德，把别人的优长学到手，自己的本领就大了。

九五，显比。王用三驱，失前禽，邑人不诫，吉。《象》曰：显比之吉，位正中也。舍逆取顺，失前禽也。邑人不诫，上使中也。

【注解】显比，要与正能量为伍，这是九五尊位的内在要求。《小象辞》说：显比，取则于上，这才能获得正能量。舍逆取顺而纵其前禽，百姓也就消除戒备心理了。此时，君上则应守其中正之道。

【今按】故事：商王汤外出狩猎，三面张网，驱禽兽而捕获之；一面不张网，纵禽兽而给出路。百姓赞其有仁人之心。

上六，比之无首，凶。《象》曰：比之无首，无所终也。

【注解】朋比为奸者，难有称首，凶。《小象辞》说：这类人无法率众，故"无首"，没有好结果。

[心裁] 和平竞赛，比肩共赢

"比"有比肩、比并、比照、比对、竞争之义。相对于共事的同伴、同事、同道而言，是比肩相助，共同前进，共同获益；相对于个人品能修持而言，是要"内比于己，外比于贤"。这种比，为的是提升自己的品能，属进取之德。它与排他性的比（恶性竞争）截然不同，不追求己方的绝对胜利，而是希望在彼此切磋中共同提升。

比，要看与谁比，比君子与比小人自然不同；也要看如何比，自比、内比、外比、显比，取道于正，则贞吉；无首之比、朋比为奸之比，则不免于被动，终陷于道穷。中国人所排斥的比，即指朋比为奸之比，恶性竞争、你死我活之比。

《仪礼·乡射礼》中青年士子们的射箭比赛，就不以排他为目的，既比赛射箭之艺，又比赛礼让之德，不搞你死我活式的恶性竞争，这才是显比，才是光明正大的进取之比。

九、小畜卦

☰ 小畜（乾下巽上）

小畜：亨。密云不雨，自我西郊。

《彖》曰：小畜，柔得位，而上下应之，曰小畜。健而巽，刚中而志行，乃亨。密云不雨，尚往也；自我西郊，施未行也。

《象》曰：风行天上，小畜。君子以懿文德。

初九，复自道，何其咎？吉。《象》曰：复自道，其义吉也。

九二，牵复，吉。《象》曰：牵复在中，亦不自失也。

九三，舆说辐，夫妻反目。《象》曰：夫妻反目，不能正室也。

六四，有孚，血去惕出，无咎。《象》曰：有孚惕出，上合志也。

九五，有孚挛如，富以其邻。《象》曰：有孚挛如，不独富也。

上九，既雨既处，尚德载，妇贞厉。月几望，君子征凶。《象》曰：既雨既处，德积载也；君子征凶，有所疑也。

（一）卦辞释义

小畜。

【注解】小畜卦，取象于风天，风行天上。风，巽也，顺也；天，乾也，刚也。畜有二义：畜养也；积蓄、蓄藏也。小畜，亦作"少畜""稍蓄"，以有限的积蓄做有限的畜养。

【今按】这正是平民百姓的生存之道：家道小康，免除饥寒。它是农业社会的基本要求，也是圣贤治国的短期目标。兴"讼"兴"师"之后，就应注重物质上的逐步蓄积，抓好经济建设。

亨。密云不雨，自我西郊。

【注解】密云不雨——希望是有的，来自西方；但不多，也还不是现实。卜得小畜卦，亨通。西边天空卷起了乌云，但还未降雨；风雨正在积蓄中，马上就会来到。

（二）《彖辞》释义

《彖》曰：小畜，柔得位，而上下应之，曰小畜。健而巽，刚中而志行，乃亨。密云不雨，尚往也；自我西郊，施未行也。

【注解】本卦六四阴爻在阴位，其余都是阳爻，是为"柔得位"。六四与上下二爻应之，构成离卦（火）。离有光明，有动力，形成"刚中而志行"之象，全卦就活了。西方天空密云不雨，乃蓄势待发之象。

（三）《象辞》释义

《象》曰：风行天上，小畜。君子以懿文德。

【注解】君子应该不断地累积美好的道德文章，以应治政之需。

（四）爻辞释义

初九，复自道，何其咎？吉。《象》曰：复自道，其义吉也。

【注解】不断地践行于自我之道，做力所能及之事，又何咎之有？可获吉祥。复：这里通"履"，践行也。《小象辞》说：厚其德，建其功，善其行，履其道，其义自吉。

九二，牵复，吉。《象》曰：牵复在中，亦不自失也。

【注解】牵引归复，不失其中道，所以能不自失。牵：牵引也。《小象辞》说：人贵在有模仿牵引能力，善于借鉴别人的优点，吸纳他人的长处，使归复于自我，从而积蓄自我的潜能，步步积变，终成气候。

九三，舆说辐，夫妻反目。《象》曰：夫妻反目，不能正室也。

【注解】大车脱辐了，何以载重？夫妻反目了，又何能正其家室？《小象辞》说：夫妻反目，不能使家庭合于正道。

六四，有孚，血去惕出，无咎。《象》曰：有孚惕出，上合志也。

【注解】做人有信用，别人就不会无故防着你，自然就无咎。《小象辞》说：你有信誉，他无忧虞，团结一心，合上志也。惕出：除也，去也。

九五，有孚挛如，富以其邻。《象》曰：有孚挛如，不独富也。

【注解】君子当以天下信誉为重，要富及邻人。《小象辞》说：诚实地践行，不独富，不垄断，才能真正实现个人价值。挛：牵系他人，连及、影响他人。

上九，既雨既处，尚德载，妇贞厉。月几望，君子征凶。《象》曰：既雨既处，德积载也；君子征凶，有所疑也。

【注解】风调雨顺而"尚德载"，妇人观此当和美家室，不辞其艰。君子外出征讨凶顽，必在月中得手。几望：接近望日，指农历月半之前。《小象辞》说：君子观此，当抓紧时日，不断投入再修炼，以打败敌手，赢得信誉。

[心裁] 积财须力戒"满招损"

小畜卦揭示了事物发展过程中由弱小变强大、从阴柔变阳刚、由量的积累到质的飞跃的过程。宜藏器待时，蓄养实力。

前进途中会遇到一些意想不到的困难，不是很顺利。但只要性格坚强，具有战胜不利条件的意志，就能够实现自己的理想。

在征途中，极有可能遭到小人的伤害，必须得到志同道合者的真诚相助。对所得应有满足感，适可而止，切不可过度追求，以免"满招损"。

十、履卦

䷉履（兑下乾上）

履虎尾，不咥人，亨。

《彖》曰：履，柔履刚也。说而应乎乾，是以履虎尾，不咥人，亨。刚中正，履帝位而不疚，光明也。

《象》曰：上天下泽，履。君子以辩上下，定民志。

初九，素履。往，无咎。《象》曰：素履之往，独行愿也。

九二，履道坦坦，幽人贞吉。《象》曰：幽人贞吉，中不自乱也。

六三，眇能视，跛能履，履虎尾，咥人，凶。武人为于大君。《象》曰：眇能视，不足以有明也；跛能履，不足以与行也；咥人之凶，位不当也；武人为于大君，志刚也。

九四，履虎尾，愬愬，终吉。《象》曰：愬愬终吉，志行也。

九五，夬履，贞厉。《象》曰：夬履贞厉，位正当也。

上九，视履考祥，其旋元吉。《象》曰：元吉在上，大有庆也。

（一）卦辞释义

履。

【注解】履卦，取象于天泽。天下有泽，天在上，泽在下；外有阳刚之质，内怀柔泽之悦。

【今按】刚在外，柔在内，以阳刚推动行动，从柔泽润饰鸿业。刚柔汇于履。履者，礼也，依礼行事，是本卦的主题。兴"讼"兴"师"之后，就应注重物质上的小有蓄积与精神上的依礼而行了。这与《周礼·地官司徒》既抓农业生产又管农人教育的职责是一致的。

履虎尾，不咥人，亨。

【注解】履：踩踏，践行。又，履同"礼"，古有"履者礼也，依礼而行"的说法。亨：畅行亨通。咥人：啮人，伤害人。

【今按】履虎尾喻指走上了常人不敢走的险路,却安然无忧。唯大君子才会有这种履险不惊的气量、素质,也才会收到这般出色的效果。

(二)《彖辞》释义

《彖》曰:履,柔履刚也。说而应乎乾,是以履虎尾,不咥人,亨。刚中正,履帝位而不疚,光明也。

【注解】履卦,取的是"柔履刚"之象。兑应于乾,刚之属也,故不畏"履虎尾"。遵循中正之道,呈现理直气壮、无所畏缩之态。说:悦。

【今按】人只要具有光明正大的刚性品性,胸怀坦荡光明,那么,就是"履虎尾"(履帝位)也能内心不疚,所以断为"亨"。但毕竟是"履虎尾",总还是得保持应有的严谨,不可有丝毫的轻亵,这才会有光明的前程。这段《彖辞》很好地阐发了卦辞所含蕴的易理,体现出《彖辞》乃卦辞之引申的行文体例。

(三)《象辞》释义

《象》曰:上天下泽,履。君子以辩上下,定民志。

【注解】这是本卦的重心:取上天下泽之象,在"上天有泽"的生态状况下,君子的责任就是"辩上下,定民志",分清上下关系，理清伦理秩序，创建稳定有序的社会生活、政治生活，让老百姓过上各得其所、安宁从业的舒心日子。

【今按】这条《象辞》，抓住了精神建设的总纲：辩上下，定民志。

（四）爻辞释义

初九，素履。往，无咎。《象》曰：素履之往，独行愿也。

【注解】穿着平常的鞋子走普通的路，行进中没有什么可担忧的。《小象辞》说：这符合常人的生存愿望——自个儿走完风平浪静的平凡一生。初九：阳爻居阳位，顺当而合理。

九二，履道坦坦，幽人贞吉。《象》曰：幽人贞吉，中不自乱也。

【注解】走在平坦的大道上，享受悠闲贞静的时光。心不乱，意不浮，情不躁，"心静自然凉"，一切都会安然坦荡。《小象辞》说：九二，阳刚之爻居于阴柔之位，它面前自然是一片坦荡，而无自寻的干扰。

六三，眇能视，跛能履，履虎尾，咥人，凶。武人为于大君。《象》曰：眇能视，不足以有明也；跛能履，不足以与行也；咥人之凶，位不当也；武人为于大君，志刚也。

【注解】对这段爻辞，可以这样去理解：眇了，仍然能看；跛了，仍然能走；行走在虎尾后边，有被猛虎咬伤的风险。武人之于大君，是一种刚性威胁。从卦体上分析：六三，阴爻居于阳位，不当位。这很自然要引发人的思考。但《小象辞》的观察角度却不一样。它说：眇能视，又能看多远？跛能履，又能走多远？虎有咥人之凶，是因为不当其位；武人在大君身上也想有所动作，那是其固有的阳刚之性决定的。

九四，履虎尾，愬愬，终吉。《象》曰：愬愬终吉，志行也。

【注解】九四，阳爻居于阴位，刚居柔，不当位；但其能量大，终能得志。愬愬：惊惧的样子。句意：发现自己踩着的竟是老虎尾巴，怎能不惊惧？《小象辞》说：一旦有了惊惧，就会走向终点，这是要靠觉悟后的自觉坚持来实现的。

九五，夬履，贞厉。《象》曰：夬履贞厉，位正当也。

【注解】夬履：果断行走义，鼓励勇往直前。《小象辞》说：九五爻，阳爻居于尊位，自应勇往直前，此乃理之当然，势之必然，位之决然。

【今按】只要持守正义，没有克服不了的困难。

上九，视履考祥，其旋元吉。《象》曰：元吉在上，大有庆也。

【注解】上九是九五的补充、延伸与发展，也意味着走向终结，故须回顾行走的过程以考察祸福得失的征祥，履道大成，故"元吉"。《小象辞》说：刚毅果断，走好自己的路，那将有光荣而无憾的未来。

[心裁] 君子之责：辩上下，定民志

本卦阐释了君子依礼行事，实现理想、履行责任的原则，以履虎尾为象征，充满危机感，时时戒惧；以和悦中庸的态度去践履，坚定平素的志向，不被世俗所诱惑，心胸坦荡，把握好以柔制刚的法则，一本初衷，持善到底；把辩上下、定民志作为本职去努力从事。

又，本文把"履帝位"与"履虎尾"并论，都以"柔履刚"视之，后世文人恐怕不敢有这种意念，也不敢有这种表达。其实，以臣下举止循礼之柔，应对君上"乾纲独断"之刚，只要自家心怀"中正"，即可"不疚"，上不愧于天，下不愧于民，是为真丈夫也。

十一、泰卦

☷ 泰（乾下坤上）

泰：小往大来，吉亨。

《彖》曰：泰，小往大来，吉亨，则是天地交而万物通也，上下交而其志同也。内阳而外阴，内健而外顺，内君子而外小人。君子道长，小人道消也。

《象》曰：天地交，泰。后以财成天地之道，辅相天地之宜，以左右民。

初九，拔茅茹，以其汇，征吉。《象》曰：拔茅征吉，志在外也。

九二，包荒，用冯河，不遐遗。朋亡，得尚于中行。《象》曰：包荒得尚于中行，以光大也。

九三，无平不陂，无往不复。艰贞，无咎。勿恤其孚，于食有福。《象》曰：无往不复，天地际也。

六四，翩翩，不富，以其邻不戒以孚。《象》曰：翩翩不富，皆失实也；不戒以孚，中心愿也。

六五，帝乙归妹，以祉，元吉。《象》曰：以祉元吉，中以行愿也。

上六，城复于隍，勿用师。自邑告命，贞吝。《象》曰：城复于隍，其命乱也。

（一）卦辞释义

泰。

【注解】泰卦，大顺之象。卦体结构：乾下坤上，阳下阴上。内卦为阳，外卦为阴；内大外小，内刚外柔。取象于天地：天为乾，为阳，为刚，为动，为覆盖，天轻清而上升；地为坤，为阴，为顺，为静，为承载，地重浊而下降。天升地降，相向而行，相交而泰。

【今按】乾、坤二卦之下，历经屯、蒙、需、讼、师、比、蓄、履之后，完成了一轮微循环，应该做一次是泰是否、何吉何凶的小结，以利于今后的全面展开。

小往大来，吉亨。

【注解】阴阳交感，上下互通，小者往，大者来，吉利而亨通。

【今按】泰之九二，阳在阴位；六五，阴在阳位；一、三爻与四、六爻相应，阴阳当位。综此而决定本卦所卜事物之基色、基调、基本义。二、三、四爻成兑，三、四、五爻成震，内外卦倒序而成否，各爻依次顺变为泰宫八卦。互卦、别卦、之卦，可综合而视之，灵活而用之，以分析预测事物之未来发展方向。

（二）《彖辞》释义

《彖》曰：泰，小往大来，吉亨，则是天地交而万物通也，上下交而其志同也。内阳而外阴，内健而外顺，内君子而外小人。君子道长，小人道消也。

【注解】天要上升，地要下沉，于是阴阳交感，上下互通，天地配合，万物畅茂。天地运行方向相交错，其目标同是万物的畅达。这是泰卦的结体特征，结构决定功能。内刚外柔，内圆外方，互促互补，强内质以应外物。这象征着事物内部有一种相互制约并相互贯通的力量，能实现自身的正态发展。内有君子，外斥小人；让君子之道伸张，让小人之术消亡，社会才能进步。

（三）《象辞》释义

《象》曰：天地交，泰。后以财成天地之道，辅相天地之宜，以左右民。

【注解】天地交合而顺泰。君主取其象，遵循天地自然生发之道，助成四季长养收藏之宜，来帮助万民正常通泰地生活下去。后：君主。

（四）爻辞释义

初九，拔茅茹，以其汇，征吉。《象》曰：拔茅征吉，志在外也。

【注解】拔出茅草一蓬蓬，平原广野白茫茫。茅茹：茅草，其根系发达，互相纠结，拔其一而带出一丛。茅，又称"荼"，生于广野，秋来其花茫茫一片，是"如火如荼"一词之源。《小象辞》说：茅草有"抱团取暖"的象征，其意在于我好你好，大家都好。

【今按】茅草，白茅用于滤酒，青茅用于染色，香茅可以入药，故受到古人的普遍青睐。

九二，包荒，用冯河，不遐遗。朋亡，得尚于中行。《象》曰：包荒得尚于中行，以光大也。

【注解】以包揽八荒的胸襟，直面眼前的一切艰难，以弘扬我正大光明的中道。包荒：胸怀宽广，包揽八荒。冯河：渡河。遐遗：远弃。朋：上古钱财计量单位。朋亡：失去资金。尚：崇尚。中行：中道而行，中庸之行。光大：光明正大。

九三，无平不陂，无往不复。艰贞，无咎。勿恤其孚，于食有福。《象》曰：无往不复，天地际也。

【注解】天地间万事万物，无平不陂，无往不复，无不处于变动不居的状态，再大的艰难也会过去，没有什么值得忧虑的。《小象辞》说：天地间一切艰难得失与祸福，都不必执着，付之无咎无虑、不悔不恤可也。

六四，翩翩，不富，以其邻不戒以孚。《象》曰：翩翩不富，皆失实也；不戒以孚，中心愿也。

【注解】往来翩翩，举止轻浮者，不能保有财富，而近邻也受到影响，不以心存诚信来戒备自己。翩翩：鸟疾飞的样子，这里比喻人举止轻浮。戒：戒备。《小象辞》说：轻浮者不再殷实富有，说明失去了实际的态度；不心存诚信来戒备，说明内心均有应下的意愿。

六五，帝乙归妹，以祉，元吉。《象》曰：以祉元吉，中以行愿也。

【注解】六五爻位是上卦之中位，是尊位；与帝乙归妹之事相适配。帝乙归妹：传说商纣王之父帝乙，把妹妹嫁给了西伯（周文王）姬昌，为的是缓和商周矛盾。《小象辞》说："以祉元吉"，内心是要求得最大的政治利益。

【今按】说来商纣王还是周武王的亲戚呢，而事态的发展完全出乎帝乙和亲的愿望。作为政治行为的和亲，往往成为政治烟幕弹，难有好结局。

上六，城复于隍，勿用师。自邑告命，贞吝。《象》曰：城复于隍，其命乱也。

【注解】城墙坍塌在护城的壕沟里，不必动用武装就能进入城里。从邑中发来命令，却得不到应有的应和。《小象辞》说：看来，事态向严重方向发展了。

【今按】城墙是从隍中取土垒起的，象征以下奉上的社会秩序；今城墙坍塌在护城的壕沟里，城倒壕壅，上下大乱，有令不行，正是泰极而否之象，此本卦上六爻之命意也。

[心裁] 顺境下注意外柔内刚

泰卦表达了外柔内刚的做人处世道理。乾卦代表刚健、刚强、进取的性格，位于内卦；坤卦代表顺从、平和、守成的品行，位于外卦。这样外柔内刚，内秉刚健之德，外抱柔顺之态，既坚持原则，又注重决策和行为的灵活性；既敢于坚持原则，进取而不退缩，又能放低身段，对人谦和、柔顺，处事灵活，自然处处通泰。然而，必须明白：事情是会向相反方向发展的，正如上六爻之所示。

十二、否卦

䷋ 否（坤下乾上）

否之匪人，不利君子贞，大往小来。

《彖》曰：否之匪人，不利君子贞，大往小来，则是天地不交而万物不通也，上下不交而天下无邦也。内阴而外阳，内柔而外刚，内小人而外君子。小人道长，君子道消也。

《象》曰：天地不交，否。君子以俭德辟难，不可荣以禄。

初六，拔茅茹以其汇，贞吉，亨。《象》曰：拔茅贞吉，志在君也。

六二，包承，小人吉，大人否亨。《象》曰：大人否亨，不乱群也。

六三，包羞。《象》曰：包羞，位不当也。

九四，有命，无咎，畴离祉。《象》曰：有命无咎，志行也。

九五，休否，大人吉。其亡其亡，系于苞桑。《象》曰：大人之吉，位正当也。

上九，倾否，先否后喜。《象》曰：否终则倾，何可长也！

（一）卦辞释义

否。

【注解】否的卦体结构：坤下乾上，内柔外刚。这象征着事物内部缺乏制约的或贯通的力量，不能正态发展。其命意与结体正与泰卦相对应。

【今按】否，乃不顺有碍之象。地为坤，为阴，为顺，为静，为承载，地重浊而下降，故在下；而天为乾，为阳，为刚，为动，为覆盖，天轻清而上升，故在上。这看起来是天然合理的结构，殊不知在易理看来：升者自升，降者自降，双方无所牵制，也无所抑制，上下不得相交通，故为"否"——这是出乎常人的思维的。

否之匪人，不利君子贞，大往小来。

【注解】这意味着否卦不利于人，不利于君子。大利丢失了，即使微利稍增，也改变不了发展的大趋势。

（二）《象辞》释义

《象》曰：否之匪人，不利君子贞，大往小来，则是天地不交而万物不通也，上下不交而天下无邦也。内阴而外阳，内柔而外刚，内小人而外君子。小人道长，君子道消也。

【注解】结构决定功能。本卦结体为内阴外阳、内柔外刚，它不足以扶正祛邪，以至小人得势，君子退让，甚至会被边缘化。

【今按】社会上小人道长，消极的负面的破坏性的因素在增长，而君子道消，正面的建设性力量在耗减，不足以"冲销"阴暗面，很难给人以希望。

（三）《象辞》释义

《象》曰：天地不交，否。君子以俭德辟难，不可荣以禄。

【注解】在"天地不交，否"的总体形势下，君子的处世方针是低调做人，"以俭德辟难"，荣华富贵不足以吸引他、消磨他。

（四）爻辞释义

初六，拔茅茹以其汇，贞吉，亨。《象》曰：拔茅贞吉，志在君也。

【注解】拔一茅将带出一丛，得一贤士可得一群贤能；而得一小人也会招来一批奸小。此不可不慎也。故《小象辞》说：选用人才，一定要看其是否"志在君国"。

六二，包承，小人吉，大人否亨。《象》曰：大人否亨，不乱群也。

【注解】处于六二位置上之阴爻当阴位，正利于小人"包承"。这对小人有好处，对君子有害处。《小象辞》说：君子之否或亨，在于君子之"不乱群"、不与小人为伍。包承：其义乃"全盘接纳"。

六三，包羞。《象》曰：包羞，位不当也。

【注解】包羞：一切笑纳。君子如此，则居位不当，处世有误矣！也有人将"包羞"解为"庖馐"：庖（厨）有肥肉，厩有肥马。《小象辞》说：这对于处位不当的人来说，未必是好事。

九四，有命，无咎，畴离祉。《象》曰：有命无咎，志行也。

【注解】上司有命，照办即无过错，不至于离绝福祉。《小象辞》说：照上司之命去办，即无过错。这是君子的一种为己免灾的行为。

九五，休否，大人吉。其亡其亡，系于苞桑。《象》曰：大人之吉，位正当也。

【注解】九五尊位，不论臧否，对大人总是有利，因为当位。但应保持警惕，明白处于高位，其实是极其危险的，就如蜂儿把巢悬挂在桑枝上一样。《小象辞》说：君子之吉，在于有位、在位，"圣人之大宝曰位"。

上九，倾否，先否后喜。《象》曰：否终则倾，何可长也！

【注解】时局危殆，将倾将否，即倾即覆，先遭危难而后转安。《小象辞》说：败坏发展到极点，自有转机，怎么会长期持续下去呢？

【今按】上九爻预示了未来会逆转的发展方向：否极泰来。

[心裁] 逆境中记住否极泰来

泰卦阐明了外柔内刚的为人处世道理，否卦则总结了一种"外刚内柔"的病态社交：象征顺从、平和、守成，处在内卦的核心位置上，于是守成有余而开创乏力，成了常态，于是遇事便苟且偷安，不求有功，只求无过了；又象征坚硬、刚强、不服软的性情，被用于应对外界的千情万态，于是僵硬固执，蛮干到底，毫不顾及对方的利益与感受。这样外刚而内柔，外方而内圆，必定处处碰壁，哪能指望有所开拓？久而久之，非输个精光不可。不过，也不必太悲观，物极必反，否极泰来，这种局面不会太长久，终有逆袭的一日。

十三、同人卦

䷌ 同人（离下乾上）

同人于野，亨。利涉大川，利君子贞。

《彖》曰：同人，柔得位、得中而应乎乾，曰同人。同人曰，同人于野，亨。利涉大川，乾行也。文明以健，中正而应，君子正也。唯君子为能通天下之志。

《象》曰：天与火，同人。君子以类族辨物。

初九，同人于门，无咎。《象》曰：出门同人，又谁咎也？

六二，同人于宗，吝。《象》曰：同人于宗，吝道也。

九三，伏戎于莽，升其高陵，三岁不兴。《象》曰：伏戎于莽，敌刚也；三岁不兴，安行也。

九四，乘其墉，弗克攻，吉。《象》曰：乘其墉，义弗克也；其吉，则困而反则也。

九五，同人，先号咷而后笑。大师克，相遇。《象》曰：同人之先，以中直也；大师相遇，言相克也。

上九，同人于郊，无悔。《象》曰：同人于郊，志未得也。

（一）卦辞释义

同人。

【注解】同人卦取象于天火。卦体结构为离下乾上。离，火也，丽也，光明也，温暖也，动力也。本卦以它为基色，为特征。乾，天也，覆盖也，包容也，刚劲强壮也。本卦以它为指向，为目标。天在火上，火光照天，充满光明之象也，故同人为一体化、大光明的象征。

同人于野，亨。利涉大川，利君子贞。

【注解】在广泛领域内（野）团结一切力量，就能保证亨通、有长进。它有利于共同渡过长波巨澜，有利于君子事业的坚守。野：国野，郊野，广袤大地。贞：正，坚守正道。

（二）《彖辞》释义

《彖》曰：同人，柔得位、得中而应乎乾，曰同人。

【注解】内卦为离，离之中位是阴爻。阴爻，柔顺之象。外卦为乾。乾爻，刚强之象。得中为得位，又有乾刚与之呼应，必然得志。

同人曰，同人于野，亨。利涉大川，乾行也。文明以健，中正而应，君子正也。唯君子为能通天下之志。

【注解】在广野大域中组织一切力量，亨通有长进。这有利于携手泅渡长波巨澜，是阳刚力量的坚守。离是丽，是文明之象，六二、九五为表里中正之位，得中正之道，有中正之光，故能通天下之志，获天下之利。通：疏通、沟通、变通、畅通。志：理想、追求。

（三）《象辞》释义

《象》曰：天与火，同人。君子以类族辨物。

【注解】天与火综合形成同人之象，这为君子开辟了"以类族辨物"的认识空间，从而推动同类相聚，同气相求，同声相应——这正是君子梦寐以求的社会秩序。

（四）爻辞释义

初九，同人于门，无咎。《象》曰：出门同人，又谁咎也？

【注解】（战事）起步时，同人于一门，这很自然，不会受到指责。《小象辞》说：主动出门与不同的人联合、团结，其思想步调一致，这是取胜的保障，谁会指责呢？

六二，同人于宗，吝。《象》曰：同人于宗，吝道也。

【注解】（战事）前进一步时，同人于宗党，这就需要慎重一点了，不能大大咧咧、无所顾忌。《小象辞》说：同于一宗，形成宗派，是取吝之道，自酿恶果。

九三，伏戎于莽，升其高陵，三岁不兴。《象》曰：伏戎于莽，敌刚也；三岁不兴，安行也。

【注解】隐藏实力埋伏于丛林之中，即使登上高陵，也能长期不显山露水，此乃韬光养晦之象。《小象辞》说：长期埋伏，是因为敌方强大，己方自应善于保存实力，安行慎取。

九四，乘其墉，弗克攻，吉。《象》曰：乘其墉，义弗克也；其吉，则困而反则也。

【注解】登上了敌方的城墙，却不乘势一举拿下城池，穷寇勿追，这对长远有利。《小象辞》说：只要牢牢占据居高临下的主动位置，对方总有受困而内耗反侧的一天。

九五，同人，先号咷而后笑。大师克，相遇。《象》曰：同人之先，以中直也；大师相遇，言相克也。

【注解】九五是九四顺势发展而发生的质变，故有"先号咷而后笑"的局面出现。大部队奏捷，相遇致贺。《小象辞》说：大师获胜，同人相遇，其乐何如！这里的关键，还在于"中直"。胜利时勿忘中直，这至关重要。

上九，同人于郊，无悔。《象》曰：同人于郊，志未得也。

【注解】同人于郊而不是于国（城内），在事业初起时是吉，但在上九，发展到顶了，就未必是吉了，能无悔也就不错了。《小象辞》说：因为其志没有得到全面施展——在八卦中，从来没有以绝对圆满为终局的，这也体现出阳中有阴、阳中生阴的道理。

[心裁] 同人须同道、同心

本卦内文明而外刚健，六二之中正之道与九五之权位之势相应和，则君子同人之道得伸。君子同人，但不可同宗同党。

本文以战事之胜负为例，说明了"同人"之"同门"和"同宗"的原则和区别，又阐明了"韬光养晦""穷寇勿追"的道理。

卦文有言"同人，先号咷而后笑"。先圣据以引申说："君子之道，或出或处，或默或语。"在不同场合，会有不同的表现，但守道则是一贯的、相同的，不会因人而异，因为"二人同心，其利断金；同心之言，其臭如兰"。

十四、大有卦

☲ 大有（乾下离上）

大有：元亨。

《彖》曰：大有，柔得尊位大中，而上下应之，曰大有。其德刚健而文明，应乎天而时行，是以元亨。

《象》曰：火在天上，大有。君子以遏恶扬善，顺天休命。

初九，无交害，匪咎，艰则无咎。《象》曰：大有初九，无交害也。

九二，大车以载，有攸往，无咎。《象》曰：大车以载，积中不败也。

九三，公用亨于天子，小人弗克。《象》曰：公用亨于天子，小人害也。

九四，匪其彭，无咎。《象》曰：匪其彭无咎，明辩晳也。

六五，厥孚交如，威如，吉。《象》曰：厥孚交如，信以发志也；威如之吉，易而无备也。

上九，自天佑之，吉，无不利。《象》曰：大有上吉，自天佑也。

（一）卦辞释义

大有。

【注解】大有卦，取象于火天。其结体是乾下离上，天上有火。天，覆盖也，包容也，刚劲强壮也，以它为内在推动力，为变化之根据。火，丽也，文明也，温暖也，动力也，以它为特色，为目标。本卦一、三阳爻在阳位，象征内在推动力强大；六五阴爻在尊位，象征包容力强大。天上之火，特别明丽，可照临万方，明烛天下，此之谓"大有"，象征着发展之优势巨大。

元亨。

【注解】此卦大亨通而大圆满。

【今按】该卦辞用最简要的短语，指明本卦的总精神、总基调、总底色，妙！

（二）《彖辞》释义

《彖》曰：大有，柔得尊位大中，而上下应之，曰大有。其德刚健而文明，应乎天而时行，是以元亨。

【注解】六五爻位，象征着柔得尊位：处于最高位置者为阴性，故能涵容万品；与九二爻上下呼应，故大有成效。又，本卦取象于天上有火，乃刚劲为性，文明为象，这合乎天意，应乎时宜，所以圆融汇通，前程无可限量。

【今按】六十四卦的《象辞》，大多是从卦体结构立论的，因为结构决定功能。同时也会论及本卦的取象，因为言不达意，立象以尽意，而象之寓意，仍然要靠言来揭示，这正是《象辞》与卦象之间的内在关系。

（三）《象辞》释义

《象》曰：火在天上，大有。君子以遏恶扬善，顺天休命。

【注解】火在天上，呈晴天丽日、除雾驱霾之象。君子取则于天，即致力于遏恶扬善，顺天休命，赢得天下归心。

【今按】此段象辞从卦象立论，而主题是政治伦理，故总要述及"君子"如何如何，导引君子的政治操守。

（四）爻辞释义

初九，无交害，匪咎，艰则无咎。《象》曰：大有初九，无交害也。

【注解】避免交相伤害，避免内耗，那就无所咎责。在艰难奋斗中，能互相宽容，最为关键。故《小象辞》又一次强调：无交害。因为交害引惹失败，内耗导向丧亡。

【今按】初爻有预示事物发展方向的性质，但毕竟处于起步阶段，无内耗才是最紧要的。

九二，大车以载，有攸往，无咎。《象》曰：大车以载，积中不败也。

【注解】大车的功能就在于载重致远。《小象辞》说：大车之载，以积中不倾、引重致远为原则。故君子对此有所取象。

【今按】二爻居内卦中位，其阴阳顺逆，与外卦中爻是否相应，影响甚巨。本爻以大车载重致远为象，故《小象辞》以"积中不败"为喻。

九三，公用亨于天子，小人弗克。《象》曰：公用亨于天子，小人害也。

【注解】君子得亨于天子，其德足以承受天子之亲重，小人不能。《小象辞》说：君子受亨即思所以忠君报国；小人受恩即得意忘形，以至于为非作害。

【今按】三爻阳位，处内卦之顶，可以是君子，也可以是小人。

九四，匪其彭，无咎。《象》曰：匪其彭无咎，明辩晢也。

【注解】"匪其彭，无咎。"彭：旁；近。不在朋党中，自是无咎。《小象辞》叮嘱要"明辩晢"，这是对身处险位者的忠告。

【今按】自己不搞朋党，也不加入朋党；独立判断是非，辨析正误；不迷信，不盲从，自然可以免其过犯。四爻处外卦之底，上则逼近九五尊位，故危险。

六五，厥孚交如，威如，吉。《象》曰：厥孚交如，信以发志也；威如之吉，易而无备也。

【注解】以诚信交友，以威望行事，这才是吉利的。《小象辞》说：凭诚信结交，凭诚信明志，凭诚信办事，用赤诚相待，对方就会消除过多的戒备，易而无备，从而树立真实的威望，故吉。

上九，自天佑之，吉，无不利。《象》曰：大有上吉，自天佑也。

【注解】有老天爷的护佑，无往而不利。所以，求得天意民心，是"大有"的根本保证。《小象辞》说：上爻位高，能得天佑。

【今按】"天视自我民视，天听自我民听"，归根结底是要抓住人心。身处高位，亦最易走向极端而陷于孤立。

[心裁] 富有时刻，须求免咎

本卦重心不在论吉凶，在讲"免过"。因为"大有"本身就意味着吉，无所谓凶。然而总是大有，又容易使人飘飘然、昏昏然，故处处时时反复提醒人们怎样才能"无咎"，免遭追责。假如不能体察作者如此用心，那么，卜得此卦也是白得。

为保证大有，有两个节点须特别留心。（1）无交害：避免交相伤害，避免内耗。在艰难奋斗中，能互相宽容，最为关键；交害引惹失败，内耗导向丧亡。（2）匪其彭：自己不搞朋党，也不加入朋党；独立判断是非，辨析正误；不迷信，不盲从，自然可以免除过犯。凡大有者最易犯这两个过错而走向反面。

十五、谦卦

☷☶ 谦（艮下坤上）

谦：亨。君子有终。

《彖》曰：谦，亨。天道下济而光明，地道卑而上行。天道亏盈而益谦，地道变盈而流谦，鬼神害盈而福谦，人道恶盈而好谦。谦尊而光，卑而不可逾，君子之终也。

《象》曰：地中有山，谦。君子以裒多益寡，称物平施。

初六，谦谦君子，用涉大川，吉。《象》曰：谦谦君子，卑以自牧也。

六二，鸣谦，贞吉。《象》曰：鸣谦贞吉，中心得也。

九三，劳谦，君子有终，吉。《象》曰：劳谦君子，万民服也。

六四，无不利，㧑谦。《象》曰：无不利，㧑谦，不违则也。

六五，不富以其邻，利用侵伐，无不利。《象》曰：利用侵伐，征不服也。

上六：鸣谦，利用行师，征邑国。《象》曰：鸣谦，志未得也，可用行师，征邑国也。

（一）卦辞释义

谦。

【注解】谦卦取象地下有山。其卦体是艮下坤上。艮，山也，止也，静也；坤，地也，广大也，顺承也。内知止而外顺承，谦之象也。

【今按】地下有山，山不离地而高于地，象征着不显山露水、不张扬浮躁的谦恭品质，内在特征是低姿态做人，安稳踏实做事。

亨。君子有终。

【注解】卜得谦卦，亨通。谦卦的要旨是"有终"：事要干到底，做到位；话要说到关键处，要见成效。

【今按】谦，要求真干、实干，下力气干到底，才能出成果；远不是退缩、逊让那么简单，可不要误解、曲解了它。本卦要旨，绝不在退缩、逊让上。

（二）《彖辞》释义

《彖》曰：谦，亨。天道下济而光明，地道卑而上行。天道亏盈而益谦，地道变盈而流谦，鬼神害盈而福谦，人道恶盈而好谦。谦尊而光，卑而不可逾，君子之终也。

【注解】天之道济下而（给人间）大放光明，地之道卑下而（让万物）向上发展。天的运行法则是减损满盈者而增益谦卑者，地之运转法则是改变满盈者而流注于谦卑者，鬼神之行动法则是惩罚骄盈者而福佑谦恭者，人类的处事原则是厌恶骄盈者而喜好谦恭者。天地、鬼神、人类皆好谦，此谦之所以受尊重而光荣也。

【今按】崔憬补充说："若日中则昃，月满则亏，损有余以补不足，天之道也。高岸为谷，深谷为陵，是为变盈而流谦，地之道也。朱门之家，鬼阚其室；黍稷非馨，明德唯馨，是其义矣。满招损，谦受益，人之道也。"人是法天法地而行动的，天盈地盈鬼神害盈。那么，谦卑的人也应能积极主动"称物平施"，而不是退让或无所作为。所以谦卑之人不会越矩，所以谦会成为君子做人的底线。

（三）《象辞》释义

《象》曰：地中有山，谦。君子以裒多益寡，称物平施。

【注解】君子效法"地中有山"之象，秉承称物平施之心，施行损多益寡之政，让世界实现公正、公平。裒：减损。称物平施：（采用与）实物相称的（政策）公平地分配（给大众）。

（四）爻辞释义

初六，谦谦君子，用涉大川，吉。《象》曰：谦谦君子，卑以自牧也。

【注解】十分注重谦德的君子,有能力渡过大川,一切顺遂。《小象辞》说:称得上谦德君子的人,能以谦卑的态度来自律、自治、自理。自牧:自己管理自己。

六二,鸣谦,贞吉。《象》曰:鸣谦贞吉,中心得也。

【注解】有声望而谦虚叫"鸣谦",鸣谦是值得坚守的好品行。《小象辞》说:这是因为君子内心充实,有底气。

九三,劳谦,君子有终,吉。《象》曰:劳谦君子,万民服也。

【注解】勤劳谦逊的君子总有善报,很幸运。《小象辞》说:那是因为万民都佩服他的勤劳与谦逊。

六四,无不利,㧑谦。《象》曰:无不利,㧑谦,不违则也。

【注解】到哪儿都顺利,是因为㧑谦(谦逊),即有规有矩,不越轨。《小象辞》说:㧑谦无不利,那是因为做事谦逊,不违背原则,不任性蛮干。

六五,不富以其邻,利用侵伐,无不利。《象》曰:利用侵伐,征不服也。

【注解】居于尊位,用谦与顺,故能不富而用其邻。以谦顺而侵伐,没有不成功的。《小象辞》说:这样的侵伐之战,必须是去"征不服"的,是正义之战。不服:指不服王化。

【今按】在谦卦最关键的六五爻下,倡言"侵伐",这正是三、四、五爻构成的震卦之精神的贯彻。可见,"谦"不是让人束手束脚、什么都不作为,而是要看准对象,施展身手。

上六，鸣谦，利用行师，征邑国。《象》曰：鸣谦，志未得也，可用行师，征邑国也。

【注解】此爻指派出部队去公开征伐别的国家。《小象辞》重申：鸣谦是为了申明己志。当志未申时，应该"利用行师，征邑国"。军事手段是一切竞争手段中的最后手段，鸣谦者是不会不用它的。这一论述，超出了常人对"谦即逊让"的理解。

[心裁] 谦和不碍于进取

本卦是这么定义"谦"的："地中有山，谦。"山不能离开地，且深深扎根于地中，但它又必须高于地。自身硬气者才能谦逊，心虚气短者的谦逊只是无用的外包装。注意：卦体之二、三、四爻构成"水"，水既能随方就圆，也能形成坎险；三、四、五爻构成"震"，震，奋发也，不能只知谦和而忘了奋发。待人谦和，待己则需奋发。故"谦"有两种品性，从而导向两种不同的发展方向和发展态势，得谦卦者当有所用心，勿陷于片面性，勿使思维僵化。

君子之谦，有五大要目：（1）谦谦君子，卑以自牧，很自觉地管好自己；（2）哀多益寡，称物平施，有能力实现公平，扶贫济弱；（3）鸣谦，中心踏实有底气，有名望而谦虚；（4）劳谦，辛苦我一人，造福千万家；（5）扐谦，不违原则，做事有板有眼。值得注意的是："谦谦君子"不是无所作为、不敢作为、畏缩不前的人，他敢于"利用侵伐，征不服"，就必定会"利用行师，征邑国"。放弃权力不是"谦"，而是懦弱，是无能。

唯内强者方能外谦。今人往往把"谦谦君子"理解成循规蹈矩、不敢越雷池一步者，阉割了其阳刚精神。这是误解。有人说"谦卦六爻皆吉，恕字终身可行"，如果丢了内心的强大，这样的谦或恕，只是无能的遮羞布。

《韩诗外传》言曰："德行宽裕，守之以恭者荣；土地广大，守之以俭者安；禄位尊盛，守之以卑者贵；人众兵强，守之以畏者胜；聪明睿智，守之以愚者善；博闻强记，守之以浅者智。……故《易》有一道，大足以守天下，中足以守其国家，近足以守其身，谦之谓也。"这样的"谦"，才是内心强大而又有教养、有操守的表现。

反过来，德行宽裕者，土地广大者，禄位尊盛者，人众兵强者，聪明睿智者，博闻强记者，却不懂"鸣谦""劳谦""㧑谦"之理，只知逞凶、逞蛮、逞强横，是要不得的，也是长不了的。手里稍稍有了几个钱，拳头刚刚硬了一点点，开口闭口"虽远必诛"者，不过是张狂的暴发户，吓不了人的。沸水不响，良犬不吠，人亦如此，国亦如此。

《周易》曰："谦：亨。君子有终。"这就把谦德的优势说透了。

十六、豫卦

☷☳ 豫（坤下震上）

豫：利建侯、行师。

《彖》曰：豫，刚应而志行，顺以动，豫。豫顺以动，故天地如之，而况建侯、行师乎？天地以顺动，故日月不过而四时不忒；圣人以顺动，则刑罚清而民服。豫之时义大矣哉！

《象》曰：雷出地奋，豫。先王以作乐崇德，殷荐之上帝，以配祖考。

初六，鸣豫，凶。《象》曰：初六鸣豫，志穷凶也。

六二，介于石，不终日，贞吉。《象》曰：不终日贞吉，以中正也。

六三，盱豫，悔；迟，有悔。《象》曰：盱豫有悔，位不当也。

九四，由豫，大有得。勿疑，朋盍簪。《象》曰：由豫大有得，志大行也。

六五，贞疾，恒不死。《象》曰：六五贞疾，乘刚也。恒不死，中未亡也。

上六，冥豫成。有渝，无咎。《象》曰：冥豫在上，何可长也？

（一）卦辞释义

豫。

【注解】豫卦取象于春雷震大地、万物遂生。其结体为坤下震上，坤以顺为灵魂，震以威为保障，此所谓"顺而动"也。豫，又有逸豫、和豫之义，故"刑清民服"之和豫，"作乐崇德"之逸豫，乃本卦之"双主题"。

利建侯、行师。

【注解】卜得豫卦，以"豫"先行，则利于封官建侯，适合于行军打仗。

【今按】万事心存逸豫，举重若轻，愉悦胜任，不打无把握之仗，不封不可信赖的公侯，则上下安宁逸乐矣。就如上文之"谦让"以内在的强大为前提，本卦的"逸豫"则以能"行师"、有威力为先决条件，不是单纯的求逸乐。

（二）《彖辞》释义

《彖》曰：豫，刚应而志行，顺以动，豫。豫顺以动，故天地如之，而况建侯、行师乎？天地以顺动，故日月不过而四时不忒；圣人以顺动，则刑罚清而民服。豫之时义大矣哉！

【注解】豫卦的主旨是刚应而志行，坤顺而震动。这就对"豫"义作了专门的界定：顺志以动，依律行事。顺是顺应天，顺应大自然的运行法则；动是周而复始，不停地运动、发展，就如同日月运行不会出错、四季变换到期不误一样。圣人深知这一点，故能做到"顺以动"——顺应天心民意而动，从而创构"刑罚清而民服"的政治局面，让天下人皆得逸豫之乐。

【今按】刑清不是"刑轻"，刑轻未必就是仁政，刑清才是法治的目标。

（三）《象辞》释义

《象》曰：雷出地奋，豫。先王以作乐崇德，殷荐之上帝，以配祖考。

【注解】雷出于地而奋发，此为豫卦之取象。先王以作乐崇德来祭祀上帝，礼敬父母、祖父母，为的是感恩报本。

【今按】豫：顺意悦乐之谓也。该《象辞》将"豫"界定为雷出地奋之后之"豫"，也就是奋发有成之后的一种精神享受。它又把"作乐"与"崇德"相挂钩，则此"乐"乃为"礼乐"之乐，非逸乐、淫乐之乐。它还把"作乐"用于祀上帝与祭祖考，则此处之"作乐"，非为自身，乃为敬神。该《象辞》把卦辞的"逸乐"之"豫"作了引申合律的严肃解释。

（四）爻辞释义

初六，鸣豫，凶。《象》曰：初六鸣豫，志穷凶也。

【注解】鸣豫，得意忘形者，凶。鸣：自鸣得意；豫：欢乐逸豫。《小象辞》说：鸣豫者志穷意卑，故凶。

六二，介于石，不终日，贞吉。《象》曰：不终日贞吉，以中正也。

【注解】耿介如石，不过一整天即转而为柔，故吉。《小象辞》说：那是因为居中持正。

【今按】中正：内卦之中爻，得中正之性，能够坚守正道，故吉。

六三，盱豫，悔；迟，有悔。《象》曰：盱豫有悔，位不当也。

【注解】恣睢盱豫，万事蹉跎，无所用心，故有悔。《小象辞》说：处位不当，阴爻居阳位，自然有悔。

【今按】不过，知悔尚有救。若迟钝不觉悟，那就不仅是"悔"了。

九四，由豫，大有得。勿疑，朋盍簪。《象》曰：由豫大有得，志大行也。

【注解】由于万事有豫，故能大有得。不怀疑友方，不责疑下属，则群心所向，朋聚而来，簪而不散矣。簪：束发之具。《小象辞》说：由豫即有豫，万事有豫，则大有得，志大行矣。

六五，贞疾，恒不死。《象》曰：六五贞疾，乘刚也。恒不死，中未亡也。

【注解】贞疾，恒不死：贞卜疾病，常得"不死"之兆。《小象辞》说：因为六五阴爻处于外卦之中位，是吉利之位，但对于九四爻来说，却是乘刚之势，虽能常得"不死"之兆，不过是中位而未亡也。乘刚：六五阴爻，临于九四阳爻之上。乘：不适当的欺压、挟持。

上六，冥豫成。有渝，无咎。《象》曰：冥豫在上，何可长也？

【注解】冥豫：昏冥纵乐。当其已成习惯却能有所改变时，倒也无大碍。渝：变易。《小象辞》补充说：一个人始终处于逸豫心态下，既成惯性，即使有小变，也终会有被克之时，不可长也。

[心裁] 民生逸豫，作乐崇德

依全书体例，《彖辞》用于阐释卦辞，重在对卦体做结构、功能之分析，而《象辞》则重在对君子的政治品能修为做导引。本卦揭示了一个重大政治主题：让民生逸豫。所谓"天地以顺动，故日月不过而四时不忒；圣人以顺动，则刑罚清而民服"——它要求当政者不可逆天而行，要应时顺势而为，做到刑罚清而民服。这里包括两项指标：（1）刑罚清；（2）民服。刑罚清不等于刑罚轻，而是公正透明。做到这一条，自然民服。如果民心不服、不熨帖，则应检查政府是否做到了刑罚清，而不是向民众去索取"顺服"，片面要求民众的"上同"。"雷出地奋，豫。先王以作乐崇德。"施政要像春雷振发大地那样给人间带来希望与欢乐；要作乐崇德，把社会引入崇德的逸豫境界。

奇怪的是，六条爻辞以及《小象辞》，在命意上似乎与该卦辞、《彖辞》《象辞》的"威而后豫"均未做实质性的呼应。爻辞之"鸣豫""盱豫""由豫""冥豫"，皆不是"威豫"的正面展开。既无一句是围绕"建侯、行师"论述的，也无一句是呼应"刑清、民服"展开的，甚而无一句论及"作乐崇德"以祀天，而是各说各话。

十七、随卦

䷐随（震下兑上）

随：元亨，利贞，无咎。

《彖》曰：随，刚来而下柔，动而说，随。大亨，贞，无咎，而天下随时。随时之义大矣哉！

《象》曰：泽中有雷，随。君子以向晦入宴息。

初九，官有渝，贞吉。出门交，有功。《象》曰：官有渝，从正吉也；出门交，有功，不失也。

六二，系小子，失丈夫。《象》曰：系小子，弗兼与也。

六三，系丈夫，失小子。随有求得，利居贞。《象》曰：系丈夫，志舍下也。

九四，随有获，贞凶。有孚在道，以明，何咎？《象》曰：随有获，其义凶也；有孚在道，明功也。

九五，孚于嘉，吉。《象》曰：孚于嘉吉，位正中也。

上六，拘系之，乃从维之，王用亨于西山。《象》曰：拘系之，上穷也。

（一）卦辞释义

随。

【注解】随卦，取象于泽雷，泽中有雷。本卦结体是震下兑上。震，其象为雷。雷，天帝之怒也，乃大自然威力之象征。兑，其象为泽。泽，大地之润泽，乃动植物资源富集之区。又，兑通"悦"，揭示了人生喜悦的物质根源和哲理依据。

元亨，利贞，无咎。

【注解】随卦也具有与乾卦同等的"元亨利贞"之四大品能，不容小视。元：初始。亨：顺通。利：义利。贞：持守正道。无咎：无可责备。

【今按】在随卦中，震为刚，在下；兑为柔，在上。震下动而兑上悦，有两相呼应、正态随适的意思。这与泰卦的"天在下、地在上"有点类似，反而形成了相互制约、相互促动的态势。

（二）《象辞》释义

《彖》曰：随，刚来而下柔，动而说，随。大亨，贞，无咎，而天下随时。随时之义大矣哉！

【注解】随，震在下而兑在上，刚上进而柔下运，示现着"动而说（悦）"的哲理。天下万事万物皆随时应节而动。随时：震于春，离于夏，兑于秋，坎于冬，顺应时节而动，因动而悦。随之时义深广而周遍，显现了事物矛盾的普遍性，是生命力的体现。

（三）《象辞》释义

《象》曰：泽中有雷，随。君子以向晦入宴息。

【注解】春夏雷出震动，万物欣荣；秋冬雷在泽中，收声而藏。君子取象，昼出劳作，向晚入息。作息随时，生命健在。

（四）爻辞释义

初九，官有渝，贞吉。出门交，有功。《象》曰：官有渝，从正吉也；出门交，有功，不失也。

【注解】事态有变化，这是正常的。出门交往，有功而返，是因为不失时机也。官：官方，官员；也指官府办事的地方，可作官员外出在途的栖歇之处来理解。渝：变动。交：交往，交际，也可作交易、交接解。

六二，系小子，失丈夫。《象》曰：系小子，弗兼与也。

【注解】抓住了小的、弱的，失掉了大的、强的。这样得小而失大,是不能兼顾的缘故。

六三,系丈夫,失小子。随有求得,利居贞。《象》曰:系丈夫,志舍下也。

【注解】抓住了大的、强的,失掉了小的、弱的。这里,得是主要的,那是存心舍弃了不重要的东西。处理问题,就要抓主要矛盾,不要"眉毛胡子一把抓",不要贪小失大。

九四,随有获,贞凶。有孚在道,以明,何咎?《象》曰:随有获,其义凶也;有孚在道,明功也。

【注解】随有所获,如果道义上有亏,终究是凶;如果讲诚信,合乎正道,光明正大,成功了,又有何咎呢?《小象辞》说:随有所获,而道义有亏,必凶;人之有信誉,在于合乎道而又有光明正大之功。如果二选其一,你取哪一条呢?

九五,孚于嘉,吉。《象》曰:孚于嘉吉,位正中也。

【注解】讲诚信,合正道,处于九五尊位,是正当的、合理的,故吉。《小象辞》说:这是因为九五爻处于正中之尊位。

上六,拘系之,乃从维之,王用亨于西山。《象》曰:拘系之,上穷也。

【注解】把人(指奴隶、仆从)拘系起来,甚而捆绑起来,供王在西山祭祀时用。《小象辞》说:这是极端的做法,应该停止了。

[心裁] 随机策应，顺势而为

随，作为易学的一个基础概念，它有丰富的哲理内涵。它要求一切以时间、地点等条件为转移，随着时世的变迁而运化。震春、离夏、兑秋、坎冬，四时位正，时行则行，时变则变，随机处置，应时变迁，此之谓"随时"。它要求弄明白追随强者但不能放弃弱者的道理，弄明白使众人随我的关键所在。随时之义大矣！明白随时之义，对于传统的政治家、军事家、社会活动家、商家、医家而言，具有深刻的启迪作用。

十八、蛊卦

蛊（巽下艮上）

蛊：元亨，利涉大川。先甲三日，后甲三日。

《彖》曰：蛊，刚上而柔下。巽而止，蛊。蛊，元亨而天下治也。利涉大川，往有事也。先甲三日，后甲三日，终则有始，天行也。

《象》曰：山下有风，蛊。君子以振民育德。

初六，干父之蛊，有子考无咎，厉，终吉。《象》曰：干父之蛊，意承考也。

九二，干母之蛊，不可贞。《象》曰：干母之蛊，得中道也。

九三，干父之蛊，小有悔，无大咎。《象》曰：干父之蛊，终无咎也。

六四，裕父之蛊，往见吝。《象》曰：裕父之蛊，往未得也。

六五，干父之蛊，用誉。《象》曰：干父用誉，承以德也。

上九，不事王侯，高尚其事。《象》曰：不事王侯，志可则也。

（一）卦辞释义

蛊。

【注解】蛊卦，取象于山下有风，静以动鼓荡之。器皿中之物，久积不动则生虫为"蛊"，比喻物品因循久安而腐败，必须革新、整顿，挽救颓风，鼓荡雄风，收革故鼎新之效。

元亨，利涉大川。先甲三日，后甲三日。

【注解】欲涉大川，需先甲三日或后甲三日启程。

【今按】在十天干中，先甲三日为辛日，后甲三日为丁日。辛者新也，丁者添丁也，皆取吉利、顺利义，皆含去陈腐而收新效之义。

（二）《彖辞》释义

《彖》曰：蛊，刚上而柔下。巽而止，蛊。蛊，元亨而天下治也。利涉大川，往有事也。先甲三日，后甲三日，终则有始，天行也。

【注解】蛊卦取象于山下有风。艮山为外止，巽风为内动，故曰刚上而柔下。静需动鼓荡之，方有生气，这是"天行（性）"，是治国之大道。

（三）《象辞》释义

《象》曰：山下有风，蛊。君子以振民育德。

【注解】君子取山下有风之象，静以动鼓荡之。君子布德施惠，接济百姓而培育道德。

（四）爻辞释义

初六，干父之蛊，有子考无咎，厉，终吉。《象》曰：干父之蛊，意承考也。

【注解】干父之蛊：意为纠正父亲的过失，成为代父除害的孝顺儿子。他能继承父志，初时艰难，终有所成。蛊：积久而生的毒虫，也指弊害。《小象辞》说：孝顺的儿子是能继承父志者。

九二，干母之蛊，不可贞。《象》曰：干母之蛊，得中道也。

【注解】孝顺母亲的儿子，在匡正母亲的过失时，不能操之过急，也不应矫枉过正。《小象辞》说：干母之蛊，要行执中之道。

【今按】九二爻处于中位，象征得中道之人。此人以此道去承当父母之业，能除父母积久而生之"蛊"，待以时日，总会有所成。

九三，干父之蛊，小有悔，无大咎。《象》曰：干父之蛊，终无咎也。

【注解】继守父业，过程中可能出点小差错，但无妨大局，无咎。《小象辞》赞同此说。

六四，裕父之蛊，往见吝。《象》曰：裕父之蛊，往未得也。

【注解】宽容父辈积久之弊害，长此以往将出现憾惜。《小象辞》说：这不会得到好结果。

六五，干父之蛊，用誉。《象》曰：干父用誉，承以德也。

【注解】为子者能坚守家业，就能得到美誉。《小象辞》说：要光大父业，困难重重；应以德从事。

上九，不事王侯，高尚其事。《象》曰：不事王侯，志可则也。

【注解】不侍奉贵人，保持清高节操。《小象辞》说：不侍奉贵人，珍视自身的价值，保持自己的独立人格，此志可嘉。

[心裁] 历久生弊，积久生蛊

蛊，是一个特别能警醒人的形象：积久生虫，静久必朽！

父辈创业不易，应予珍惜，但继业的子辈若是无所改作，无所干预，因循守旧，不下手革除积弊，则势必积重难返。应有所谋划，有所前瞻，即使遇有困难或挫折，也要一步步前行，积小胜为大成，一新事业，日新日新日日新。比之为父干蛊，其最佳路径是振民育德。

记住：任何情况下都必须"不事王侯，高尚其事"，珍爱自身的独立人格。

十九、临卦

䷒临（兑下坤上）

临：元亨，利贞。至于八月有凶。

《彖》曰：临，刚浸而长，说而顺，刚中而应，大亨以正，天之道也。至于八月有凶，消不久也。

《象》曰：泽上有地，临。君子以教思无穷，容保民无疆。

初九，咸临，贞吉。《象》曰：咸临贞吉，志行正也。

九二，咸临，吉，无不利。《象》曰：咸临，吉无不利，未顺命也。

六三，甘临，无攸利。既忧之，无咎。《象》曰：甘临，位不当也；既忧之，咎不长也。

六四，至临，无咎。《象》曰：至临无咎，位当也。

六五，知临，大君之宜，吉。《象》曰：大君之宜，行中之谓也。

上六，敦临，吉，无咎。《象》曰：敦临之吉，志在内也。

（一）卦辞释义

临。

【注解】临卦，取象于地在泽上，乃以上视下之象。结体特点：兑下而坤上，泽在地下，内悦而外顺。临观：超越于具体事务去做观察判断。

元亨，利贞。至于八月有凶。

【注解】临卦同样具有"元亨利贞"四德，不同的是：它"至于八月有凶"，原因何在，下面分解。

（二）《彖辞》释义

《彖》曰：临，刚浸而长，说而顺，刚中而应，大亨以正，天之道也。至于八月有凶，消不久也。

【注解】临是顺乎天道的。刚柔消长，变动不居，要做好应对"有凶"的思想准备。至于"八月有凶"，不久即会消失，属"消不久"。八月：深秋季节。

（三）《象辞》释义

《象》曰：泽上有地，临。君子以教思无穷，容保民无疆。

【注解】泽上有地，临卦之取象也。君子拿它来作为行为规范："教思无穷，容保民无疆。"意思是：君子治理天下，教化万民，保容万民，德业无疆。

【今按】君子有了"容保民"的观念，一切作为就有了仁民爱物的底线。

（四）爻辞释义

初九，咸临，贞吉。《象》曰：咸临贞吉，志行正也。

【注解】咸：感也。有人说"咸是无心之感"，一种很自然的感动。咸临：以感化的方针临民治民，其效果自然贞正而吉利。《小象辞》说：在上者志行端正，举措正当，百姓自然拥护。

九二，咸临，吉，无不利。《象》曰：咸临，吉无不利，未顺命也。

【注解】以感化方针临民，顺应民意，自然"吉，无不利"。《小象辞》说：若百姓之间尚未养成顺命的风气，就更需要加倍努力去感化之。

六三，甘临，无攸利。既忧之，无咎。《象》曰：甘临，位不当也；既忧之，咎不长也。

【注解】用诱惑手段临民，搞软征服，以小恩小惠拉拢人，这没有什么好处。《小象辞》说：用诱惑手段临民之人，尚未摆正自己的位置，正如六三之阴爻处于阳位。如能考虑到这一点而有所变易，改弦更张，则问题也就有望得到解决。

六四，至临，无咎。《象》曰：至临无咎，位当也。

【注解】事情办得尽心，政策到位，不会出问题，因为处位确当。《小象辞》说：六四之阴爻处阴位，便是处位确当的象征。

六五，知临，大君之宜，吉。《象》曰：大君之宜，行中之谓也。

【注解】六五，阴爻处尊位，有顺遂之德。其以智临民，乃"大君之宜"。《小象辞》说：大君之宜合乎中庸之道，吉。

【今按】老子是反对"以智临民"的。

上六，敦临，吉，无咎。《象》曰：敦临之吉，志在内也。

【注解】敦临，质朴敦厚地临民理政，不虐民自肥，故施政顺利，吉。《小象辞》说：敦临者存心厚道，人民自然拥护。

[心裁] 构建以德临民的行政模式

临卦设计了一套可行性很强的治国理政的临民模式：感临、甘临、至临、智临、敦临。很明显，作者是倡导感临，推广敦临，赞成至临而包容智临的，对甘临怀着明显的保留态度；至于昏暴庸腐残虐，根本就不在临卦的正常思维界域内，无须多言。

《论语·泰伯》曰:"民可使由之,不可使知之。"在孔子心目中,民是君子施恩救助的对象。民可以启发、可以教化,能被统领、被使唤,"可使由之";但民又是愚昧的,"不可使知之",要使之按圣贤的意志办事。这是孔子给"民"的政治定位。这样建立起来的临民模式,自然是,也只能是以官府为主体、以国民为对象的支配模式了。所谓"君临天下""以道临民""为民父母"云云,说的都是以官临民。这种模式所形成的官本位意识,给人们留下了沉重的历史包袱。

不过,这种支配模式也有它积极的一面。《论语·颜渊》曰:"政者,正也。子帅以正,孰敢不正?""子为政,焉用杀?子欲善而民善矣。君子之德风,小人之德草。草上之风,必偃。"《论语·公冶长》曰:"子谓子产:'有君子之道四焉:其行己也恭,其事上也敬,其养民也惠,其使民也义。'"孔子希望职官能像郑子产那样:对自己的职责严肃认真,对君上负责,能恭己敬上;同时懂得抓大体,行宽政,以义使民,以惠养民,不使庶民疲于服役,陷于饥寒。这是孔子为官府的临民行政树立的一个风格样板。民风好不好,责在官府!

二十、观卦

䷓ 观(坤下巽上)

观:盥而不荐,有孚颙若。

《彖》曰：大观在上，顺而巽，中正以观天下。观，盥而不荐，有孚颙若，下观而化也。观天之神道而四时不忒，圣人以神道设教而天下服矣。

《象》曰：风行地上，观。先王以省方，观民设教。

初六，童观，小人无咎，君子吝。《象》曰：初六童观，小人道也。

六二，窥观，利女贞。《象》曰：窥观女贞，亦可丑也。

六三，观我生进退。《象》曰：观我生进退，未失道也。

六四，观国之光，利用宾于王。《象》曰：观国之光，尚宾也。

九五，观我生，君子无咎。《象》曰：观我生，观民也。

上九，观其生，君子无咎。《象》曰：观其生，志未平也。

（一）卦辞释义

观。

【注解】观卦取象于风地，坤下巽上，风行大地。地德顺，巽亦顺。

盥而不荐，有孚颙若。

【注解】意为参观祭祀典礼时，是看其沐浴净手，而不是去看草垫子；注重其礼仪程序中的诚信庄重态度（鬼神才会接受你的祭奠），而不是看祭礼的丰歉贵贱。观：参观，观摩，观察，巡察；今可引申为认真调研。盥：参加典礼前用水净手。荐：草垫子。敬神时，将供品（牺牲，祭品）放置在垫着草垫子的托盘中，以示敬重。有孚：有诚信。颙若：严肃仰望的样子。

【今按】此条卦辞风格很独特，只写了事象、场景，而无吉凶悔吝之类断语。本卦各辞也都未下吉凶断语。

（二）《彖辞》释义

《彖》曰：大观在上，顺而巽，中正以观天下。观，盥而不荐，有孚颙若，下观而化也。观天之神道而四时不忒，圣人以神道设教而天下服矣。

【注解】本卦取象风行地上，其德均为顺。其六二、九五各占内外阴阳之正位，故秉性中正，能以中正立场观天下，是谓"大观"。请看上天神妙的运行法则，一年四季周而复始，不差分毫；圣人把上天的神妙作为教义，让人信奉，天下无人不心服口服。

【今按】君子搞"神道设教"，是便于施行教化。圣人以中正之心传播神道之教，故无往而不服。王弼说，"神"则无形者也，不见天之使四时而四时不忒，不见圣人使百姓而百姓自服。对"神道设教"的理解，在于界定"神"的概念。在《周易》中，神，指一种无形的、为人们所感知而又不为人们所掌控的道、规律、宇宙本体、客观力量。

（三）《象辞》释义

《象》曰：风行地上，观。先王以省方，观民设教。

【注解】君子依自然规律省视四面八方，用自然规律教化民众，像风行大地一样巡视四方、观察民情，从而设立合适的教化政策。这是本卦的主题。

（四）爻辞释义

初六，童观，小人无咎，君子吝。《象》曰：初六童观，小人道也。

【注解】以童蒙心态去看世界，只觉有趣，新鲜，这对普通百姓无害，但对当政者来说，就成了问题：他们不能忘了自己的身份、责任。《小象辞》重申了此说。

六二，窥观，利女贞。《象》曰：窥观女贞，亦可丑也。

【注解】窥观：从门缝或小孔中偷看，指观察方式片面、狭隘。这种行为对女性来说，只要能坚守正道，是有利的。但这不是说这种行为本身是好的，所以《小象辞》说：即使是女性，这种行为也是不光彩的；对男子来说，是可羞耻的。

六三，观我生进退。《象》曰：观我生进退，未失道也。

【注解】观我此生之进取退让，应认真反思有无"失道"之处。《小象辞》说：只要不失道，进亦可，退亦可；取亦可，让亦可。

【今按】摒弃童观、窥观心态,而自我反观(反省),仍不失"大观"之道。北朝三大家之一的颜之推所作《观我生赋》,沉痛而发人深省。

六四,观国之光,利用宾于王。《象》曰:观国之光,尚宾也。

【注解】以宾客的身份去观察一国的光辉和荣耀,只是国宾对君王的一种礼仪姿态。《小象辞》说:国家倒是尊重这样的国宾,但他能看到什么呢?

【今按】国宾能观察到内在真象吗?难!以观光心态去调研,浮光掠影,实不可取。

九五,观我生,君子无咎。《象》曰:观我生,观民也。

【注解】君子观我生,则无咎无誉;而君子观我民,才是施政要务。《小象辞》也这样说。

【今按】这里,《小象辞》对爻辞做了拨正:将此处的"观我生"作为"观我所生",即"观我之民"来理解,以与六三爻的"观我之生"相区别。

上九,观其生,君子无咎。《象》曰:观其生,志未平也。

【注解】观其民生,君子本人无愧无疚,但心志总是不能平静。

【今按】负责的观察者要思考至此之故、改善之方,这是一种很自觉的政治责任感。

[心裁] 社会观察、社会调查的方法论

本卦授君子以"观"的科学方法论,即社会观察、社会调研的方法论:用儿童心态去观,将不得要领;用窥视心理去观(背地探测、侦查),即使看到了什么,也得不出正大光明的结论;用宾客身份去观,只能看到表面的光彩,常常不自觉地忽略真实;从个人出发去观我生,以大道自我反观,可以提升自我修养,但还是不能得到全面的、本质的,对国家、对社会有用的结论。

然则,怎样的"观"才是国家、社会所需要的呢?

观,不是任何形式的"旁观",而是以施政主体的身份,直接投身于政治实践之中,随时观察社会、观察民生,随时调整政策,随时测定效果,随时推动政局的正态发展。

做社会观察与调研,应不带任何人为的预设结论,像风行大地一样,无孔不入,无处不到,这才是正确的"观"。《论语》《周礼》《礼记》《左传》《管子》《商君书》中都有专文论及"社会调查"问题,且要求作详细记录,分题归纳,凭真实数据讲话。在这方面,先民积累了丰富的经验,对《周易·观卦》的要求,也作出了强有力的呼应。

如《周礼·小宰·六计》讲到"听官府之六计":一曰廉善,二曰廉能,三曰廉敬,四曰廉正,五曰廉法,六曰廉辨。小宰要对朝廷六府官员的这六项表现进行考核、审计(廉:廉访、廉察、廉按之"廉",指合法的深入查证):考察是否善意待民,

是否敏于办事,是否敬慎狱审,是否清正为官,是否循法守纪,是否善辨是非。这"六廉"正是汉代之"六条问事"和唐朝之"六察"规定的思想源头。它不只是一般地看政绩、看表现,而是全面考察,做认真察访,让数据说话,靠定量分析,经调研审计,然后才作出结论,作为官员升迁、留任或黜罚的依据。

什么是"神道"?神道就是豫卦所说"天地以顺动,故日月不过而四时不忒"的天道,而君子把它人格化了,把天理、人伦糅合起来,使之变成一种信仰,这就更能切入人心了。

二十一、噬嗑卦

噬嗑(震下离上)

噬嗑:亨,利用狱。

《彖》曰:颐中有物,曰噬嗑,噬嗑而亨。刚柔分,动而明,雷电合而章,柔得中而上行。虽不当位,利用狱也。

《象》曰:雷电,噬嗑。先王以明罚敕法。

初九,屦校灭趾,无咎。《象》曰:屦校灭趾,不行也。

六二,噬肤灭鼻,无咎。《象》曰:噬肤灭鼻,乘刚也。

六三,噬腊肉,遇毒;小吝,无咎。《象》曰:遇毒,位不当也。

九四,噬干胏,得金矢,利艰贞,吉。《象》曰:利艰贞吉,未光也。

六五，噬干肉，得黄金，贞厉，无咎。《象》曰：贞厉无咎，得当也。

上九，何校灭耳，凶。《象》曰：何校灭耳，聪不明也。

（一）卦辞释义

噬嗑。

【注解】噬嗑，乃颐中有物、吞而未下之象。依王弼所释，有咬合义。咬合，不齐者使之齐，不合者拼而合，引申出强制整饰义。又，本卦取象于火雷，卦体结构震下离上。离，丽也，人间之火也；震，雷也，天火也。上下皆为火而属性不同：上柔下刚，外柔内刚，外公明而内威严。

亨，利用狱。

【注解】咬合，整饰，使顺利推展，有利于刑狱的审断。

（二）《象辞》释义

《彖》曰：颐中有物，曰噬嗑，噬嗑而亨。刚柔分，动而明，雷电合而章，柔得中而上行。虽不当位，利用狱也。

【注解】有刚有柔，举措公明，内有雷电之威，但不逞威；柔和者得中道而向上奋行。即使不当位，也有利于办案。不当位：指六三、六五皆阴爻居阳位。

（三）《象辞》释义

《象》曰：雷电，噬嗑。先王以明罚敕法。

【注解】先王一贯主张：公开、清明、威严地依法定罪，依法施罚；同时要"敕法"，要及时修法、订法，明罚敕法是本卦的主题词。

【今按】明罚敕法要更确当地区分有罪无罪、此罪彼罪，更公平地实施此刑彼刑、此罚彼罚，从而更利于公正施刑，保证对方的合法权益。

（四）爻辞释义

初九，屦校灭趾，无咎。《象》曰：屦校灭趾，不行也。

【注解】双脚戴上了枷锁，掩蔽了脚趾，这样做，没有什么咎害。《小象辞》说：这会使其不能正常走路，剥夺了他的远行能力。

【今按】这算是肉刑中最轻的一种惩治手段，其残酷性是历史条件使然。作者已看到了肉刑的不良后果，但当时还不能废除之。

六二，噬肤灭鼻，无咎。《象》曰：噬肤灭鼻，乘刚也。

【注解】咬其肉而割其鼻，没有什么咎害（意为罪有应得）。灭鼻：是肉刑，也是人格刑，执行后果是"民免而无耻"。乘刚：

六二阴爻凌驾于初九阳爻之上,叫作以柔乘刚,很不恰当。乘:不当的凌压。

【今按】《小象辞》对噬肤灭鼻作了"乘刚"的定性,认为是不当的。显然,作者对"乘刚之刑"有保留意见,却也没有明确提出废除此类肉刑的建议——历史尚未发展到这一步。

六三,噬腊肉,遇毒;小吝,无咎。《象》曰:遇毒,位不当也。

【注解】施刑像咬啮坚硬的腊肉,肉中又遇到毒物一样不顺利,但这样只是稍有遗憾,不致咎害。《小象辞》说:这是因为处置不当,处非其位(阴爻在阳位),但还不至于造成重大损失。

九四,噬干胏,得金矢,利艰贞,吉。《象》曰:利艰贞吉,未光也。

【注解】啃带骨的干肉不容易,却得到了铜箭头,有利于克服办案中的疑难,不是坏事。《小象辞》说:这样做,虽小有收益,但尚未达到政清法明的境界。

六五,噬干肉,得黄金,贞厉,无咎。《象》曰:贞厉无咎,得当也。

【注解】像咬啮干肉一样施刑,得到铜箭头,大有利于侦办重案。《小象辞》说:这样做是因六五尊位,出于当位者的判断,当然"无咎"。

上九,何校灭耳,凶。《象》曰:何校灭耳,聪不明也。

【注解】何校而至于灭耳,乃凶象。何校,"荷校",戴上沉重的大枷，使罪人双耳都深陷其中而失聪。《小象辞》说：因为耳不聪、眼不明，导致听不进劝告，不能改恶从善，最终积恶不改，遭受重刑。

[心裁] 慎用肉刑，明罚敕法

此卦论列了商周时代的几种常见的肉刑：荷校、戴枷、灭趾、灭鼻、灭耳等，从剥夺行动自由，到剥夺人格尊严，在先秦人心目中，这些都还在小惩大诫的范畴。然而，正如《论语·为政》指出的那样：这样用刑，则"民免而无耻"。为此，本卦制定了"先王以明罚敕法"的刑审原则。它要求尽可能做到公明威严而合法，而不去张扬肉刑的严酷性、惩戒性、震慑性。卦文与《论语》的主旨相映照：对施肉刑有保留意见，但限于历史条件，作者当时还提不出"废肉刑"的主张，而是明确要求明罚敕法，尽力控制施刑力度和幅度。

另，商代有"五刑"，包括墨刑、劓刑、荆刑、宫刑、大辟等；周公制礼，将五刑改为九刑，在原有的肉刑的基础上，添加了"不亏体、不伤财"的劳作刑和赎刑等，大大压缩了肉刑的施刑空间，但绝无废除各式肉刑的考虑。《周易》正面提及了荷校、戴枷及灭趾、灭鼻、灭耳等肉刑，虽说多少有所保留，但并未明确反对。从刑法思想史来看，此文应出于肉刑盛行却已开始引起争议的春秋之际。

二十二、贲卦

☲ 贲（离下艮上）

贲：亨，小利有攸往。

《彖》曰：贲，亨，柔来而文刚，故亨；分刚上而文柔，故小利有攸往。刚柔交错，天文也；文明以止，人文也。观乎天文，以察时变；观乎人文，以化成天下。

《象》曰：山下有火，贲。君子以明庶政，无敢折狱。

初九，贲其趾，舍车而徒。《象》曰：舍车而徒，义弗乘也。

六二，贲其须。《象》曰：贲其须，与上兴也。

九三，贲如，濡如，永贞吉。《象》曰：永贞之吉，终莫之陵也。

六四，贲如，皤如，白马翰如，匪寇，婚媾。《象》曰：六四当位，疑也；匪寇婚媾，终无尤也。

六五，贲于丘园，束帛戋戋，吝，终吉。《象》曰：六五之吉，有喜也。

上九，白贲，无咎。《象》曰：白贲无咎，上得志也。

（一）卦辞释义

贲。

【注解】贲卦，取象于山下有火，结体为离下艮上。光明照映下的山峦是美丽的。贲，原指贝壳的纹彩，转指人的装饰美，特别是采用自然物的装饰美，本卦则指天文人文的交汇之美。

亨，小利有攸往。

【注解】卜得贲卦，其品质为"亨"，其价值取向为"小利有所往"，则大利自不在话下了。

（二）《彖辞》释义

《彖》曰：贲，亨，柔来而文刚，故亨；分刚上而文柔，故小利有攸往。刚柔交错，天文也；文明以止，人文也。观乎天文，以察时变；观乎人文，以化成天下。

【注解】离，为丽，为柔；艮，为山，为止。刚柔并举，顺天应人；发政施仁，合乎天意民心。天文：指大自然的明丽文彩，日月山川草木；人文：指人类社会的礼仪制度，文采风流。观察天文的变化，妥善安排政务，看有无背离时势要求之处；观察人间风俗民情、礼仪制度，从而化俗导民，塑造良风美俗，创建文明社会。

（三）《象辞》释义

《象》曰：山下有火，贲。君子以明庶政，无敢折狱。

【注解】君子取法山下有火的贲卦之象，以明庶政，让一切政务保持清正廉明，公正透明，特别是让官员不敢轻率断狱，不敢主观断狱，保证无冤无滥。因为正确断狱，是政风之清正廉明度的主要指标。总之，贲卦要求政风清、人文美。

（四）爻辞释义

初九，贲其趾，舍车而徒。《象》曰：舍车而徒，义弗乘也。

【注解】贲其趾，装饰他的脚指头。主人不肯坐大车，宁可徒步行走。《小象辞》说：徒步而行，意在不愿乘车。

【今按】贲字的造形，即花卉与贝壳，美加美也。

六二，贲其须。《象》曰：贲其须，与上兴也。

【注解】美化其胡须，拿美髯公的形象来吸引人的眼球。

九三，贲如，濡如，永贞吉。《象》曰：永贞之吉，终莫之陵也。

【注解】濡：润泽、光泽，形容装饰得柔润有光泽。装饰得极美，与人频频相施惠泽，永远坚守正道，无人能超越、能凌驾于他。

【今按】贲卦写出了民众对生活美的追求。

六四，贲如，皤如，白马翰如，匪寇，婚媾。《象》曰：六四当位，疑也；匪寇婚媾，终无尤也。

【注解】一队装扮醒目的人马来了，白衣白马，素洁高雅，他们可不是来抢东西的，而是来抢新娘子的。终于弄明白了，也就没什么可怨尤的了。《小象辞》说：六四当位，即阴爻在阴位，先有疑，终于无可置疑。

【今按】这里写出了质朴民风之美。

六五，贲于丘园，束帛戋戋，吝，终吉。《象》曰：六五之吉，有喜也。

【注解】家园处处装饰一新，献上一份订婚薄礼，看来简素了点，倒也是喜庆之举。丘园：丘陇与家园。束帛：献上一捆绢帛。《小象辞》说：简朴的订婚礼仪，也足以表达喜庆之意。

【今按】古人将绢帛从两头向中央卷起，束上，象征成双成对，永以为好。戋戋：薄而少。古文中，凡声旁从"戋"之字，多含相对薄而小义，如浅、贱、笺、钱、线、饯、栈等，与"戋"音义相通，均指同类中之小者、薄者、贱者。

上九，白贲，无咎。《象》曰：白贲无咎，上得志也。

【注解】尚白、尚素、尚高雅，是良风美俗。《小象辞》说：做到这一切，在上者便得志而满心欢喜了。

【今按】白色装饰表达的是绘事后素的高雅情怀，值得崇尚。

[心裁] 绘事后素，简约高雅

六十四卦中，本卦最具生活情趣、最富生活气息，全文始终洋溢着一种轻快喜乐的氛围。

最原始、最野蛮的部落民，也懂得用花环做头饰，用贝壳串做胸饰，也懂得把婚礼办得热热闹闹。

民众温饱解决之后，化妆、修饰，就成了生活的一种追求，而华丽、彩丽、奢丽、狂欢，便是世俗娱乐的一种发展倾向，绘事后素、简约高雅，则是更高层次的追求，而且是深深扎根于民间的精神追求，故本文赞美后者，倡行后者。由此烘托出本文的主题——君子以明庶政，导民化俗：不求奢华，但求纯洁，这才是"贲卦"的真正主题。

二十三、剥卦

䷖ 剥（坤下艮上）

剥：不利有攸往。

《彖》曰：剥，剥也，柔变刚也。不利有攸往，小人长也。顺而止之，观象也。君子尚消息盈虚，天行也。

《象》曰：山附于地，剥。上以厚下，安宅。

初六，剥床以足，蔑贞凶。《象》曰：剥床以足，以灭下也。

六二，剥床以辨，蔑贞凶。《象》曰：剥床以辨，未有与也。

六三，剥之，无咎。《象》曰：剥之无咎，失上下也。

六四，剥床以肤，凶。《象》曰：剥床以肤，切近灾也。

六五，贯鱼，以宫人宠，无不利。《象》曰：以宫人宠，终无尤也。

上九，硕果不食，君子得舆，小人剥庐。《象》曰：君子得舆，民所载也；小人剥庐，终不可用也。

（一）卦辞释义

剥。

【注解】剥卦，取象于地上有山。卦体构成：坤下艮上。山在地上，遭风雨剥蚀。

【今按】卦体五阴一阳，且阳处于终端，力弱而势孤。既已层层遭剥，处于终端者必随时面临倾覆，岂不危哉？这是本卦的灰色基调。

不利有攸往。

【注解】卜得剥卦，此卦不利于进取。攸往：所往。

（二）《彖辞》释义

《彖》曰：剥，剥也，柔变刚也。不利有攸往，小人长也。顺而止之，观象也。君子尚消息盈虚，天行也。

【注解】剥，有剥落、剥蚀义，又有敲剥、剥削之义。卦中，显示"以柔乘刚"之义。小人当道，不利于前行进取。艮为止，顺而止之，以静观其象。君子相信消亡生息与盈满亏虚之道，目前状况艰难，只能静观。观天穹之行，识自然之理，应止即止，随时调节。

（三）《象辞》释义

《象》曰：山附于地，剥。上以厚下，安宅。

【注解】山附于地上，会遭剥蚀。在上者若能主动地厚以待下，如山之基于地，则可以使其安稳定居，不忧不扰。

（四）爻辞释义

初六，剥床以足，蔑贞凶。《象》曰：剥床以足，以灭下也。

【注解】剥床，乃从剥足下手，床足必致蚀灭，这很凶险。《小象辞》说：先灭其下，去其根基。床：安放重物的座子（不是后世才有的人之卧床）。剥床：敲击、拆散床架。

六二，剥床以辨，蔑贞凶。《象》曰：剥床以辨，未有与也。

【注解】剥落床腿，此为凶兆。《小象辞》说：剥落已经从床足扩展到床腿，象征着基础的进一步削弱，且由于缺乏支持，局势更加危险。辨：这里指床腿。

六三，剥之，无咎。《象》曰：剥之无咎，失上下也。

【注解】虽然处于被剥落的状态，但没有灾祸。《小象辞》说：六三爻能够脱离上下阴爻的行列，与上九爻相应，保持正道，因此没有灾祸。

六四，剥床以肤，凶。《象》曰：剥床以肤，切近灾也。

【注解】伤及其肌肤外表，凶。《小象辞》直接挑明了说：这就切近灾祸了。

【今按】仅仅伤及肌肤，尚未伤及骨肉，还有改观、挽回的可能。但已切近灾祸，这是无疑的。

六五，贯鱼，以宫人宠，无不利。《象》曰：以宫人宠，终无尤也。

【注解】像鱼贯而入一样，众阴有序排列，如同宫人依次承宠于君主，虽处"剥"而"无不利"。《小象辞》说：以宫人承宠的比喻，说明最终不会有过，因为没有破坏上下尊卑的秩序。

上九，硕果不食，君子得舆，小人剥庐。《象》曰：君子得舆，民所载也；小人剥庐，终不可用也。

【注解】硕果不食：大果挂高位，无人去食它。君子得舆，小人剥庐：君子可乘大车，喻济世；小人剥落屋宇，喻害民。《小象辞》说：君子摘取硕果，能够得到民众的支持和拥戴；小人摘取硕果，将会导致破败和失败。

[心裁] 剥蚀近灾，官民两误

此卦通体不吉利。爻辞以"床"的受损状态为象。就坐卧而言，古人通常是席地而坐、铺簟而卧的，可能没有现代意义上的"卧床"。所谓"床"，乃承重的木架子或木座子，象征事物的基础或根基；剥床则象征逐步侵害根基、暗中破坏的行为。

面对此种境况，君子需保持应有的警惕，重视基础的稳固。

二十四、复卦

䷗复（震下坤上）

复：亨。出入无疾，朋来无咎。反复其道，七日来复，利有攸往。

《彖》曰：复，亨，刚反，动而以顺行，是以出入无疾，朋来无咎。反复其道，七日来复，天行也。利有攸往，刚长也。复，其见天地之心乎？

《象》曰：雷在地中，复。先王以至日闭关，商旅不行，后不省方。

初九，不远复，无祇悔，元吉。《象》曰：不远之复，以修身也。

六二，休复，吉。《象》曰：休复之吉，以下仁也。

六三，频复，厉，无咎。《象》曰：频复之厉，义无咎也。

六四，中行独复。《象》曰：中行独复，以从道也。

六五，敦复，无悔。《象》曰：敦复无悔，中以自考也。

上六，迷复，凶，有灾眚。用行师，终有大败，以其国君凶；至于十年不克征。《象》曰：迷复之凶，反君道也。

（一）卦辞释义

复。

【注解】复卦，震下坤上。全卦一阳五阴，象征初阳复归。"复"的意思是复归本源、回归本始。

【今按】这里又指"复善亲仁"，古人视复善亲仁为人之始、为人之本，所谓悠悠万事，复善亲仁是也。

亨。出入无疾，朋来无咎。反复其道，七日来复，利有攸往。

【注解】卜得复卦，亨通。微阳生长，无害之者，故出入无疾，朋来亦无妨。出：阳气外长；入：阳气内生。无疾：无害。七日来复：每七日一轮往复。

【今按】反复其道，七日来复：指复卦中初九一阳来复，借日序周期之"七"，表示转机时日即到。震卦、既济卦亦有"七日得"的说法，与本卦"七日"取义略同。七日往复，是中外共通的理念。

（二）《彖辞》释义

《彖》曰：复，亨，刚反，动而以顺行，是以出入无疾，朋来无咎。反复其道，七日来复，天行也。利有攸往，刚长也。复，其见天地之心乎？

【注解】这里重申卦德。说明七日回复之时，阳刚气势发展顺畅无碍，故宜有所作为。刚反：指一阳回复上升之势。动而以顺行：动谓震，顺谓坤。此言上下卦象正当回复之时，阳动而阴顺行。反复其道，七日来复，天行也：周期性的循环往复，七日一轮，是天地运行的天然规则。刚长：指卦中阳刚之气的日益盛长。天地之心：天地生物之心，指天地主宰万物兴衰的根本原则。

（三）《象辞》释义

《象》曰：雷在地中，复。先王以至日闭关，商旅不行，后不省方。

【注解】雷在地中：指复卦之下震为雷、上坤为地的结体形式。至日：冬至和夏至。闭关：关闭城门，不通商旅。

【今按】远古"以至日闭关"，从冬至日到夏至日期间"闭关"，意指冬春两季不通商旅，闭关休息，夏秋两季才通关开市。后：君主。君王不在天寒地冻或百草萌生季节巡游、省视四方，以便与天地同步，休养生息。此制，春秋时早已崩坏。

（四）爻辞释义

初九，不远复，无祗悔，元吉。《象》曰：不远之复，以修身也。

【注解】不远复，指初九以一阳居群阴之下，为"复"之始，有"不远即复"之象，故不会带来大的后悔。就"复"自身而言，贵在觉醒之早，故曰元吉。《小象辞》以修身进程解"不远复"，是对初爻寓意的发挥。

【今按】以下五爻，皆以复卦初爻之"不远复"为参照，分述五种不同阶段的复归状况。

六二，休复，吉。《象》曰：休复之吉，以下仁也。

【注解】此谓六二当阳复之时，柔中居正，故获吉祥。《小象辞》说：因为六二能够俯就、亲近仁人（阳象征仁善），故吉祥。

【今按】复善而亲仁，乃是获得吉祥的关键。

六三，频复，厉，无咎。《象》曰：频复之厉，义无咎也。

【注解】频复：皱眉蹙额而复。此谓六三居内卦最上，上承下乘皆为阴，"复善"为艰，故呈皱眉回复的勉强之象。厉，无咎：六三处位多危厉却无咎害。《小象辞》说：改过向善，虽危亦无咎害。

六四，中行独复。《象》曰：中行独复，以从道也。

【注解】中行：指六四处于上下五阴之中位，居中行正，群阴唯它与初爻有应，故呈专心回复之象。《小象辞》说：六四为阴，但能遵从正道，中行独复，十分可贵。

六五，敦复，无悔。《象》曰：敦复无悔，中以自考也。

【注解】敦复：敦厚笃诚地回复本来，无所悔恨。六五柔性，居于尊位，持中不偏，有敦厚向善之象，故无悔。《小象辞》说：居于上卦中位的六五，能自觉地自我反省考察，自察其所成就的复善之道，故无悔。

上六，迷复，凶，有灾眚。用行师，终有大败，以其国君凶；至于十年不克征。《象》曰：迷复之凶，反君道也。

【注解】迷复：迷道不复，迷失仁善大道，不能复归本始。其人用兵兵败，理国国乱，必有灾眚。灾：天灾，自外来。眚：己过，由己作。这种人，出征则十年不成。《小象辞》说：不知复善归仁者，叫作"反君道"。反君道：阳为君，阴为臣，上六以阴爻（臣）而居外卦之极，是迷阳失本违反君之道。凡不知归复仁善之人，皆为反君失道之凶人，不可用也。

［心裁］悠悠万事，复善亲仁

本卦内卦为震为雷，外卦为坤为地；内动而外顺，内圆而外方，其兴起是必然的。本卦除初爻为"一阳"外，其余均为阴爻，喻示天寒地冻，雷返归地中。但往而有复，依时回归，雷在地中振发，春回大地，一元复始，万象更生。复卦即以一阳复生而得名。复卦"初九"的一阳虽微，然依据自然之理上行，复兴之势，不可阻挡。

古人认为，天地之间有阴阳二气，每年冬至日，阴气尽，阳气开始复生，故称"一阳来复"。冬至一阳生、夏至一阴生，阴阳转换，乃天地造化、生生不息的初心，是《周易》之至理。它寄托了仁人"为天地立心，为生民立命，为往圣继绝学，为万世开太平"的期望。《千家诗》云"诵《诗》闻国政，讲《易》见天心"，所谓天心国政，就是指顺着生生不息的天心来复兴邦国之政局。

二十五、无妄卦

无妄（震下乾上）

无妄：元亨，利贞。其匪正有眚，不利有攸往。

《彖》曰：无妄，刚自外来，而为主于内。动而健，刚中而应，大亨以正，天之命也。其匪正有眚，不利有攸往。无妄之往，何之矣？天命不佑，行矣哉？

《象》曰：天下雷行，物与无妄。先王以茂对时，育万物。

初九，无妄往，吉。《象》曰：无妄之往，得志也。

六二，不耕获，不菑畬，则利有攸往。《象》曰：不耕获，未富也。

六三，无妄之灾，或系之牛，行人之得，邑人之灾。《象》曰：行人得牛，邑人灾也。

九四，可贞，无咎。《象》曰：可贞无咎，固有之也。

九五，无妄之疾，勿药有喜。《象》曰：无妄之药，不可试也。

上九，无妄行，有眚，无攸利。《象》曰：无妄之行，穷之灾也。

（一）卦辞释义

无妄。

【注解】无妄卦，取象于天雷。长天之下，春雷滚滚，万物元始亨通，阳气发舒，得其时宜。

【今按】无妄：指虚假的、无根无据的说法或事态。大凡无妄之灾、无妄之病、无妄之福、无妄之祸，皆指没来头、没根由，说不清、道不明的事理。而作为卦名，其取义恰恰是与之相背反的。

元亨，利贞。其匪正有眚，不利有攸往。

【注解】无妄卦亦具有乾卦之"元亨利贞"四德。虽然如此，倘若不能切实践履正道，则会"匪正有眚"：不守正道，则会有内生的失误、自招的祸患。这就解释了"好人也会招祸"的缘故。

（二）《彖辞》释义

《彖》曰：无妄，刚自外来，而为主于内。动而健，刚中而应，大亨以正，天之命也。其匪正有眚，不利有攸往。无妄之往，何之矣？天命不佑，行矣哉？

【注解】无妄之象为天雷，乾符在上，刚自外来；而六二、六三为主于内，与九五、上九阴阳相应，故曰"动而健，刚中而应"。天雷壮威，大亨以正。天之命也，不可违也。行为不正者有罪过，不利于前行，避走有什么用？为恶者遭天雷，天命不佑，能逃到哪里去？

（三）《象辞》释义

《象》曰：天下雷行，物与无妄。先王以茂对时，育万物。

【注解】天雷震醒万物，赋予万物以生机。先王取其春生夏长、应时育物之象而行事，给万民带来福祉。

（四）爻辞释义

初九，无妄往，吉。《象》曰：无妄之往，得志也。

【注解】人无妄想，其往必吉。《小象辞》说：不怀妄想的追求，可得其所欲。

六二，不耕获，不菑畬，则利有攸往。《象》曰：不耕获，未富也。

【注解】菑：初垦的瘠田。畬：耕作多年的良田。不耕而获，不菑即畲，利从何来？《小象辞》说：不耕获，富从何来？妄念也。

六三，无妄之灾，或系之牛，行人之得，邑人之灾。《象》曰：行人得牛，邑人灾也。

【注解】无妄之灾：不妄行所得的祸，即意外的祸。有人把牛拴在外面，过路人把牛牵走了，邑人却遭了灾。邑人失牛是意外之失，过路人得牛是意外之得，这种得失都是不可靠的，不应该依赖这种偶然性。《小象辞》说：意外得失，不可靠，不足据。

九四，可贞，无咎。《象》曰：可贞无咎，固有之也。

【注解】凡可贞守者，必无咎。《小象辞》说：因是其固有之品能。

九五，无妄之疾，勿药有喜。《象》曰：无妄之药，不可试也。

【注解】不是乱来而得的病，不用吃药就能痊愈，且会有喜事发生。《小象辞》说：无妄之药，不可轻试。

上九，无妄行，有眚，无攸利。《象》曰：无妄之行，穷之灾也。

【注解】不要胡作妄行，否则将有灾殃。《小象辞》说：谬妄之行，必无善果。

［心裁］无妄之药，不可轻试

本卦卦义：莫存无妄之思，不作无妄之想，无妄之病不用治而自愈，无妄之药轻用之则招祸。贞守你自身固有的品能吧，不要求取无妄之财、无妄之机。

无妄之祸福，并不真的是无缘无故地从天外飞来的，只是出乎当事人意外而已。

二十六、大畜卦

☰☶ 大畜（乾下艮上）

大畜：利贞。不家食，吉。利涉大川。

《彖》曰：大畜，刚健笃实，辉光日新其德。刚上而尚贤，能止健，大正也。不家食，吉，养贤也。利涉大川，应乎天也。

《象》曰：天在山中，大畜。君子以多识前言往行，以畜其德。

初九，有厉，利己。《象》曰：有厉利己，不犯灾也。

九二，舆说輹。《象》曰：舆说輹，中无尤也。

九三，良马逐，利艰贞。日闲舆卫，利有攸往。《象》曰：利有攸往，上合志也。

六四，童牛之牿，元吉。《象》曰：六四元吉，有喜也。

六五，豮豕之牙，吉。《象》曰：六五之吉，有庆也。

上九，何天之衢，亨。《象》曰：何天之衢，道大行也。

（一）卦辞释义

大畜。

【注解】本卦取象于山天，天上有山，山耸天外。畜，蓄养也。大畜者，其卦旨乃是刚健笃实、辉光焕发而日新其德。尚贤养贤，使贤能者"不家食"而食于朝。然若仅就六爻取象而言，大畜，则指畜牧之产，如骏马、牛犊以及野猪之类。

利贞。不家食，吉。利涉大川。

【注解】卜得大畜卦，吉利。能吃国家饭（当官），吉利。利于跨越大的自然障碍。

【今按】书中"利涉大川"一语频频出现，比牝马、羝羊出现得多，说明作者的生活中离不开"大川"，故特取其象以寄意。

（二）《象辞》释义

《象》曰：大畜，刚健笃实，辉光日新其德。刚上而尚贤，能止健，大正也。不家食，吉，养贤也。利涉大川，应乎天也。

【注解】大畜卦具有一连串的美德：刚健，笃实，辉光，新德，大正，能当官养贤，还利涉大川，还应天顺人，简直好到天上去了！

（三）《象辞》释义

《象》曰：天在山中，大畜。君子以多识前言往行，以畜其德。

【注解】天在山中，象征蓄聚。君子取其象，以多记前贤的言论行事来蓄聚美好品德。

【今按】此卦之《彖辞》《象辞》，都立足于修德养贤以治国，超越了个人吉凶。人要蓄德养能，办法之一就是多识前言往行。历史是一面镜子，历史使人聪明。把前人的长处学到手，自己的本领就大了。

（四）爻辞释义

初九，有厉，利已。《象》曰：有厉利已，不犯灾也。

【注解】"有厉，利已"，正等于说多难兴邦，这是一种健康的辩证思维。《小象辞》说：有灾厉仍无害于己，是因为不主动去触犯灾殃；有灾厉仍有利于己，是因为提高了戒备。

九二，舆说輹。《象》曰：舆说輹，中无尤也。

【注解】说：通"脱"。輹：指车厢下钩住大车轮轴的木制器件。大车脱輹则车不行，车不行当然不是好事。《小象辞》说：舆脱輹却能"中无尤"，因为九二处中位，故无过无尤。

九三，良马逐，利艰贞。日闲舆卫，利有攸往。《象》曰：利有攸往，上合志也。

【注解】良马追逐，艰贞有利；熟练掌控车马防卫的技能，利有所往。《小象辞》说：这上合于本心。闲：有解释认为犹"习"，熟习，熟练。舆卫：车马防御之技。

六四，童牛之牿，元吉。《象》曰：六四元吉，有喜也。

【注解】童牛：这里指小牛。牿：在牛犊头角上绑上横木，预防其触人生祸。《小象辞》说：这样做，元吉而有喜。元吉：初始之吉。

六五，豮豕之牙，吉。《象》曰：六五之吉，有庆也。

【注解】野猪之凶猛，在于它有一对獠牙。《小象辞》说：应对的办法不是直接敲掉其獠牙利齿，而是阉割它以柔化其本性，这才真的会大吉而有庆。

【今按】"豮豕之牙，吉"行文过于简略，表义有歧义，通常理解为给雄性野猪去势，以柔化其野性。

上九，何天之衢，亨。《象》曰：何天之衢，道大行也。

【注解】天街何等宽广，太畅通了！《小象辞》说：这正是天道大行的象征！

[心裁] 多识前言往行，以蓄其德

本卦最大的启示是"多识前言往行"以积德蓄才。

本卦最机敏的启示是不直面野猪的獠牙，而是避其锋芒，攻其要害，阉割它，变其本性。抓住要害，攻其必救，用最小的代价，解决复杂的疑难杂症，是对司执法人员之智慧的最好考验。

二十七、颐卦

☷ 颐（震下艮上）

颐：贞吉。观颐，自求口实。

《彖》曰：颐，贞吉，养正则吉也。观颐，观其所养也；自求口实，观其自养也。天地养万物，圣人养贤以及万民。颐之时大矣哉！

《象》曰：山下有雷，颐。君子以慎言语，节饮食。

初九，舍尔灵龟，观我朵颐，凶。《象》曰：观我朵颐，亦不足贵也。

六二，颠颐，拂经于丘。颐，征凶。《象》曰：六二征凶，行失类也。

六三，拂颐，贞凶。十年勿用，无攸利。《象》曰：十年勿用，道大悖也。

六四，颠颐，吉。虎视眈眈，其欲逐逐，无咎。《象》曰：颠颐之吉，上施光也。

六五，拂经，居贞，吉。不可涉大川。《象》曰：居贞之吉，顺以从上也。

上九，由颐，厉吉。利涉大川。《象》曰：由颐厉吉，大有庆也。

（一）卦辞释义

颐。

【注解】颐卦，取象于山下震雷。山，止也，静也。雷，动也，震也。山下有雷，雷动而山止，象征着颐养之道。颐之为象，上下皆阳，中含四阴，虚中而实外，上止而下动，正如饮食之象，既有外在的动力，又有内在的节制。

【今按】饮食，或自求口实，或供食于人，总以"养正"为原则。

贞吉。观颐，自求口实。

【注解】卜得颐卦，守持正固可获吉祥。观颐：观察如何通过正当的方式进行养育。自求口实：通过自己的努力获取生活所需。

【今按】自求口实，而今可引出"自力更生"之义。

（二）《彖辞》释义

《彖》曰：颐，贞吉，养正则吉也。观颐，观其所养也；自求口实，观其自养也。天地养万物，圣人养贤以及万民。颐之时大矣哉！

【注解】颐养的关键是养正，养贵、养富、养闲、养邪都不对。观颐就是观其所养；贤者自养其身，能者自食其力。天地养育万物，圣人养育贤才，国家养育万民。这才是颐养的正解！颐养之时的功效多么宏大啊！

【今按】圣人立象以尽意，故言简而理明如此，其义岂不大哉！世有颐养天年、大快朵颐之类的说法，其义盖源于本卦。

（三）《象辞》释义

《象》曰：山下有雷，颐。君子以慎言语，节饮食。

【注解】山下有雷，象征颐养。颐必下动上静而虚中，是为口实致养之道；而为虚中之患者，亦由于言语饮食，俗云病从口入、祸从口出是也。出口而为患，于是谨言之；入口而为患，于是节食之。

（四）爻辞释义

初九，舍尔灵龟，观我朵颐，凶。《象》曰：观我朵颐，亦不足贵也。

【注解】丢开你的灵龟之养，专看我大嚼大咽，这必定招凶。灵龟可以宁息静气而不食，静守数百年而不动，又何必观尔朵颐！《小象辞》说：尔之大嚼大咽，有何足贵？岂不凶险？

六二，颠颐，拂经于丘。颐，征凶。《象》曰：六二征凶，行失类也。

【注解】颠：倒。拂：违背。颠倒向下求获颐养，违背常理向高位者求养，必然遭遇凶险。《小象辞》说：这是因为失去了朋类。强调要遵循正确的原则和方法。

六三，拂颐，贞凶。十年勿用，无攸利。《象》曰：十年勿用，道大悖也。

【注解】违背颐养之理，即使坚持正道，也会遭遇凶险。长期无所作为，得不到任何好处。《小象辞》说：反道悖德者，长期无所作为。

六四，颠颐，吉。虎视眈眈，其欲逐逐，无咎。《象》曰：颠颐之吉，上施光也。

【注解】虽然处于颐养的高位，但六四爻能向下施养，此举符合颐养之道，故吉利。这就像老虎专心注视着猎物，持续保持警惕一样，不会有过错。《小象辞》说：这种行为（向下施养）如同向下施放光明美德。

六五，拂经，居贞，吉。不可涉大川。《象》曰：居贞之吉，顺以从上也。

【注解】尽管违背常理，但只要坚守正道，便可获吉。此时不宜冒险，不可轻易尝试重大挑战。《小象辞》说：六五能够吉祥是因为听从贤者的指导。

【今按】孟子曰："养心莫善于寡欲。"此之谓也。

上九，由颐，厉吉。利涉大川。《象》曰：由颐厉吉，大有庆也。

【注解】走颐养之正道,以严肃态度从事颐养,必然吉利。有利于涉越大川。《小象辞》说:正道养颐,势有大庆!

[心裁] 圣人养贤,国家养民

颐养自有颐养的正道。颐之贞吉的关键是养正。如果说养贵、养富、养闲还算不可避免,那么养邪、养奸、养腐,则必须严厉禁止。

观颐,就是观其所养者是个什么样的角色。贤者自养其身,能者自食其力,天地养育万物,圣人养育贤才,国家养育万民。谁也不能素餐,这才是颐养的正解。

只有慎言语、节饮食、自求口实,人才能活得有尊严。坐吃山空,仰人鼻息,靠别人奉养,都不合"自求口实(自力更生)"的原则。

圣贤所获天下之养,有养身、养心、养才、养德、养人之别。禹思天下有溺者由己溺之;稷思天下有饥者由己饥之;伊尹思天下匹夫、匹妇有不被尧舜之泽者,如己推而纳之沟中;周公思兼三王以施四事……养贤养民之道,圣人乃自任天下之重如此,唯禹稷伊周为能尽其天责也。

二十八、大过卦

☱ 大过（巽下兑上）

大过：栋桡，利有攸往，亨。

《彖》曰：大过，大者过也。栋桡，本末弱也。刚过而中，巽而说行，利有攸往，乃亨。大过之时大矣哉！

《象》曰：泽灭木，大过。君子以独立不惧，遁世无闷。

初六，藉用白茅，无咎。《象》曰：藉用白茅，柔在下也。

九二，枯杨生稊，老夫得其女妻，无不利。《象》曰：老夫女妻，过以相与也。

九三，栋桡，凶。《象》曰：栋桡之凶，不可以有辅也。

九四，栋隆，吉；有它吝。《象》曰：栋隆之吉，不桡乎下也。

九五，枯杨生华，老妇得其士夫，无咎无誉。《象》曰：枯杨生华，何可久也？老妇士夫，亦可丑也。

上六，过涉灭顶，凶，无咎。《象》曰：过涉之凶，不可咎也。

（一）卦辞释义

大过。

【注解】泽下有风，水底沉木，外柔内刚，外静内动，表面风平浪静，内里波涛翻滚。舟沉梁挠，险象也。

栋桡，利有攸往，亨。

【注解】栋桡：栋梁中段弯曲，不堪承重。此时，有大德之人挺身救难，前去维持世局，则利有所往，往而亨通。

【今按】大过：超越凶险、跨越艰难之义。衰乱之世，大德之人超越常轨以拯患难，故曰大过。

（二）《彖辞》释义

《彖》曰：大过，大者过也。栋桡，本末弱也。刚过而中，巽而说行，利有攸往，乃亨。大过之时大矣哉！

【注解】大过，太大者为过，过犹不及也。栋梁挠曲，本末皆弱，不能过度强硬，只有顺逊悦行，才能有所进益。"大过"的告诫真的很重要啊！

（三）《象辞》释义

《象》曰：泽灭木，大过。君子以独立不惧，遯世无闷。

【注解】泽水淹没木舟，是为大过之象。君子独立不惧，隐于世而不孤苦，自甘寂寞而守静，可避风险。

（四）爻辞释义

初六，藉用白茅，无咎。《象》曰：藉用白茅，柔在下也。

【注解】藉用白茅：古人祭祀时，用白茅编织的垫子铺底，上置祭器祭品。用洁白之茅，置馐食于上。谨慎如此，虽遇大过之难，而亦无咎也。《小象辞》说：做事要放低身段，以谦恭为底，以柔处下，恭肃不怠。好比以阴柔温顺、善承载之物做铺垫，才不会伤及本体。

九二，枯杨生稊，老夫得其女妻，无不利。《象》曰：老夫女妻，过以相与也。

【注解】稊：树木新生的枝芽。杨树为泽边易生之木，然枯杨毕竟已枯，其"稊"生命力有限。九二爻，以阳处阴，喻拯难之人无偏应，无私党，犹如衰老之夫，虽得少妻，或许可有后嗣，但难寄希望也。《小象辞》说"老夫女妻，过以相与"，对老夫而言，未尝不可；然对少妇而言，未免为"过"，还是慎之为上。

九三，栋桡，凶。《象》曰：栋桡之凶，不可以有辅也。

【注解】栋桡之凶，乃大厦倾而独力难支之凶。《小象辞》说：即使遇擎天之手，也无回天之望。

九四，栋隆，吉；有它吝。《象》曰：栋隆之吉，不桡乎下也。

【注解】九四爻，以阳处阴，犹有救难之心，故栋得隆起，应于初心。泽木不挠而坚挺，非常之木也。《小象辞》说：尽管有它吝，但不挠于下，经得住考验，仍应肯定。

九五，枯杨生华，老妇得其士夫，无咎无誉。《象》曰：枯杨生华，何可久也？老妇士夫，亦可丑也。

【注解】九五，以阳爻居阳位，不能拯救衰难，但以其居尊，未即挠弱，犹如老妇得夫，可欣荣一时，但不会长久。以其处得尊位，仅得免咎而已，即无声誉之美，故曰无咎无誉也。《小象辞》说：老妇得士夫，不仅不长久，而且可羞。

上六，过涉灭顶，凶，无咎。《象》曰：过涉之凶，不可咎也。

【注解】处大过之极，救难过甚，盲目涉水，易陷于灭顶之灾。《小象辞》说：过涉而逢灾，身至丧亡，深可哀而嗟之，又何须咎之？

[心裁] 老妇得夫，枯杨生花

大过，太过也，超限而强意前行，大有后悔之时。君子守静，不妄动、不浮躁，须谨防官非及水险。

自知大过，心不宁静。在这种心境下，"毋以愤怒决"（见《秦律·为吏之道》）。人不能在情绪激动时作出决策，那样往往会招致更大的错误。

凡事要讲对称，讲对应，讲平衡，讲适应，老夫少妇、老妇少夫，均非常态，难以久长。自己无非常手段，勿干预非常之事。

二十九、坎卦

☵ 习坎（坎下坎上）

习坎：有孚，维心亨，行有尚。

《彖》曰：习坎，重险也。水流而不盈，行险而不失其信。维心亨，乃以刚中也；行有尚，往有功也。天险，不可升也；地险，山川丘陵也，王公设险以守其国。坎之时用大矣哉！

《象》曰：水洊至，习坎。君子以常德行，习教事。

初六，习坎，入于坎窞，凶。《象》曰：习坎入坎，失道，凶也。

九二，坎有险，求小得。《象》曰：求小得，未出中也。

六三，来之坎坎，险且枕，入于坎窞，勿用。《象》曰：来之坎坎，终无功也。

六四，樽酒，簋贰，用缶，纳约自牖，终无咎。《象》曰：樽酒簋贰，刚柔际也。

九五，坎不盈，祗既平，无咎。《象》曰：坎不盈，中未大也。

上六，系用徽纆，置于丛棘，三岁不得，凶。《象》曰：上六失道，凶三岁也。

（一）卦辞释义

习坎。

【注解】坎：穴也，取象为水。习：反复，重复。本卦取象于坎中有坎，水上还是水，象征着难中有难。这正是最考验人、最能彰显人的主观能动性、耐苦性、坚韧性的时机与环境。

有孚，维心亨，行有尚。

【注解】人的居处有坎，乃为常态。此时若有诚信，则能处变不惊，心灵安顺；行为守常，不失其志，不违其规，信誉常在。孚：诚信，信誉。亨：亨通，顺畅。尚：常，崇尚。

【今按】坎卦讲诚信，越是艰困之时，越要求诚信不欺，心理通达，行为高尚；否则，寸步难行，放大灾难，坎外生坎。

（二）《象辞》释义

《象》曰：习坎，重险也。水流而不盈，行险而不失其信。维心亨，乃以刚中也；行有尚，往有功也。天险，不可升也；地险，山川丘陵也，王公设险以守其国。坎之时用大矣哉！

【注解】坎卦，取象于重关叠险。山间溪水永远流动而不盈满，穿岩破石，矢志向前，其心通达。因为坎卦中位是阳爻，阳是刚，是动力；水流有所取向，长年不绝，终成大功。天之险，无人可登攀；地之险，山川丘陵，危岩滚石，王公于此，设险来守护国境。不畏险而利用险,险的用途大着呢!

【今按】"险"本身不是坏事,就看你有无足够的胆力与胸襟去驾驭它、去利用它。要"唯心亨通,唯行有尚",向它看齐,进而"以常德行,习教事"!

(三)《象辞》释义

《象》曰:水洊至,习坎。君子以常德行,习教事。

【注解】流水接连注入,是为坎卦。君子取长流水之德,不以险难为困,当守德行而反复熟习政教之事。洊:再;屡次,接连。

(四)爻辞释义

初六,习坎,入于坎窞,凶。《象》曰:习坎入坎,失道,凶也。

【注解】面临重重凶险,又落入新的险难,凶事。《小象辞》说:迷失了正道,很凶险。窞:小而深的洞穴。

九二,坎有险,求小得。《象》曰:求小得,未出中也。

【注解】在险境中,虽然面临重重困难,但只要小心行事,仍可获得小的收获。《小象辞》说:那是因为尚未出离九二的中位中道。可见,守位守道才是避险的关键。

六三，来之坎坎，险且枕，入于坎窞，勿用。《象》曰：来之坎坎，终无功也。

【注解】来去都会碰到各种险难，出亦坎，居亦坎，落入危险深处，此时无所用之，徒劳而已。《小象辞》说：你用尽气力，也不见寸功，等待时机吧。

六四，樽酒，簋贰，用缶，纳约自牖，终无咎。《象》曰：樽酒簋贰，刚柔际也。

【注解】奉薄酒一樽，淡食两簋，用缶盛，从窗户递进去，终于无害。《小象辞》说：那是因为六四之柔与九五之刚两相交际而相亲。

九五，坎不盈，祗既平，无咎。《象》曰：坎不盈，中未大也。

【注解】祗：借作"坻"，小丘。坑没有填满，小丘已被铲平，这没有什么咎害。《小象辞》说：究其原因，是中正之道还没有光大。

上六，系用徽纆，置于丛棘，三岁不得，凶。《象》曰：上六失道，凶三岁也。

【注解】徽纆：三股绳为徽，两股绳为纆。丛棘：指牢狱，古代狱外围有成丛的荆棘。把犯人用绳索捆缚起来，扔进牢狱之中，三年不得解脱，有凶险。《小象辞》说：上六很不道德，要遭三年灾的报复！

[心裁] 王公设险，以守其国

依《彖辞》《象辞》之义，坎卦其实是激励人们迎难而上的，绝不是知难而退。这一点对于政法系统之从业人员来说，是尤为重要的品能修持。

坎卦阳爻居中，上下各为阴爻。居中者为动力，上下皆为险阻。王公于此，"设险以守其国"，不畏险而利用险，险的用途大着呢！可见，"险"本身不是坏事，就看自己有无足够的胆力、胸襟与智慧去驾驭它、利用它。

坎，五行属水。水居北方，其色黑。"坎为水，为沟渎，为隐伏，为矫輮，为弓轮。其于人也，为加忧，为心病，为耳痛，为血卦，为赤。其于马也，为美脊，为亟心，为下首，为薄蹄，为曳。其于舆也，为多眚，为通，为月，为盗。其于木也，为坚，多心。"（《说卦》）人们以此寻求与坎卦的阴阳对应关系，必获新知。

三十、离卦

☲ 离（离下离上）

离：利贞，亨。畜牝牛，吉。

《彖》曰：离，丽也。日月丽乎天，百谷草木丽乎土。重明以丽乎正，乃化成天下。柔丽乎中正，故亨；是以畜牝牛，吉也。

《象》曰：明两作，离。大人以继明照于四方。

初九，履错然，敬之，无咎。《象》曰：履错之敬，以辟咎也。

六二，黄离，元吉。《象》曰：黄离元吉，得中道也。

九三，日昃之离，不鼓缶而歌，则大耋之嗟，凶。《象》曰：日昃之离，何可久也？

九四，突如其来如，焚如，死如，弃如。《象》曰：突如其来如，无所容也。

六五，出涕沱若，戚嗟若，吉。《象》曰：六五之吉，离王公也。

上九，王用出征，有嘉折首，获匪其丑，无咎。《象》曰：王用出征，以正邦也。

（一）卦辞释义

离。

【注解】离卦，其结体离下离上，上下皆为火。离者，丽也，光明也，温暖也；又，附丽也，罗网也。离卦结体，内阴柔而外阳刚；外阳刚便于发散、辐射，内阴柔便于涵养、吸纳。阴柔处于二、五中位，得中正之道。另，离卦中含巽、兑二经卦，有巽顺、喜悦之象。

利贞，亨。畜牝牛，吉。

【注解】卜得离卦，"离"的字面义是附丽、明丽、彩丽；其象为火，外刚强而内柔顺，故利于畜养母牛。换句话说，外刚强而内柔顺的牝牛，正是离卦品质的最佳象征。

【今按】牛是人类最早驯养的牲畜之一。上古时期的牛，尚未用于犁田，而是用于牵引大车，或取其肉食、皮革，主要用于祭祀。它是重要的社会资财。畜母牛，能生息，能承载，可持续，很吉利。

（二）《彖辞》释义

《彖》曰：离，丽也。日月丽乎天，百谷草木丽乎土。重明以丽乎正，乃化成天下。柔丽乎中正，故亨；是以畜牝牛，吉也。

【注解】日月附丽于青天，百谷草木附丽于大地。离卦所象征的重明，根植于它的磅礴正大之气，化育着天下万物。离卦之性，柔乎中，丽乎正，发挥乎外；外强内柔的牝牛，正是它最好的象征。

（三）《象辞》释义

《象》曰：明两作，离。大人以继明照于四方。

【注解】离卦是由双火叠加而成的，明了又明，亮了更亮。君子由此取象，光明坦荡，照临四方。

（四）爻辞释义

初九，履错然，敬之，无咎。《象》曰：履错之敬，以辟咎也。

【注解】履者，礼也。从一开始就肃敬循礼，可以无错。《小象辞》说：恭敬谨慎，可以避免过错。

六二，黄离，元吉。《象》曰：黄离元吉，得中道也。

【注解】五色黄为贵，黄象征中道，吉祥。《小象辞》说：离而得黄，中道而光，何等理想！

九三，日昃之离，不鼓缶而歌，则大耋之嗟，凶。《象》曰：日昃之离，何可久也？

【注解】太阳西斜，光明不会长久，要及时行乐，鼓缶而歌，摆脱烦恼，自寻开心，否则有凶险。大耋：垂老之年。《小象辞》说：太阳将落，光明不会久长，人步入老年，也不能长久。

九四，突如其来如，焚如，死如，弃如。《象》曰：突如其来如，无所容也。

【注解】（垂老黄昏之际）灾患往往是突如其来的，一下子就被焚毁了，一切都被抛弃了，一切都无法挽救了。《小象辞》说：这是"离火"的消极面，不得不警惕，否则会无所附丽。

六五，出涕沱若，戚嗟若，吉。《象》曰：六五之吉，离王公也。

【注解】灾后，人们痛心疾首，悲泣流涕。知悔是福，能逢凶化吉。《小象辞》说：离之六五为尊位，又附丽于上九王公之下，故前程有托。

上九，王用出征，有嘉折首，获匪其丑，无咎。《象》曰：王用出征，以正邦也。

【注解】国王派兵出征，立功的机会就来啦！国王嘉奖斩了敌酋的将士，还嘉奖掳获了不愿亲附的异己的勇士。《小象辞》说：大王派兵出征，是为了巩固邦国、端正世风。丑：同类。

【今按】离卦之内卦柔丽，外卦发挥，就集中表现在六二与上九两爻上。六二居内卦之中位，上九居外卦最表层。

[心裁] 呼唤光明坦荡的政风

离卦，同卦相重，乃双倍光明、双倍温暖之象。不过，极乐之中，也要警惕"乐极生悲"。在既悲之后，更应知悔而起，不能在悲戚中沉沦下去。又，战功是男子汉的最大光荣，要斩获敌人，为国增光。

离卦是论政的。它呼唤光明坦荡的政局政风，渴望营造和畅美丽的家国；希望当政者能"以继明照于四方"，社会是肃敬循礼的文明社会，老人安享晚年，过着"鼓缶而歌"的日子；它也希望百姓能避祸免灾，受灾了能逢凶化吉。内政方面上轨道了，"王用出征，以正邦也"，就能取得歼其敌人的成绩。

中篇 | 六十四卦解析（下经）

三十一、咸卦

䷞ 咸（艮下兑上）

咸：亨，利贞，取女吉。

《彖》曰：咸，感也。柔上而刚下，二气感应以相与。止而说，男下女，是以亨，利贞，取女吉也。天地感而万物化生，圣人感人心而天下和平。观其所感，而天地万物之情可见矣！

《象》曰：山上有泽，咸。君子以虚受人。

初六，咸其拇。《象》曰：咸其拇，志在外也。

六二，咸其腓，凶，居吉。《象》曰：虽凶居吉，顺不害也。

九三，咸其股，执其随，往吝。《象》曰：咸其股，亦不处也；志在随人，所执下也。

九四，贞吉，悔亡，憧憧往来，朋从尔思。《象》曰：贞吉悔亡，未感害也；憧憧往来，未光大也。

九五，咸其脢，无悔。《象》曰：咸其脢，志末也。

上六，咸其辅颊舌。《象》曰：咸其辅颊舌，滕口说也。

（一）卦辞释义

咸。

【注解】咸卦，其结体为艮下兑上。艮为山，止也，静也；兑为泽，润泽也，喜悦也。古文中，咸就是"感"，意指艮为少男，泽为少女，阴阳二气相交感。

亨，利贞，取女吉。

【注解】泽下有山，女下有男，自然亨通，乃有利而贞正之行，故娶女吉。

【今按】女下有男，阴气下降，阳气上升，故二气交感，下止而上悦，这是咸（感）卦的中心意思。

（二）《彖辞》释义

《彖》曰：咸，感也。柔上而刚下，二气感应以相与。止而说，男下女，是以亨，利贞，取女吉也。天地感而万物化生，圣人感人心而天下和平。观其所感，而天地万物之情可见矣！

【注解】咸就是感的意思。刚柔二气相感应，男女相悦而相交,天地相感而万物化生,圣人感化人心而天下和平。观其感通,天地万物以及人的一切内在联系均可理解了。

【今按】这里,把男女、天地、圣人和百姓之间的感通连成一气来说,人们很难从形式逻辑上说清其间有何内在关联,但若从易理之"阴阳对应"学说上看,则是顺理成章的事。这也是读《周易》的一个方法论问题:超越形式逻辑,从貌似无关的事物中找出其阴阳对应关系,掌握认识问题、解决问题的诀窍。

(三)《象辞》释义

《象》曰:山上有泽,咸。君子以虚受人。

【注解】君子从山上有泽的卦象中得到启发,感悟到君子虚怀若谷,广泛容纳感化众人的政治伦理。

【今按】虚怀若谷,广泛吸纳人言,广泛凝聚人心,是君子应有的德能修养。这是对二气感通之义向政治伦理方向的引申。问题在于:官民相感怎能达到男女相悦的地步?

(四)爻辞释义

初六,咸其拇。《象》曰:咸其拇,志在外也。

【注解】婚恋是从"感动脚的大拇指"开始的。拇:脚的大拇指。《小象辞》说:这荒唐吗?不荒唐,因为此时他已是"志在外"了。

【今按】婚恋原不是用大脑深思熟虑的结果,是在用脚做选择,他已是"志在外",不再仅仅顾恋父母家了。

六二,咸其腓,凶,居吉。《象》曰:虽凶居吉,顺不害也。

【注解】"咸其腓",即"感其腓"。此事操之过急,马上就出走相随,这有危险。腓:小腿肚,喻出走。《小象辞》说:莫出走,且居停,让事情顺常理去演变,没害处,有好处。

【今按】热恋时,须停一停,看一看,莫盲动,才平安。

九三,咸其股,执其随,往吝。《象》曰:咸其股,亦不处也;志在随人,所执下也。

【注解】股:大腿。随:你说什么我就信什么,一切随你。《小象辞》说:"志在随人,所执下也",连"咸其股"也在所不避了。

【今按】恋爱中的男女一心追随对方,没有更高远的追求。

九四,贞吉,悔亡,憧憧往来,朋从尔思。《象》曰:贞吉悔亡,未感害也;憧憧往来,未光大也。

【注解】是贞是吉,是悔是亡,都不去计较了,双方蒙蒙憧憧地往来,不分彼此了,于是众友人都顺应着他们的愿望送上祝福。《小象辞》说:贞吉悔亡,双方情真意正,一切顾忌都抛到九霄云外去了,尽管还遮遮掩掩、往来得不是那么光明正大。

九五,咸其脢,无悔。《象》曰:咸其脢,志末也。

【注解】脢:脊骨肉。双方发展到肩脊相磨的地步,已无后悔之地了。《小象辞》说：到"咸其脢"之时，双方早已靠定对方、志在终身了。

上六，咸其辅颊舌。《象》曰：咸其辅颊舌，滕口说也。

【注解】咸其辅颊舌：指两情相悦时的种种小动作，如贴面深吻之类。辅颊：泛指面颊。《小象辞》说：双方愉快地深吻，无忌地交流，尽享欢娱。滕：与"腾"音同义通。口说：口悦也。

[心裁] 两情相悦，天地感通

本卦把"两情相悦"的正当性提得很高：二气相感，天经地义，"天地感而万物化生，圣人感人心而天下和平。观其所感，而天地万物之情可见矣！"读了这些话，哪个迂夫子还敢说男女相感是该当阻止的事呢？所谓"存天理，灭人欲"，原来天理就是人欲，人欲本乎天理！

本卦爻辞幽默、细腻地表现了男女二人两情相悦的感情生发过程：从感动他的脚指头开始，到感动他的小腿肚，再进到感动他的大腿、肩脊背、口颊——婚恋是从用脚指头思考开始的，根本用不着理智的掺和——然后便进到男女双方如胶似漆，再也分不开了，一直发展到步入婚姻殿堂。深情的背后，实际上是天地感通的大道，它排除的只是世俗的斤斤计较。

原来经典里并不都是些板着面孔训人的话，也有写得很人性、很俏皮的篇章呢！

"上经"从天地乾坤开始,"下经"索性以少男少女的相感开篇,圣人之用心其实是很贴近生活的。

三十二、恒卦

☷ 恒(巽下震上)

恒:亨,无咎,利贞,利有攸往。

《彖》曰:恒,久也。刚上而柔下,雷风相与,巽而动,刚柔皆应,恒。恒亨,无咎,利贞,久于其道也。天地之道,恒久而不已也;利有攸往,终则有始也。日月得天而能久照,四时变化而能久成,圣人久于其道而天下化成。观其所恒,而天地万物之情可见矣!

《象》曰:雷风,恒。君子以立,不易方。

初六,浚恒,贞凶,无攸利。《象》曰:浚恒之凶,始求深也。

九二,悔亡。《象》曰:九二悔亡,能久中也。

九三,不恒其德,或承之羞,贞吝。《象》曰:不恒其德,无所容也。

九四,田无禽。《象》曰:久非其位,安得禽也?

六五,恒其德,贞。妇人吉,夫子凶。《象》曰:妇人贞吉,从一而终也;夫子制义,从妇凶也。

上六,振恒,凶。《象》曰:振恒在上,大无功也。

（一）卦辞释义

恒。

【注解】恒卦取象于雷风。恒：久也。刚上而柔下，雷风相与，刚柔皆应，是以为恒，是以能恒。

【今按】作为自然物，雷与风都是飘忽不定、倏忽显现的事物，作者偏用其作为恒德的物化形态，雷风相与，刚柔皆应，相反而相成。若非从辩证思维出发，绝不会有此等考虑。

亨，无咎，利贞，利有攸往。

【注解】卜得恒卦，亨通，无咎害，利于坚持恒久，利于有所追求。

（二）《彖辞》释义

《彖》曰：恒，久也。刚上而柔下，雷风相与，巽而动，刚柔皆应，恒。恒亨，无咎，利贞，久于其道也。天地之道，恒久而不已也；利有攸往，终则有始也。日月得天而能久照，四时变化而能久成，圣人久于其道而天下化成。观其所恒，而天地万物之情可见矣！

【注解】天地存在的大道，是恒久不灭的；终则有始，始则有终，循环无穷。日月经天能久照宇宙，四时变化能成就万物，圣人久于其道而能化成天下。可见"恒"的伟力！有了恒，一切皆有可能!

(三)《象辞》释义

《象》曰：雷风，恒。君子以立，不易方。

【注解】取象于雷风之恒，君子办事，立定脚跟，持守立场，决不改变进取方向，但具体进程则是变动不居的!

【今按】恒久不是僵守，而是风雷般地在运动中推进。这是辩证法的生命力所在。

(四)爻辞释义

初六，浚恒，贞凶，无攸利。《象》曰：浚恒之凶，始求深也。

【注解】一直在淘沟挖渠，凶，无益。《小象辞》说：一直挖下去，追求太深，有害无益。

【今按】倡导"恒"的专卦，偏偏一开口就来了句"浚恒，贞凶"，可谓"当头棒喝"。

九二，悔亡。《象》曰：九二悔亡，能久中也。

【注解】悔的消亡在于久在中位。《小象辞》说：九二为中位，能久守中位，不走极端，即可消除悔恨。

九三，不恒其德，或承之羞，贞吝。《象》曰：不恒其德，无所容也。

【注解】执心不一，德行无恒者，二三其德，朝秦暮楚，是可耻的，故贞吝，会到处碰壁。《小象辞》说：如此，必将不容于世。

九四，田无禽。《象》曰：久非其位，安得禽也？

【注解】打猎没有收获。《小象辞》说：不能久于其位者，势必劳而无功，勤而无获。

六五，恒其德，贞。妇人吉，夫子凶。《象》曰：妇人贞吉，从一而终也；夫子制义，从妇凶也。

【注解】一般说来，"恒其德"是人人应有的好品质，但也要看具体情况。《小象辞》说：妇人守一而终会受到敬重，丈夫拘守一隅、不敢做决断，婆婆妈妈的，就太没出息了。

【今按】可见，恒之吉凶，对于不同的人具有不同的意义，取决于本人的主客观条件。五爻在上卦中位，二爻在下卦中位，两相呼应，故以妇人、丈夫之"守中"喻之。

上六，振恒，凶。《象》曰：振恒在上，大无功也。

【注解】振恒，就是"恒振"，久动不止，凶。《小象辞》说：上位者老是折腾，则无功有险。

【今按】老子曰："治大国若烹小鲜。"在上位者是不能瞎折腾的。历史的经验是：处高位者应以静制动，而不能以动制动。

[心裁] 持久性的正负效应

雷、风两种事物，各自都不能作恒久的静态存在，但它们在宇宙间的动态存在则是永恒的，它们之间的互动关系也是永恒的。用不恒久的事物形象来表达恒久的哲理，这恰好体现出先民的辩证思维。它也说明：不能用长久的静态存在来定义"恒"，而应以符合规律的不停运动来定义"恒"。

本卦是以恒为主题的专卦，偏偏初爻就来了这么一句断语："浚恒，贞凶。"可谓当头棒喝。本卦六五爻又说：妇人守一而终可受到敬重，而丈夫拘守一隅就太没出息了。可见，恒德，对于不同的人具有不同的意义，一切以主客观条件为转移——这也是辩证思维。

本卦是运用辩证思维的又一个典范。

三十三、遁卦

䷠ 遁（艮下乾上）

遁：亨，小利贞。

《彖》曰：遁，亨，遁而亨也。刚当位而应，与时行也。小利贞，浸而长也。遁之时义大矣哉！

《象》曰：天下有山，遁。君子以远小人，不恶而严。

初六，遁尾，厉，勿用有攸往。《象》曰：遁尾之厉，不往何灾也？

六二，执之用黄牛之革，莫之胜说。《象》曰：执用黄牛，固志也。

九三，系遁，有疾厉，畜臣妾，吉。《象》曰：系遁之厉，有疾惫也；畜臣妾吉，不可大事也。

九四，好遁，君子吉，小人否。《象》曰：君子好遁，小人否也。

九五，嘉遁，贞吉。《象》曰：嘉遁贞吉，以正志也。

上九，肥遁，无不利。《象》曰：肥遁无不利，无所疑也。

（一）卦辞释义

遁。

【注解】遁卦取象于山上有天，天高山远。卦体结构为艮下乾上。遁，有隐遁义，又有逃遁义。

亨，小利贞。

【注解】卜得遁卦，亨通，能尝到小小甜头。

（二）《彖辞》释义

《彖》曰：遁，亨，遁而亨也。刚当位而应，与时行也。小利贞，浸而长也。遁之时义大矣哉！

【注解】由隐遁而亨通，曲线求达也，所谓终南捷径早已存在，诀窍是"与时行"，顺时应势。"刚当位而应"指六二柔爻与九五刚爻相呼应，柔浸而长，刚未消亡，且仍当位，故小利贞。

（三）《象辞》释义

《象》曰：天下有山，遁。君子以远小人，不恶而严。

【注解】天下有山。天，阳物；山，阴物。山高欲逼天，而天之去山，则更加高远。喻君子远避小人之象。小人，惹不起，躲得起。远离他，但不主动得罪他，而是划清界限，拉开距离，严肃对待。

（四）爻辞释义

初六，遁尾，厉，勿用有攸往。《象》曰：遁尾之厉，不往何灾也？

【注解】遁逃而被尾追，有灾，勿有所往。《小象辞》说：不如暂且不动。不动，会有何灾呢？

六二，执之用黄牛之革，莫之胜说。《象》曰：执用黄牛，固志也。

【注解】被黄牛皮制的革带捆绑，没有人能解脱。六二，居中位，示秉德中正而和顺，故无人能胜脱，无人能越过。说：脱。

《小象辞》说：坚持用黄牛革，其韧性最强，可示加固遁隐之志。

九三，系遁，有疾厉，畜臣妾，吉。《象》曰：系遁之厉，有疾惫也；畜臣妾吉，不可大事也。

【注解】他想逃遁，却又被世利所牵系，于是被拖累，于是遭了罪，只有畜养奴仆了。《小象辞》说：为纾解系遁的窘迫，那就只得畜养、役使奴仆了。

【今按】君子若因私情或琐事牵挂而无法决然隐遁，将面临危险。他干不成别的大事，就只好奴役臣仆。

九四，好遁，君子吉，小人否。《象》曰：君子好遁，小人否也。

【注解】能够适时隐遁，对君子有利，对小人则无益。《小象辞》说：君子不以利禄为心，能够隐遁而获得吉祥。小人因私欲无法选择隐遁。

九五，嘉遁，贞吉。《象》曰：嘉遁贞吉，以正志也。

【注解】合乎正道的隐遁方为嘉遁，这就很吉利。《小象辞》说：九五，居于正位，有正气。能从九五尊位主动引身而退，为嘉遁。

上九，肥遁，无不利。《象》曰：肥遁无不利，无所疑也。

【注解】高速脱离，远走高飞，则无所不利。《小象辞》说：对飞遁之利，无可置疑。

【今按】肥遁，借作"飞遁"。古语"肥""飞"同一声母，音近义通。

[心裁] 隐遁还是逃遁

肥遁，飞遁也，即迅速撤离、迅速解除接触。这样，无疑是会获利的；相反，执着固守则不利。

退守，也有好几种情况，无准备的败退与有计划的逐步撤退是大不一样的。在退遁中抓住机会，也会有所收获。

本卦并非宣扬无原则的消极"逃世"，作者推荐的是好遁、嘉遁、飞遁，反对的是逃遁、尾遁、系遁。

三十四、大壮卦

☰☳ 大壮（乾下震上）

大壮：利贞。

《彖》曰：大壮，大者壮也。刚以动，故壮。大壮利贞，大者正也，正大而天地之情可见矣！

《象》曰：雷在天上，大壮。君子以非礼弗履。

初九，壮于趾，征凶，有孚。《象》曰：壮于趾，其孚穷也。

九二，贞吉。《象》曰：九二贞吉，以中也。

九三，小人用壮，君子用罔，贞厉。羝羊触藩，羸其角。《象》曰：小人用壮，君子罔也。

九四，贞吉，悔亡。藩决不羸，壮于大舆之輹。《象》曰：藩决不羸，尚往也。

六五，丧羊于易，无悔。《象》曰：丧羊于易，位不当也。

上六，羝羊触藩，不能退，不能遂，无攸利。艰则吉。《象》曰：不能退，不能遂，不祥也。艰则吉，咎不长也。

（一）卦辞释义

大壮。

【注解】大壮，取象于雷天，结体为乾下震上。内卦，九二，阳爻在阴位；外卦，六五，阴爻占尊位。如此，阴阳有应。天上走雷，能量强大，故得大壮。

利贞。

【注解】卜得大壮卦。其外卦六五，即中位为阴爻，得中庸之德；九二又从而应之，故所得利于正道。

（二）《彖辞》释义

《彖》曰：大壮，大者壮也。刚以动，故壮。大壮利贞，大者正也，正大而天地之情可见矣！

【注解】卦中四爻皆阳刚，故大壮。此乃乾刚震动之象。君子得天地之情，赋天地之正气，可立于天地之间，斯为大壮。

（三）《象辞》释义

《象》曰：雷在天上，大壮。君子以非礼弗履。

【注解】君子观此卦象，认为迅雷可畏，礼法森严，应识威知惧，唯礼是遵，非礼勿视，非礼勿听，非礼勿履。

【今按】在乾刚震动之威下，若是非礼无法的话，将带来巨大灾难，故这里特别强调非礼勿履。

（四）爻辞释义

初九，壮于趾，征凶，有孚。《象》曰：壮于趾，其孚穷也。

【注解】脚力充沛，用于征伐，虽能胜，但不会有好声誉。《小象辞》说：就凭那点实力，将声誉扫地。

【今按】作者赞美"大壮"，但反对恃强逞威，恃强傲物；那样，即使初战获胜，也不能取信于当世。

九二，贞吉。《象》曰：九二贞吉，以中也。

【注解】九二居内卦中位，得中道，故贞吉。

【今按】强调中庸，是本卦宗旨。

九三，小人用壮，君子用罔，贞厉。羝羊触藩，羸其角。《象》曰：小人用壮，君子罔也。

【注解】这是说小人当道之时，君子得放低姿态过日子，别随便掺和，以免像公羊那样把弯角插入篱笆脱不了身。《小象辞》

说：小人妄用壮力，君子虽强不用。羸：缠绕卡住。

九四，贞吉，悔亡。藩决不羸，壮于大舆之輹。《象》曰：藩决不羸，尚往也。

【注解】大壮而能贞固，吉，其悔自然消亡。藩篱冲决，限制不了羝羊，可以勇往直前了；如大车之轮輹，能承受，能运转，这才称得上"大壮"。《小象辞》说：藩篱已决，再也限制不了羝羊，自然可以前往。

六五，丧羊于易，无悔。《象》曰：丧羊于易，位不当也。

【注解】（商代先祖殷王亥）来到易水之滨（与有易氏交易羊），却白白失去了羊。因所失不大，故无悔。《小象辞》说：这次失羊，是因为所处之位不当。殷王不该去贩羊，地位不相称。

【今按】六五阴爻居君位，而上六与它无呼应，反而同性相斥，故曰"位不当"。

上六，羝羊触藩，不能退，不能遂，无攸利。艰则吉。《象》曰：不能退，不能遂，不祥也。艰则吉，咎不长也。

【注解】羝羊角触上藩篱，退不得，进不得，无所利。但经过磨难，终获其利，吉。《小象辞》说：进退两难，不利；但若忍受得了艰苦，经过一番磨难，终能获利，而挫折是暂时的。

[心裁] 世间可有真壮士

作者赞美"大壮"，但反对乱用实力，恃强逞威。实力强大者，更要守正、持正，行中庸之道，守礼法之规，注意巧用其力，那才叫"大壮"。在小人当道、小人作威时，不盲目操作，以免羝羊触藩，脱不了爪爪；在奋斗过程中，经得住挫折；调整之后，从头再来，这才是"大壮"。这里的关键，只是一个"艰"字：吃得艰苦，经得起磨难。那些虚张声势者、逞血气之勇者、横行凌弱者不在其列。

三十五、晋卦

䷢晋（坤下离上）

晋：康侯用锡马蕃庶，昼日三接。

《彖》曰：晋，进也。明出地上，顺而丽乎大明，柔进而上行。是以康侯用锡马蕃庶，昼日三接也。

《象》曰：明出地上，晋。君子以自昭明德。

初六，晋如，摧如，贞吉。罔孚，裕无咎。《象》曰：晋如摧如，独行正也；裕无咎，未受命也。

六二，晋如，愁如，贞吉。受兹介福，于其王母。《象》曰：受兹介福，以中正也。

六三，众允，悔亡。《象》曰：众允之，志上行也。

九四，晋如硕鼠，贞厉。《象》曰：硕鼠贞厉，位不当也。

六五，悔亡，失得勿恤，往吉，无不利。《象》曰：失得勿恤，往有庆也。

上九，晋其角，维用伐邑，厉吉，无咎，贞吝。《象》曰：维用伐邑，道未光也。

（一）卦辞释义

晋。

【注解】晋有晋升义，又有进取义。在本卦中，内卦为坤，为地，为包容，为承载，为柔顺；外卦为离，为火，为日，为光明，为艳丽。卦体结构特征：由下往上，内柔外刚。有四阴爻、二阳爻，二阳爻都在阴位上，而四阴爻则占了一、三、五全部阳位以及六五尊位，阴阳对应，阴阳互动，推动力是自身内部固有的，故能稳扎稳打，步步顺进而上行。

康侯用锡马蕃庶，昼日三接。

【注解】康侯：周初分封武王之弟康叔于卫，称康侯，特受重视。锡马：赐马。王室赐给的良马。昼日三接：一天三次交配，以求多多繁殖。

【今按】马在古代是战略物资，马的繁殖是国力增强的象征。此马是优良种马，故能昼日三接。非强上也，乃天性也。这道卦辞有点特殊，它没有就卦名和卦性作任何说明，只是直接引入了"康侯之马，昼日三接"的事象。

(二)《彖辞》释义

《彖》曰:晋,进也。明出地上,顺而丽乎大明,柔进而上行。是以康侯用锡马蕃庶,昼日三接也。

【注解】本卦所讲之"进",是顺势而进,是自然发展,非人为地强攻硬上,就如丽日当空,照临大地,给人们带来光明一般,亦如康侯种马的繁殖力强,出于天性一般。

【今按】良马可以昼日三接,非良马则不可,是良马而强接硬上亦不可。

(三)《象辞》释义

《象》曰:明出地上,晋。君子以自昭明德。

【注解】晋卦启发君子:一切要从光大自身的光明之德做起,就如明出地上一般。

(四)爻辞释义

初六,晋如,摧如,贞吉。罔孚,裕无咎。《象》曰:晋如摧如,独行正也;裕无咎,未受命也。

【注解】前进之初就受到摧折,此时应坚持正道。功业未著,不能见信于人,可宽裕等待,必然没有咎害。《小象辞》说:前进之初应独立判断，坚守正道；等待时机，没有咎害，因为还没有受到任命。

六二，晋如，愁如，贞吉。受兹介福，于其王母。《象》曰：受兹介福，以中正也。

【注解】一步步前进，也一步步提心吊胆，谋而后动，故吉；且能受到老祖母的福佑。《小象辞》说：有此巨大福佑，是因为遵循了中正之道。王母：老祖母。

六三，众允，悔亡。《象》曰：众允之，志上行也。

【注解】此举得到公众的赞许，没有遗憾。《小象辞》说：因为它表达了步步上进的共同愿望。

九四，晋如硕鼠，贞厉。《象》曰：硕鼠贞厉，位不当也。

【注解】硕鼠：大老鼠，体大而欲强，其贞必"厉"。《小象辞》说：其原因是处位不当。阳爻在阴位，且六三、九四、六五构成"坎"，当然有险。

【今按】有些版本作"鼫鼠"。鼫鼠之技能有限：会飞，飞不过屋檐；会爬，爬不上大树；会泅，泅不过小溪；会跑，跑不过人；会打洞，不足以隐身，只能躲在树洞内探头探脑，首鼠两端。其结局亦为"厉"。厉：过分之祸。

六五，悔亡，失得勿恤，往吉，无不利。《象》曰：失得勿恤，往有庆也。

【注解】六五是尊位，无可悔，得也好，失也好，都不足挂怀，只管走自己的路。《小象辞》说：得失不挂怀，所往无不利，终有庆。

上九，晋其角，维用伐邑，厉吉，无咎，贞吝。《象》曰：维用伐邑，道未光也。

【注解】角，指到达兽角的尖端，意味着晋升或发展到了顶点。这时只求攻城略地，前景之吉凶得失胜负输赢，一概不计。《小象辞》说：可见其道未光也，不能把渐进原则贯彻始终。

【今按】这里连着列出"厉吉，无咎，贞吝"各种吉凶断语，不合通常文法。卦中，一、二、三、五爻均有进取之义，唯四、六爻给人以挫折之感，这也符合辩证发展的规律，世间本来就没有只胜不负的事。

［心裁］循序前进，当机立断

晋卦是讲进取的，鼓励人们当机立断，乘势而上，循序前进，反对强攻硬取，贪得无厌，也反对首鼠两端，当进不进。

本卦卦、彖、象辞及爻辞都与康侯建国相关。结合《尚书·康诰》来看，周公对康侯的受封及建国是十分看重的，尤其是对殷商遗民的规范管理作了具体部署。平定管蔡之乱后，周公以成王名义封同母弟康叔（姬封）于河淇之间的朝歌（在今河南淇县），建立卫国，侯爵。朝歌本是殷商的都城，康叔于是接管了部分殷商遗民。周公先诫之以德刑要适中，后诫之以酒德，末诫之以用人行政要适当。这与本卦精神是相通的。

三十六、明夷卦

☷☲ 明夷（离下坤上）

明夷：利艰贞。

《彖》曰：明入地中，明夷。内文明而外柔顺，以蒙大难，文王以之。利艰贞，晦其明也。内难而能正其志，箕子以之。

《象》曰：明入地中，明夷。君子以莅众，用晦而明。

初九，明夷于飞，垂其翼；君子于行，三日不食。有攸往，主人有言。《象》曰：君子于行，义不食也。

六二，明夷，夷于左股，用拯马壮，吉。《象》曰：六二之吉，顺以则也。

九三，明夷于南狩，得其大首。不可疾，贞。《象》曰：南狩之志，乃大得也。

六四，入于左腹，获明夷之心，于出门庭。《象》曰：入于左腹，获心意也。

六五，箕子之明夷，利贞。《象》曰：箕子之贞，明不可息也。

上六，不明晦，初登于天，后入于地。《象》曰：初登于天，照四国也；后入于地，失则也。

（一）卦辞释义

明夷。

【注解】明夷卦取象于地火，离下坤上，火行地里，明入地中。明夷，以日入地中之象表示光明受到遮蔽之义，明而受夷，内质明而外受害也。夷：伤也。

利艰贞。

【注解】其卦体：内卦之三爻当位；外卦之三阴爻中，六四、上六二爻当位，六五占尊位，故卦辞说利艰贞，意为基础好而外在表现不顺畅，但只要内里有所坚持，则终属有利。

（二）《象辞》释义

《象》曰：明入地中，明夷。内文明而外柔顺，以蒙大难，文王以之。利艰贞，晦其明也。内难而能正其志，箕子以之。

【注解】本卦结体，内离外坤。离者丽也，坤者顺也，故曰"内文明而外柔顺"。昏暴在上，自身受压。周文王被拘羑里而演《周易》，受封西伯（西方霸主）而征四方，是内强外顺的表现。箕子不满商纣王之暴政而敢进谏，装疯以掩其真智慧，且不失其忠爱之心，是内难而能正其志的表现。二人用终身行动为"明夷"做了最好的注释。

【今按】中国历代都不乏这样的智者：在艰难中放射生命的

光彩，在隐忍中珍存救世的希望。大难，又何惧哉？那倒是历练人的机遇！

（三）《象辞》释义

《象》曰：明入地中，明夷。君子以莅众，用晦而明。

【注解】在明夷时局下，君子治民的政治路线：一是明入地中，即让光明转入地下，以晦掩明，不为苛察，实践亲民容众路线；二是用晦而明，即由晦而明、在晦而明、借晦而明之义，平时要善于韬光，藏智藏器，时机一到，即或跃在渊，一展身手。

（四）爻辞释义

初九，明夷于飞，垂其翼；君子于行，三日不食。有攸往，主人有言。《象》曰：君子于行，义不食也。

【注解】飞行中垂下翅膀，象征在行动中遭遇挫折；君子在行走中三天没有吃东西，表示在困难时不违背正道。飞者垂翼，行者不食，皆非正态。君子有所行，而主人有憾言。《小象辞》认为明夷垂翼而不食，也是一种道义：宁可自身受苦，不义不食，不利不行。

六二，明夷，夷于左股，用拯马壮，吉。《象》曰：六二之吉，顺以则也。

【注解】左腿受伤，因马壮而被拯救。《小象辞》说：马性驯逊，是六二之象，故能救危难中的主人。

九三，明夷于南狩，得其大首。不可疾，贞。《象》曰：南狩之志，乃大得也。

【注解】往南征讨得胜，获其酋长。此役不可操之过急，一步步向南拓展，方遂我心。《小象辞》说：南进，是有远大目标的，不在于一时的小胜。

【今按】商周两代都致力于向南方、东南方拓展势力，总体上是成功的。华夏文明的覆盖面在商周之际翻了好几番！

六四，入于左腹，获明夷之心，于出门庭。《象》曰：入于左腹，获心意也。

【注解】依阴阳对应学说：坤为腹，为门庭，为心；震为股，为左。这里是说坤震合力，心手一致，取得了称心的战果。

六五，箕子之明夷，利贞。《象》曰：箕子之贞，明不可息也。

【注解】箕子进谏不听，就装疯以保存自己，于是公明正直蒙受伤害，是谓"明夷"。《小象辞》说：这样的情况不能再继续下去了，要维护好"箕子之贞"。

上六，不明晦，初登于天，后入于地。《象》曰：初登于天，照四国也；后入于地，失则也。

【注解】光明遭受夷伤，初能上天照四国，后乃入地自晦藏，失去了给人以光明的准则，遗憾！

【今按】作者在文末并没有安个光明的尾巴，反而留下个"遗憾"，这倒更深刻地表达了文章主旨：勿忘夷伤阴晦的存在!

［心裁］艰难放光彩，隐忍蓄希望

明夷，在艰难中放出生命的光彩，用隐忍法保留未来的希望。明末清初志士黄宗羲有《明夷待访录》一书，意旨其在斯乎？

本卦《象辞》曰："君子以莅众，用晦而明。"要求在位的君子做到在晦而明、由晦而明、借晦而明，不被任何艰难险阻、凌压欺辱所压倒，而能在艰难中放出生命的光彩，透现人生的价值。在这里，晦，是手段，是策略；明，才是本质要求，才是政治家应有的操守。这是《周易》对君子之品能修持的恳切叮咛与期许。

三十七、家人卦

☲ 家人（离下巽上）

家人：利女贞。

《彖》曰：家人，女正位乎内，男正位乎外。男女正，天地之大义也。家人有严君焉，父母之谓也。父父，子子，兄兄，弟弟，夫夫，妇妇，而家道正，正家而天下定矣。

《象》曰：风自火出，家人。君子以言有物而行有恒。

初九，闲有家，悔亡。《象》曰：闲有家，志未变也。

六二，无攸遂，在中馈，贞吉。《象》曰：六二之吉，顺以巽也。

九三，家人嗃嗃，悔厉，吉。妇子嘻嘻，终吝。《象》曰：家人嗃嗃，未失也；妇子嘻嘻，失家节也。

六四，富家，大吉。《象》曰：富家大吉，顺在位也。

九五，王假有家，勿恤，吉。《象》曰：王假有家，交相爱也。

上九，有孚，威如，终吉。《象》曰：威如之吉，反身之谓也。

（一）卦辞释义

家人。

【注解】家人卦，取象于风火，火上有风，风助火势，火借风威，威势一体而家齐国治矣。

利女贞。

【注解】卜得家人卦，利于女子守正，女子守正是家庭幸福的必要条件。

（二）《彖辞》释义

《彖》曰：家人，女正位乎内，男正位乎外。男女正，天地之大义也。家人有严君焉，父母之谓也。父父，子子，兄兄，弟弟，夫夫，妇妇，而家道正，正家而天下定矣。

【注解】这段文字的重要信息是：（1）"家人，女正位乎内，男正位乎外"，指女主家内事，男主家外事。（2）"男女正，天地之大义也"，是说男女之"正"，合乎天地、阴阳、尊卑之理。（3）"正家而天下定矣"，是说定天下系于一家。

（三）《象辞》释义

《象》曰：风自火出，家人。君子以言有物而行有恒。

【注解】此卦内火外风，犹如家事自内影响到外。君子观此卦象，知日常居家小事亦关乎社会风化，因此要从家庭生活做起，言行扎实不妄。

（四）爻辞释义

初九，闲有家，悔亡。《象》曰：闲有家，志未变也。

【注解】以家法家规家风来防闲家庭成员的不贞行止，使其志不移、心不变、家不散而无所悔。闲：本义为圈栏，引申有防闲义。

【今按】本卦爻辞与《小象辞》意思一致，无须分别解析。

六二，无攸遂，在中馈，贞吉。《象》曰：六二之吉，顺以巽也。

【注解】主妇未必有什么特异才干,只要能把饮食打理好,把家务打理好,贞定守一,则大吉大利。攸遂:所成,所擅长。中馈:家中饮食诸事。

九三,家人嗃嗃,悔厉,吉。妇子嘻嘻,终吝。《象》曰:家人嗃嗃,未失也;妇子嘻嘻,失家节也。

【注解】家长治家严格,使得家中女人小孩都害怕,感觉太苦,不免有伤恩慈,但能渐趋于"吉",也就值了。反之,若家中妇女小孩嬉闹无节制,那终会带来悔吝。嗃嗃:严厉、严酷得让妇女小孩嗷嗷叫。嘻嘻:欢乐笑闹声。

六四,富家,大吉。《象》曰:富家大吉,顺在位也。

【注解】家道兴旺,家庭成员各尽本分,能富贵全家,这才大吉大利。

九五,王假有家,勿恤,吉。《象》曰:王假有家,交相爱也。

【注解】家长依规治家,家人交相爱,人人对家尽责,就不用担忧什么。家和万事兴,吉。假:格,立规矩。

上九,有孚,威如,终吉。《象》曰:威如之吉,反身之谓也。

【注解】家长有诚信,有威严,吉。《小象辞》说:家长自我要求严格,对全家都有好处,终吉。有孚:有诚信,说到做到。反身:自我要求,自我约束。

[心裁] 男女正，天下安

这是全书中最浅近、最实用的一篇，非高头讲章可比。

一个家庭，最重要的是父母两个角色：父要严，母要慈。严，用家法家规家风家教来整饬家庭，家齐而后国治；慈，以深厚的亲情来融合、团结、滋润、谐和家庭成员，家和而后万事兴。男主外，女主内，谁也离不得谁，谁也代替不了谁。尽管在新的时代这种家庭角色未必要与性别机械地挂钩，但任何一个家庭，都应该有一个好的家风，则是天经地义的。

《彖》曰"利女贞"，它揭示了家的关键：一个家庭的稳定与和睦，全在于女之贞。贞者正也，家庭主妇行正、言正、身正，是一家的根本保证。妇不贞则家必散，这是没有疑问的。

中国早在先秦就充分认识到家庭是社会的细胞，明白家正而天下定的道理，故总是努力从礼制上、法律上、伦理道德上、经济生活上、具体政策措施上确保家庭的和睦稳定。时代不同了，具体做法可以变，这种精神不能丢。

三十八、睽卦

䷥ 睽（兑下离上）

睽：小事吉。

《彖》曰：睽，火动而上，泽动而下。二女同居，其志不同行。说而丽乎明,柔进而上行,得中而应乎刚,是以小事吉。天地睽而其事同也,男女睽而其志通也,万物睽而其事类也。睽之时用大矣哉!

《象》曰:上火下泽,睽。君子以同而异。

初九,悔亡,丧马勿逐,自复;见恶人,无咎。《象》曰:见恶人,以辟咎也。

九二,遇主于巷,无咎。《象》曰:遇主于巷,未失道也。

六三,见舆曳,其牛掣,其人天且劓。无初有终。《象》曰:见舆曳,位不当也;无初有终,遇刚也。

九四,睽孤,遇元夫,交孚,厉,无咎。《象》曰:交孚无咎,志行也。

六五,悔亡,厥宗噬肤,往,何咎?《象》曰:厥宗噬肤,往有庆也。

上九,睽孤,见豕负涂,载鬼一车,先张之弧,后说之弧。匪寇,婚媾。往遇雨则吉。《象》曰:遇雨之吉,群疑亡也。

(一)卦辞释义

睽。

【注解】睽卦,泽在下,火在上,火在上而燃上,泽在下而润下,乃互不感应之象,有各自为政、各有取向之义,故为"睽"。

【今按】泽为兑为悦，火为离为明。睽有分离、分隔之义，又有黑白分明、水火不可调和之义。再加上三、五阳位皆为阴爻，呈二女同居之象，矛盾不易消解。但卦的主旨仍然归结于一个中字，因为内卦中位是阳爻，有阳刚之气。只要中位正常发挥作用，就可化解乖张背离，使归于一同。

小事吉。

【注解】卜得睽卦，小事吉，大事未必。

（二）《彖辞》释义

《彖》曰：睽，火动而上，泽动而下。二女同居，其志不同行。说而丽乎明，柔进而上行，得中而应乎刚，是以小事吉。天地睽而其事同也，男女睽而其志通也，万物睽而其事类也。睽之时用大矣哉！

【注解】睽卦之结体是"火动而上，泽动而下"，各自以为是，互不关照。二女同居，其志不同行，难以沟通。下泽上离，呈说（悦）而丽乎明之象，柔进而上行，六五爻得中而应乎刚，是以小事吉。天地乖违不合而其蕴万物之事则同，男女乖违不合而其长养后代之志则通，万物乖违不合而其求生求存则类似。睽的适用场合并不小呀。

【今按】对于睽，若自其静态而观之，是为对立，为乖离，为相反；若自其动态而观之，则总有相连接、相对应、相共生的一面，正如天地、男女、万物之相互关系一样。人们的任务是努力消除对立，而致力于沟通。这才是睽卦的主旨。

（三）《象辞》释义

《象》曰：上火下泽，睽。君子以同而异。

【注解】睽卦由上离下兑构成，君子和而不同，同中有异；外象为背离，内质求一致。

（四）爻辞释义

初九，悔亡，丧马勿逐，自复；见恶人，无咎。《象》曰：见恶人，以辟咎也。

【注解】悔恨消失，丢失的马匹不必去追寻，该回来的它自会返回；面前出现了面目可恶之人，不必刻意回避，避免生出无端的麻烦。《小象辞》说：去者不追，来者不拒，就可以免于被责备。

【今按】恶人：可恶之人，面目讨人嫌之人。己方觉得其可恶，却未必真是品德很坏的人。

九二，遇主于巷，无咎。《象》曰：遇主于巷，未失道也。

【注解】遇主于巷，窄道相逢，冤家当面，这无可咎责。《小象辞》说：你并没有走错道儿，何不大大方方地应对过去呢！主：

事主,物主。

六三,见舆曳,其牛掣,其人天且劓。无初有终。《象》曰:见舆曳,位不当也;无初有终,遇刚也。

【注解】车,拖不动了;牛,被绊住了;人,受过刑惩了……哪样都不叫人省心。不过,开头不好,终了的情况倒还可以。《小象辞》说:开始不如意,是因为六三爻所处位置不当;终了可以,是因为六三爻终必与相应的阳刚,即上九爻相遇。

【今按】孤违之人,其所遇所见,无非是不如意之事、不如意之人;其心态,莫名其妙地变好,又莫名其妙地变坏。天且劓:受过刑,指被刺了额头、割了鼻子的人。

九四,睽孤,遇元夫,交孚,厉,无咎。《象》曰:交孚无咎,志行也。

【注解】孤违之人遇上了一位大丈夫,互相缔约,信誓旦旦,有毛病,倒也无妨。《小象辞》说:因为合乎双方的意愿。元夫:元,大也;夫,男子汉。交孚:交互讲信用。

六五,悔亡,厥宗噬肤,往,何咎?《象》曰:厥宗噬肤,往有庆也。

【注解】懊悔之事没有了,家族有噬肤之痛,前往,有何可咎的呢?《小象辞》说:反倒是该庆幸庆幸呢!噬肤:咬人皮肤。喻指亲人之间有矛盾,但不是很深的恨。

上九,睽孤,见豕负涂,载鬼一车,先张之弧,后说之弧。匪寇,婚媾。往遇雨则吉。《象》曰:遇雨之吉,群疑亡也。

【注解】这是一幕荒诞剧——乖离孤违之人，一出门就碰到野猪背负污泥，又看见来了一大车的鬼怪，连忙张弓搭箭，却又把它放下了。原来碰上的不是什么敌寇，而是一支迎亲队伍。一阵大雨浇头，他清醒了，感到很畅快。《小象辞》说：这是因为头脑中的一切惊疑古怪念头都消失了。

［心裁］消除对立，致力沟通

孤违者的心态最难调控：正常的事态，他认为怪异；不正常的事态，他倒认为有喜、可庆。对于"睽"，若自其静态而观之，是为对立，为乖离，为相反；若自其动态而观之，则总有其相对应、相连接、相共生的一面，正如天地、男女、万物之相互关系一样。"天地睽而其事同也，男女睽而其志通也，万物睽而其事类也"，人们的任务是努力发现其相同、相通、相类之点，去消除对立，致力于沟通、连接、转化，这才是睽卦的主旨所在，这才是睽卦存在的价值。

注意，"睽孤，见豕负涂，载鬼一车，先张之弧，后说之弧"——这是书中唯一一段带点诡异色彩的笔墨，它透出的是这位"睽孤"之人的心灵悲凄，并非张扬神怪。

三十九、蹇卦

䷦ 蹇（艮下坎上）

蹇：利西南，不利东北；利见大人，贞吉。

《彖》曰：蹇，难也，险在前也。见险而能止，知矣哉！蹇利西南，往得中也；不利东北，其道穷也。利见大人，往有功也；当位贞吉，以正邦也。蹇之时用大矣哉！

《象》曰：山上有水，蹇。君子以反身修德。

初六，往蹇，来誉。《象》曰：往蹇来誉，宜待也。

六二，王臣蹇蹇，匪躬之故。《象》曰：王臣蹇蹇，终无尤也。

九三，往蹇，来反。《象》曰：往蹇来反，内喜之也。

六四，往蹇，来连。《象》曰：往蹇来连，当位实也。

九五，大蹇，朋来。《象》曰：大蹇朋来，以中节也。

上六，往蹇，来硕，吉。利见大人。《象》曰：往蹇来硕，志在内也；利见大人，以从贵也。

（一）卦辞释义

蹇。

【注解】蹇卦，艮在下，坎在上。艮山止也，坎水险也。山上积水，乃前程艰阻之象。

利西南，不利东北；利见大人，贞吉。

【注解】卜得蹇卦，要行动，就向西南长养之地去，勿向东北休止之地；适合拜见大人，求得好的指点。

【今按】联系下文，卜者如要有所行动，应向西南方向用力。西南有利于大人物的出现，以便随从他找到出路。大人当位，正是安邦定国的好时机。前进有困难，那就反身修德，自我充实、自我提升，以求来日。

（二）《彖辞》释义

《彖》曰：蹇，难也，险在前也。见险而能止，知矣哉！蹇利西南，往得中也；不利东北，其道穷也。利见大人，往有功也；当位贞吉，以正邦也。蹇之时用大矣哉！

【注解】蹇是艰难之意，险在前方。见前面有险而能止步，是聪明的。要往西南方去求发展，莫去东北，西南是长养之地，东北为穷窘之区。可拜见大人物，会有好结果；大人当位，对国家有好处。蹇卦有大用场。

（三）《象辞》释义

《象》曰：山上有水，蹇。君子以反身修德。

【注解】前行遇阻，索性反身自省，改变不了别人，那就改变自己，提升自己。

（四）爻辞释义

初六，往蹇，来誉。《象》曰：往蹇来誉，宜待也。

【注解】前行艰蹇，后退获誉。《小象辞》说：既如此，退一步后路宽宏，退吧，值得等待。

六二，王臣蹇蹇，匪躬之故。《象》曰：王臣蹇蹇，终无尤也。

【注解】为臣者艰难奋进，不是为了一己之私，那就终不会招来过失。

九三，往蹇，来反。《象》曰：往蹇来反，内喜之也。

【注解】往则蹇，返则顺。《小象辞》说：那是内在的因素起的好作用吧。

六四，往蹇，来连。《象》曰：往蹇来连，当位实也。

【注解】去时艰难，来时坐车。《小象辞》说：这是因为阴爻当位，上下表里皆阳，将获得外部力量的协助。

九五，大蹇，朋来。《象》曰：大蹇朋来，以中节也。

【注解】有大障碍，就有众朋友来支援。《小象辞》说：得众人支援，是九五与六二相应，是中位在起作用。

上六，往蹇，来硕，吉。利见大人。《象》曰：往蹇来硕，志在内也；利见大人，以从贵也。

【注解】上六，往而举步维艰，来而硕果连连，好。利于出现大人。《小象辞》说：不为别的，只因激发了自己内在的潜能，出现了值得追随的大贵人。

［心裁］见险能止，反身修德

艰难在前，死钻牛角尖是不行的，要度势量力，掉转头来从自身另寻出路。只要心存正道，那就能得道多助。这时的关键，是遇上有德有能的大人；在其带领下，充分发挥自身的内在潜力，必能取得累累硕果。

卜得蹇卦，不大好听，但它告诉你，只要自身努力，又有贵人相助，指路带路，前途是有的，好结果是能争取到的。《周易》帮人趋吉避凶，从不让人绝望。在遇到难题、遇到艰难困苦时，《周易》总是说"利见大人"。相信君子、相信大人，他们会给你指路，并带来好运。《周易》中的大人，是君子，能担当救苦救难之任。

四十、解卦

䷧ 解（坎下震上）

解：利西南。无所往，其来复吉；有攸往，夙吉。

《彖》曰：解，险以动。动而免乎险，解。解，利西南，往得众也；其来复吉，乃得中也；有攸往，夙吉，往有功也。天地解而雷雨作，雷雨作而百果草木皆甲坼。解之时大矣哉！

《象》曰：雷雨作，解。君子以赦过宥罪。

初六，无咎。《象》曰：刚柔之际，义无咎也。

九二，田获三狐，得黄矢，贞吉。《象》曰：九二贞吉，得中道也。

六三，负且乘，致寇至，贞吝。《象》曰：负且乘，亦可丑也；自我致戎，又谁咎也？

九四，解而拇，朋至斯孚。《象》曰：解而拇，未当位也。

六五，君子维有解，吉，有孚于小人。《象》曰：君子有解，小人退也。

上六，公用射隼，于高墉之上，获之，无不利。《象》曰：公用射隼，以解悖也。

（一）卦辞释义

解。

【注解】解卦，其结体为坎下震上，取象于雷水，乃雷雨齐发。解有分解之象。大地春雷，百谷草木之实皆裂壳而发芽，此为有生命活力之象。

利西南。无所往，其来复吉；有攸往，夙吉。

【注解】西南坤向，福养之地，值得前往。

（二）《彖辞》释义

《彖》曰：解，险以动。动而免乎险，解。解，利西南，往得众也；其来复吉，乃得中也；有攸往，夙吉，往有功也。天地解而雷雨作，雷雨作而百果草木皆甲坼。解之时大矣哉！

【注解】解卦由上雷下水组成。雷，震也，动也。水，坎也，险也。遇险而能动，危难终得解决，虚惊一场，吉。解，利西南：《说卦》以西南为坤地，是众聚之地，福养之地。到西南方，得众力，可解决问题，有利。无难者能复其中道，有难者能解其宿险，可有功而返。得中：得其中位，得其中道，指相应的九二与六五皆在中位。甲坼：植物种子的硬质外壳开裂，种子发芽出土。

（三）《象辞》释义

《象》曰：雷雨作，解。君子以赦过宥罪。

【注解】雷雨大作之时，百果草木皆舒展萌芽而绽开外皮。君子取此象，以为民赦免过失，宽宥罪恶，予以解放、解脱。以此施政，百姓必然归心。

（四）爻辞释义

初六，无咎。《象》曰：刚柔之际，义无咎也。

【注解】无咎,无过失,不追责。《小象辞》说:雷为阳刚,水为阴柔,刚柔交感,其义无咎。

九二,田获三狐,得黄矢,贞吉。《象》曰:九二贞吉,得中道也。

【注解】田猎时获得三只狐狸,又得一金箭,吉利。《小象辞》说:九二爻居于下卦中位,与上卦六五爻阴阳相应,得其中道,故贞吉。黄矢:金箭头。黄为中色,合中道,象征富贵吉祥。

六三,负且乘,致寇至,贞吝。《象》曰:负且乘,亦可丑也;自我致戎,又谁咎也?

【注解】六三阴爻而乘于九二阳爻之上,招致寇乱之灾,这不正常。《小象辞》说:负重之人去乘车,引人注目,使贼子关心;事情是自己惹出来的,怪不得别人。

九四,解而拇,朋至斯孚。《象》曰:解而拇,未当位也。

【注解】像解开被绑的拇指一样摆脱小人,志同道合的朋友才会心怀诚信前来帮助。《小象辞》说:九四阳爻居阴位,不当位。被小人纠缠,是不当的状态。

六五,君子维有解,吉,有孚于小人。《象》曰:君子有解,小人退也。

【注解】君子受困辱而能得到纾解,吉利,是因为平时能取信于小人。《小象辞》说:这是小人退后,自行解除了对君子之困辱。

上六,公用射隼,于高墉之上,获之,无不利。《象》曰:公用射隼，以解悖也。

【注解】一个贵族登上高高的墙垣，射下一只猛禽，太好了！《小象辞》说：射隼命中，标志着险难悖乱终于解除。

[心裁] 慢藏诲盗，解困要速

本卦六三爻《小象辞》说："负且乘，亦可丑也；自我致戎，又谁咎也？"背着包裹，去赶乘高级车马，这不是明摆着让强盗见财起意、找机会下手吗？自找麻烦、自酿恶果，会有谁来同情你呢？你又能怪谁呢？

遇困之初，就须采取果断手段，除恶务尽，使小人势消，君子势长，这才能得到正义力量的同情与支持，"朋至斯孚"。

四十一、损卦

☷ 损（兑下艮上）

损：有孚，元吉，无咎，可贞，利有攸往。曷之用？二簋可用享。

《彖》曰：损，损下益上，其道上行。损而有孚，元吉，无咎可贞，利有攸往。曷之用？二簋可用享。二簋应有时，损刚益柔有时。损益盈虚，与时偕行。

《象》曰：山下有泽，损。君子以惩忿窒欲。

初九，已事遄往，无咎，酌损之。《象》曰：已事遄往，尚合志也。

九二，利贞，征凶，弗损益之。《象》曰：九二利贞，中以为志也。

六三，三人行，则损一人；一人行，则得其友。《象》曰：一人行，三则疑也。

六四，损其疾，使遄有喜，无咎。《象》曰：损其疾，亦可喜也。

六五，或益之十朋之龟，弗克违，元吉。《象》曰：六五元吉，自上佑也。

上九，弗损益之，无咎，贞吉，利有攸往，得臣无家。《象》曰：弗损益之，大得志也。

（一）卦辞释义

损。

【注解】损卦取象于山下有泽，兑下而艮上，有泽浸山根之义，象征减损。

有孚，元吉，无咎，可贞，利有攸往。曷之用？二簋可用享。

【注解】占得损卦，心存诚信，大为吉利，没有咎害，利于有所追求。减损之道用什么来体现呢？用二簋盛微薄淡食奉献祭祀。

（二）《彖辞》释义

《彖》曰：损，损下益上，其道上行。损而有孚，元吉，无咎可贞，利有攸往。曷之用？二簋可用享。二簋应有时，损刚益柔有时。损益盈虚，与时偕行。

【注解】减损之道，就是减损于下而增益于上，但若一味如此，损下以益上，损刚以益柔，则不可。怎么办呢？心存诚信，损益盈虚，适合其时。

（三）《象辞》释义

《象》曰：山下有泽，损。君子以惩忿窒欲。

【注解】山下有泽，泽浸山根，有损。君子由此得到惩忿窒欲的启示：要力戒情绪激动，防闲私欲膨胀，那会伤身害己。

（四）爻辞释义

初九，已事遄往，无咎，酌损之。《象》曰：已事遄往，尚合志也。

【注解】祭祀的事要快去参加，无害，有时可酌量减少祭品。《小象辞》说：总体上还是合乎意志的。已：祀，祭祀。遄：迅速。

九二，利贞，征凶，弗损益之。《象》曰：九二利贞，中以为志也。

【注解】利于坚持下去，急于求进将有凶险，不用自我减损就可以给他以增益。《小象辞》说：九二处中位，坚守正道，能够弗损益之。

六三，三人行，则损一人；一人行，则得其友。《象》曰：一人行，三则疑也。

【注解】三人行，常因有疑而损友；一人行，总因专心求合而得友。人心也真怪！《小象辞》说：一人行无可疑者；三人行，必有分歧，有争执。

六四，损其疾，使遄有喜，无咎。《象》曰：损其疾，亦可喜也。

【注解】疾病减轻，使他快好，会有喜，这是无疑的，有道理的。《小象辞》说：疾病减轻，自然可喜。

六五，或益之十朋之龟，弗克违，元吉。《象》曰：六五元吉，自上佑也。

【注解】六五，阴爻处尊位，上九应之，高贵可贺。十朋之龟：价值高昂的灵龟。《小象辞》说：六五处于尊位，上天会护佑它。

上九，弗损益之，无咎，贞吉，利有攸往，得臣无家。《象》曰：弗损益之，大得志也。

【注解】不用自我减损就可以增益于人，无害坚守正道可获吉利，利于有所前往，可得到广泛拥戴。得臣无家：得到臣民拥戴,不限于一家。《小象辞》说:这是因为已经大大满足了期望。

[心裁] 损下益上,唯合于时

损下益上,唯合于时,是本卦的主旨。大事用卦,细事看爻——这倒是值得研究的一个关乎易学体例的课题。

从本卦之卦爻辞,我们看到一种通行的行文体例:六十四卦的卦辞、彖辞、象辞,大多是从全局着眼,去论述吉凶祸福之营造或预防、克服的方略,这被看成是君子、政府的分内事。而六条爻辞则大多是从当事个体出发,去讨论吉凶趋避之具体路径,其吉凶趋避,责任自负。故思想家、政治家多关注经卦,关注卦辞、彖辞、象辞的判断,而卜算家则多靠引用爻辞的自我解剖来说话。爻辞出于往昔占卜语的汇集,原本就是供占卜者引证借鉴的。

四十二、益卦

䷩ 益(震下巽上)

益:利有攸往,利涉大川。

《彖》曰:益,损上益下,民说无疆。自上下下,其道大光。利有攸往,中正有庆;利涉大川,木道乃行。益动而巽,日进无疆;天施地生,其益无方。凡益之道,与时偕行。

《象》曰：风雷，益。君子以见善则迁，有过则改。

初九，利用为大作，元吉，无咎。《象》曰：元吉无咎，下不厚事也。

六二，或益之十朋之龟，弗克违，永贞吉，王用享于帝，吉。《象》曰：或益之，自外来也。

六三，益之用凶事，无咎。有孚中行，告公用圭。《象》曰：益用凶事，固有之也。

六四，中行，告公从，利用为依迁国。《象》曰：告公从，以益志也。

九五，有孚惠心，勿问元吉。有孚惠我德。《象》曰：有孚惠心，勿问之矣；惠我德，大得志也。

上九，莫益之，或击之，立心勿恒，凶。《象》曰：莫益之，偏辞也；或击之，自外来也。

（一）卦辞释义

益。

【注解】益卦，取象于风雷，震下巽上，刚下柔上，强本弱末，故有益。

利有攸往，利涉大川。

【注解】卜得益卦，其利在于有所往，能涉大川，即有追求，能克大难。

（二）《彖辞》释义

《彖》曰：益，损上益下，民说无疆。自上下下，其道大光。利有攸往，中正有庆；利涉大川，木道乃行。益动而巽，日进无疆；天施地生，其益无方。凡益之道，与时偕行。

【注解】益，减损于上增益于下，民悦无疆。其道能自上而下下，从上广泛地施利于下，则可得大光、大布、大宣扬。守中正之道而有庆；巽为木为舟，舟行大川，其利无边。木道：巽之道，即舟楫之利。益之利，乃天施而地生，无分方域，无分类别，平等地普施于大众，而又保证及时适用。

（三）《象辞》释义

《象》曰：风雷，益。君子以见善则迁，有过则改。

【注解】风雷之益，在风起树动，闻雷知警。君子因之见善则迁，见贤思齐；有过则改，不贰过、不诿过，不迁怒、不避责。

（四）爻辞释义

初九，利用为大作，元吉，无咎。《象》曰：元吉无咎，下不厚事也。

【注解】利用为大作：适合于搞大型土木工程或施行重大举

措。《小象辞》说：国家之大型工程，或重大举措，要能吉利无害，前提是"下不厚事"，在下者没有难以承受的负担。

【今按】施行国家大型土木工程或重大举措，能够"下不厚事"，不加重农民的负担，这才是真正的"仁政"。

六二，或益之十朋之龟，弗克违，永贞吉，王用享于帝，吉。《象》曰：或益之，自外来也。

【注解】有人赠以"十朋之龟"（这样的贵重货贿），如果拒绝不了，想得到吉利，王者就不要私藏私享，而是公示于天帝之前；否则有妨。《小象辞》说：这样的利益只能来自外界。

六三，益之用凶事，无咎。有孚中行，告公用圭。《象》曰：益用凶事，固有之也。

【注解】益之用凶事：财货使用于天灾人祸，则无害，这是史有前例的。言行有信，能中道而行，告庙时用圭礼，即可获得祖先护佑。告公用圭：遇国家大事，国王举行告庙礼，在祖庙向先王回报请示。告庙时用圭，以示尊重。《小象辞》说：财货使用于天灾人祸，这种事代代皆有。

六四，中行，告公从，利用为依迁国。《象》曰：告公从，以益志也。

【注解】利用为依迁国：依着有益于下民的利益这一原则去行动，即使是迁都这样的大工程，上上下下，都会拥护而响应。迁国，指诸侯迁移都城。《小象辞》说：把公益事上报宗庙，会得到响应。

九五，有孚惠心，勿问元吉。有孚惠我德。《象》曰：有孚惠心，勿问之矣；惠我德，大得志也。

【注解】有孚惠我德：你的惠心已有验证，你给民众的惠爱也已为民众所公认，就无人怀疑、经得住考问了。《小象辞》说：能这样，你也就可以实现自己的志向了。

上九，莫益之，或击之，立心勿恒，凶。《象》曰：莫益之，偏辞也；或击之，自外来也。

【注解】居于最高位者，如果有益于下民的立心不恒，不能坚持贯彻下去，对臣民无所增益，或反而击损之，则凶。此亦"亢龙有悔"之象。《小象辞》说："莫益之"，是仅就一面而言，或许真有大益；"或击之"，那不是自身招致的打击，可以应对。

[心裁] 见善则迁，有过则改

本卦之卦象辞所说的"益"，特指上对下、君对民的益，是单向的要求，而且是以"民说无疆"作为唯一指标的。上对下、君对民的益，说穿了，无非是省刑罚、薄税敛两大项。做到这两条，即使"迁国"，百姓也会乐从；否则，大凶。

《象辞》对君子的德行修持提出了明确要求：见善则迁，见贤思齐；有过则改，不贰过、不诿过，不迁怒、不避责。爻辞又进一步将其细化：国家重大工程不得加重民间负担；收到财贿应公之于众，公财公用；重大事故要按中正原则去处置；要能取信于民，国家一切举措，百姓都会应从。

四十三、夬卦

☱ 夬（乾下兑上）

夬：扬于王庭，孚号有厉，告自邑。不利即戎，利有攸往。

《彖》曰：夬，决也，刚决柔也。健而说，决而和。扬于王庭，柔乘五刚也；孚号有厉，其危乃光也；告自邑，不利即戎，所尚乃穷也；利有攸往，刚长乃终也。

《象》曰：泽上于天，夬。君子以施禄及下，居德则忌。

初九，壮于前趾，往不胜，为咎。《象》曰：不胜而往，咎也。

九二，惕号，莫夜有戎，勿恤。《象》曰：有戎勿恤，得中道也。

九三，壮于頄，有凶。君子夬夬独行，遇雨若濡，有愠，无咎。《象》曰：君子夬夬，终无咎也。

九四，臀无肤，其行次且。牵羊悔亡，闻言不信。《象》曰：其行次且，位不当也；闻言不信，聪不明也。

九五，苋陆夬夬，中行无咎。《象》曰：中行无咎，中未光也。

上六，无号，终有凶。《象》曰：无号之凶，终不可长也。

（一）卦辞释义

夬。

【注解】本卦取象于泽天，泽在天上，必将下润。卦体兑上乾下，兑，悦也，和也，柔也；乾，健也，威也，刚也。威而能和，刚而能柔，健而能悦，是为卦德。

扬于王庭，孚号有厉，告自邑。不利即戎，利有攸往。

【注解】卜得夬卦。夬，法明政清有决断。如此，自能扬威于王庭，以诚信德政夹持着威严，发号于王庭，普告于庶民。当此之际，不宜倚仗威猛去施政，而利于和悦往来，多行沟通润泽。孚：诚信。号：号令。厉：强力权威。邑：乡邑，代指庶民。即戎：用兵，施暴。

（二）《彖辞》释义

《彖》曰：夬，决也，刚决柔也。健而说，决而和。扬于王庭，柔乘五刚也；孚号有厉，其危乃光也；告自邑，不利即戎，所尚乃穷也；利有攸往，刚长乃终也。

【注解】本卦是以刚决柔，健而悦，决而和，是其特色。宣扬决策于王庭，是一种柔乘刚的表现。其决策以诚为基，说到做到，令出必行，则危害可除而德政有光。向庶民公开宣告"不利即戎"，不用暴力，则民俗自安，而国威自能持续也。

(三)《象辞》释义

《象》曰：泽上于天，夬。君子以施禄及下，居德则忌。

【注解】君子由夬得到启示：施禄及下，但不得居德矜功，自有德色，那会走向反面。

(四)爻辞释义

初九，壮于前趾，往不胜，为咎。《象》曰：不胜而往，咎也。

【注解】气壮于往前直冲，必不能真的取胜，反而招祸。《小象辞》说：往而不胜，又何往呢？那不是自找麻烦吗？

九二，惕号，莫夜有戎，勿恤。《象》曰：有戎勿恤，得中道也。

【注解】惊惧呼号，严加戒备，即使暮夜有寇，也有备无患。莫夜：暮夜，暗处。《小象辞》说：因为守中道者必能自卫。中道：九二，阳爻居下卦中位，得中庸之道。

【今按】能明"过犹不及"之理，则一切决策有节有度，适中适宜，可以无咎。

九三，壮于頄，有凶。君子夬夬独行，遇雨若濡，有愠，无咎。《象》曰：君子夬夬，终无咎也。

【注解】颧骨突出为"壮于頄"，此处寓"形于颜色"之意，有险。君子果断独行，遇雨，被沾湿全身，有不快，但终无大碍。《小象辞》同此判断。

九四，臀无肤，其行次且。牵羊悔亡，闻言不信。《象》曰：其行次且，位不当也；闻言不信，聪不明也。

【注解】臀部受笞杖，皮破肉裂，起坐艰难，迈步趑趄。牵羊，却丢失了羊；闻言不信，辨识不清，是非不明。《小象辞》说：言行不受人待见，触处皆非，步步受阻，是居位不妥的缘故。次且：趑趄，行走不便的样子。

九五，苋陆夬夬，中行无咎。《象》曰：中行无咎，中未光也。

【注解】苋菜，柔脆之物，要马上摘除；消除小人亦应果断，居中行正，则无咎害。《小象辞》说：中行未光，秉德不明也。

上六，无号，终有凶。《象》曰：无号之凶，终不可长也。

【注解】小人不必痛哭号啕，必有凶。故《小象辞》说：终究不可长久。

[心裁] 法明政清，能断不暴

夬，象征决断、果决。本卦五阳一阴、五刚一柔，以刚决柔，有决定性优势，但要防"过中"，超限用强。夬卦取"明法决断"义，有彻底清除邪恶、与过恶决裂的意思。君子制裁小人，光明正大，公开揭露小人的罪过，并告诫人们引以为戒，是为用强而不暴之意。

施政靠建章立法,反对动辄用武施暴。本卦以五刚决一柔,法明而威,有强大的执行力。在这种政治生态下,尤其要注意防止仗威施暴,需威强而又和悦。威而能和,刚而能柔,健而能悦,是为夬卦的宗旨。

四十四、姤卦

☰ 姤（巽下乾上）

姤：女壮,勿用取女。

《彖》曰：姤,遇也,柔遇刚也。勿用取女,不可与长也。天地相遇,品物咸章也；刚遇中正,天下大行也。姤之时义大矣哉！

《象》曰：天下有风,姤。后以施命诰四方。

初六,系于金柅,贞吉。有攸往,见凶,羸豕孚蹢躅。《象》曰：系于金柅,柔道牵也。

九二,包有鱼,无咎,不利宾。《象》曰：包有鱼,义不及宾也。

九三,臀无肤,其行次且,厉,无大咎。《象》曰：其行次且,行未牵也。

九四,包无鱼,起凶。《象》曰：无鱼之凶,远民也。

九五,以杞包瓜,含章,有陨自天。《象》曰：九五含章,中正也；有陨自天，志不舍命也。

上九，姤其角，吝，无咎。《象》曰：姤其角，上穷吝也。

（一）卦辞释义

姤。

【注解】姤卦，取象于天风，巽下乾上。风在下，天在上，柔下而刚上，两相遇合。天，积气也；风，气之动也。天与风，同类而上下异，两相遇合，自然本然。

女壮，勿用取女。

【注解】卜得姤卦。女子壮实，胜于男子，娶女无益。喻指小人强势时，勿与之交往，否则，无益有害。

（二）《彖辞》释义

《彖》曰：姤，遇也，柔遇刚也。勿用取女，不可与长也。天地相遇，品物咸章也；刚遇中正，天下大行也。姤之时义大矣哉！

【注解】姤，邂逅也。刚柔主客之间，不期而遇。然而，女壮，莫娶，以防"柔遇刚"而不久长。天地相遇，品物咸彰；男女相遇，家国吉祥。而本卦之九二、九五皆为阳爻，位居中正，故天下大行，所为无妨，其路宽广。

（三）《象辞》释义

《象》曰：天下有风，姤。后以施命诰四方。

【注解】天下之风，风行海内。王者施命布告四方，会迅即得到普及与传扬。

（四）爻辞释义

初六，系于金柅，贞吉。有攸往，见凶，羸豕孚蹢躅。《象》曰：系于金柅，柔道牵也。

【注解】（运行中的大车）被限止于金属闸把，吉利。如急于前行，那将见凶，就会如一头牝猪般烦躁地徘徊，不能安静。《小象辞》说：那是为"柔"所牵系的缘故。

【今按】大车体量庞大，却会因一个小小闸把而停止运转，故柔可以克刚，弱可以胜强；一个不起眼的因素，也会阻止体量庞大之事物的发展。

九二，包有鱼，无咎，不利宾。《象》曰：包有鱼，义不及宾也。

【注解】官家庖厨中有鱼，其本身无咎无患，却不适合拿来接待宾客。《小象辞》说：因为用庖厨中之鱼，不符合当时待宾的礼仪。

九三，臀无肤，其行次且，厉，无大咎。《象》曰：其行次且，行未牵也。

【注解】（罪人）受刑杖而臀无完肤，迈步困难，危险，但无大害。《小象辞》说：行动赵趄，却未受牵误，故无大害。

九四，包无鱼，起凶。《象》曰：无鱼之凶，远民也。

【注解】庖厨中无鱼，凶。《小象辞》说：官家庖厨中无鱼，是因为远离了庶民，庶民不买账，不给官家馈赠鲜鱼了。

九五，以杞包瓜，含章，有陨自天。《象》曰：九五含章，中正也；有陨自天，志不舍命也。

【注解】九五尊位，含章中正，就如用杞树叶庇护树下的甜瓜，爱护备至，于是会有美誉自天而降。杞：树身高大，其叶阔大，其荫浓重。含章：含藏美质。《小象辞》说：内心含藏美质，是因为有中正之德；有自天而降的美誉，说明心志不违天命。

上九，姤其角，吝，无咎。《象》曰：姤其角，上穷吝也。

【注解】主客相遇于角隅，回旋余地狭小，故虽吝而无咎。《小象辞》说：这是穷且吝之象，须以韧性对待之。

[心裁] 邂逅际遇，概率很小

本卦，巽下乾上。巽，风也；风，气之动也。乾，天也；天，气之积也。故天上、风下而相迳遇，最易融合，未尝不是好事；但也易于在不知不觉中被对方所"同化"而迷失了自己。

姤，遘也，遇也；又媾也，交媾也。故用于卜问婚姻事、机遇事，容易得到预期的解答。

天上掉馅饼，邂逅际遇，单方获利的概率很小，故做人不得寄望于非分之想。

四十五、萃卦

☷☱ 萃（坤下兑上）

萃：亨。王假有庙，利见大人，亨，利贞。用大牲，吉，利有攸往。

《彖》曰：萃，聚也。顺以说，刚中而应，故聚也。王假有庙，致孝享也；利见大人，亨，聚以正也；用大牲，吉，利有攸往，顺天命也。观其所聚，而天地万物之情可见矣。

《象》曰：泽上于地，萃。君子以除戎器，戒不虞。

初六，有孚不终，乃乱乃萃。若号，一握为笑，勿恤，往无咎。《象》曰：乃乱乃萃，其志乱也。

六二，引吉，无咎，孚乃利用禴。《象》曰：引吉无咎，中未变也。

六三，萃如，嗟如，无攸利，往无咎，小吝。《象》曰：往无咎，上巽也。

九四，大吉，无咎。《象》曰：大吉无咎，位不当也。

九五，萃有位，无咎。匪孚，元永贞，悔亡。《象》曰：萃有位，志未光也。

上六，赍咨涕洟，无咎。《象》曰：赍咨涕洟，未安上也。

（一）卦辞释义

萃。

【注解】萃卦，取象于泽地，坤下兑上，泽在地上。萃，有丛生、集聚之义，能将积极因素加以聚合，产生出类拔萃之效。"泽"以蓄财、润泽为特征；"地"以和顺、广大、包容、承载为特征。"泽地"可以实现密切的沟通与协调。故卜得萃卦，亨通。

亨。王假有庙，利见大人，亨，利贞。用大牲，吉，利有攸往。

【注解】萃卦乃亨通之卦。王家行告庙礼，利于大人出场。用重大牺牲做祭品，好，利于有所前往。

（二）《彖辞》释义

《彖》曰：萃，聚也。顺以说，刚中而应，故聚也。王假有庙，致孝享也；利见大人，亨，聚以正也；用大牲，吉，利有攸往，顺天命也。观其所聚，而天地万物之情可见矣。

【注解】萃有聚义。卦象为坤下兑上，有"顺而悦"之意。六二与九五占"刚中而应"之爻位，故能聚集英才，成就大业。君王凭借祖庙致孝，表现出大人物勇于担当的格局与气量。这有利于追求既定目标,循天命而进。观其所聚,而天地万物之情可见——谁不愿意向优秀核心聚拢呢?这是符合天意民心的事。

(三)《象辞》释义

《象》曰:泽上于地,萃。君子以除戎器,戒不虞。

【注解】君子从"萃"象的"顺而悦"得到启示:越是在一切如意顺遂的情况下,越要注意戒不测,防意外。除:修理。不虞:不测。

【今按】这段《象辞》提出了本卦《彖辞》所未能顾及的另一方面:越是顺意越要警惕!又是辩证思维的好例。

(四)爻辞释义

初六,有孚不终,乃乱乃萃。若号,一握为笑,勿恤,往无咎。《象》曰:乃乱乃萃,其志乱也。

【注解】有诚信的声誉但不能维持始终,于是出现时乱时聚的场面。如果呼号者一握为笑,顷刻转圜,就不必忧虑了,继续前行吧。《小象辞》说:那是因为心志未定,目标不明,其志扰乱。

六二,引吉,无咎,孚乃利用禴。《象》曰:引吉无咎,中未变也。

【注解】引来吉祥，自然无可指责，诚信有益于春祭。禴：春祭。《小象辞》说：胸怀忧明，中心未变，诚意如初，则有利于侍奉鬼神。

六三，萃如，嗟如，无攸利，往无咎，小吝。《象》曰：往无咎，上巽也。

【注解】会聚了，集合了，本应是欢聚一堂，却招来咨嗟叹惜，白白消耗正能量，无所助益，也无利可讲。《小象辞》说：参加这样的聚会，顺之无益。

九四，大吉，无咎。《象》曰：大吉无咎，位不当也。

【注解】大吉降临，却只是"无咎"而已。《小象辞》说：处位不当之故也（四爻是阳爻而处阴位，位不当）。

九五，萃有位，无咎。匪孚，元永贞，悔亡。《象》曰：萃有位，志未光也。

【注解】阳爻居于九五之位，自然无咎。但诚信还未足服人，需要长期坚持，才可将遗憾免除掉。《小象辞》说：君位已具，但胸襟心志还不够光大。

上六，赍咨涕洟，无咎。《象》曰：赍咨涕洟，未安上也。

【注解】发展到最后阶段，不是皆大欢喜，而是咨嗟叹息、眼泪鼻涕横流，此何故？《小象辞》说："未安上也"，还不适应处于"上位"，尚无有把握的应对之方。

[心裁] 除戎器，戒不虞

乍读全篇，总觉得"君子以除戎器，戒不虞"一语来得突兀，因为在上下文中未见有呼应语。"除戎器，戒不虞"，修治兵器，以防不虞之患。这与"萃集英才"何干？

反复深思，始知：

集聚英才、集聚能量，先决条件是有一个核心，一个能吸纳凝聚一切优质要素的核心。若其德其能不足以长期固结人心，自己又无"居上位"的足够能量，那么，即使一时聚合了，也会落个"咨嗟叹惜"，甚至"赍咨涕洟"的自疑！故萃卦《象辞》说"君子以除戎器，戒不虞"。此条关乎要害，万万不可轻忽。

四十六、升卦

升（巽下坤上）

升：元亨，用见大人，勿恤，南征吉。

《彖》曰：柔以时升，巽而顺，刚中而应，是以大亨。用见大人，勿恤，有庆也；南征吉，志行也。

《象》曰：地中生木，升。君子以顺德，积小以高大。

初六，允升，大吉。《象》曰：允升大吉，上合志也。

九二，孚乃利用禴，无咎。《象》曰：九二之孚，有喜也。

九三，升虚邑。《象》曰：升虚邑，无所疑也。

六四，王用亨于岐山，吉，无咎。《象》曰：王用亨于岐山，顺事也。

六五，贞吉，升阶。《象》曰：贞吉升阶，大得志也。

上六，冥升，利于不息之贞。《象》曰：冥升在上，消不富也。

（一）卦辞释义

升。

【注解】升卦取象于地风。其卦体是巽下坤上。巽，风也，木也，成长也；坤，地也，顺也，承也，托载也。风为基，其质虚；地为上，其质实。由虚至实，被认为是"升"的进程，实至名归之象也。

元亨，用见大人，勿恤，南征吉。

【注解】卜得升卦，一开始就大亨通，不必怀任何顾虑，很适合大人南征，去开拓新天地。南征：到南方去发展。

（二）《彖辞》释义

《彖》曰：柔以时升，巽而顺，刚中而应，是以大亨。用见大人，勿恤，有庆也；南征吉，志行也。

【注解】"柔以时升"，木从地长，与时共进。"刚中而应"，九二阳爻居阴位，乃刚中之义；六五爻与九二爻阴阳相应，为顺吉之应，是以大亨。"用见大人，勿恤，有庆也"，有利于大人采取行动，不必担心，终有可贺的好结果。"南征吉，志行也"，向南方去进取，符合内心要求，势在必行，志在必得。

（三）《象辞》释义

《象》曰：地中生木，升。君子以顺德，积小以高大。

【注解】地中生木是"升"的象征。君子之德能修持，亦如树木的生长，人不见其生长，却一天天累积而高大起来。

（四）爻辞释义

初六，允升，大吉。《象》曰：允升大吉，上合志也。

【注解】宜于上升，大为吉祥。允：当，犹言"宜"。《小象辞》说：这自然是合乎心意的发展。

九二，孚乃利用禴，无咎。《象》曰：九二之孚，有喜也。

【注解】心存诚信，有利于举行祭祀，没有咎害。《小象辞》说：诚信美德必将带来喜庆。

九三，升虚邑。《象》曰：升虚邑，无所疑也。

【注解】在虚邑（无主之地）得到升进，是说上升之时畅通无阻。《小象辞》说：这是不用犹疑的事。

六四，王用亨于岐山，吉，无咎。《象》曰：王用亨于岐山，顺事也。

【注解】周王于岐山祭祀，吉祥，无过失。《小象辞》说：周王于岐山祭祀之举，完全符合事业兴发的合理要求。

六五，贞吉，升阶。《象》曰：贞吉升阶，大得志也。

【注解】周室事业又上了一个新的台阶。《小象辞》说：上新台阶，能大得志！

上六，冥升，利于不息之贞。《象》曰：冥升在上，消不富也。

【注解】身处昏暗之中仍不停发展，对不休止的进升者有利。《小象辞》说：在昏暗中仍发展至上位者，盛极而衰，上升的势头会逐渐消退，不能再富盛。

[心裁] 升迁，贵在实至名归

由虚到实之升，是实至名归之升，是逐步走向成功、走向实体发达之升，这才是真实的"升"；至于官称、头衔、封号、名义、荣誉之类，都是些噱头而已，并非关键。对于一个人、一项事业、一个国家来说，无不如此：升迁，贵在实至名归。

图虚名必然招实祸，缺德、少能、寡才者居上位，因其自身的德不配位，必遭忌恨而垮台；而踏实苦干、顺势而为、积小成大者，能把事业推上新台阶，从而大得志、得大志！

四十七、困卦

䷮ 困（坎下兑上）

困：亨，贞，大人吉，无咎。有言不信。

《彖》曰：困，刚掩也。险以说，困而不失其所，亨，其唯君子乎？贞大人吉，以刚中也；有言不信，尚口乃穷也。

《象》曰：泽无水，困。君子以致命遂志。

初六，臀困于株木，入于幽谷，三岁不觌。《象》曰：入于幽谷，幽不明也。

九二，困于酒食，朱绂方来，利用享祀。征凶，无咎。《象》曰：困于酒食，中有庆也。

六三，困于石，据于蒺藜；入于其宫，不见其妻，凶。《象》曰：据于蒺藜，乘刚也；入于其宫，不见其妻，不祥也。

九四，来徐徐，困于金车，吝，有终。《象》曰：来徐徐，志在下也；虽不当位，有与也。

九五，劓刖，困于赤绂；乃徐有说，利用祭祀。《象》曰：劓刖，志未得也；乃徐有说，以中直也；利用祭祀，受福也。

上六，困于葛藟，于臲卼，曰动悔、有悔，征吉。《象》曰：困于葛藟，未当也；动悔有悔，吉行也。

（一）卦辞释义

困。

【注解】困卦，坎下兑上，坎为水，兑为泽，水在泽下，泽中无水，象征困穷。

亨，贞，大人吉，无咎。有言不信。

【注解】卜得困卦，若以贞正应对，对大人来说，吉而无咎。通常情况下，言而不信是困的根由。

（二）《彖辞》释义

《彖》曰：困，刚掩也。险以说，困而不失其所，亨，其唯君子乎？贞大人吉，以刚中也；有言不信，尚口乃穷也。

【注解】刚中：下险上悦，二五皆阳刚，二爻居表里之中，是为"刚中"。刚中乃能脱困。君子有言不信，却迁就众口是非，必穷窘无出头之日。

（三）《象辞》释义

《象》曰：泽无水，困。君子以致命遂志。

【注解】泽中无水即是困的象征。君子拼出命来也要求得遂其初心，决不为环境所困。

（四）爻辞释义

初六，臀困于株木，入于幽谷，三岁不觌。《象》曰：入于幽谷，幽不明也。

【注解】囚犯之臀"困于三木"，被囚于"幽谷"（牢房），三年都不见天日。此困者之象也，不吉。《小象辞》说：幽谷是阴暗之处。

九二，困于酒食，朱绂方来，利用享祀。征凶，无咎。《象》曰：困于酒食，中有庆也。

【注解】正在为酒食所困，就来了穿朱红色服装的权贵，有利于举行宗庙祭祀。此时进取虽多凶险，但还无害。《小象辞》说：坚守中道就有福庆。朱绂：红色官服，权势的象征。

六三，困于石，据于蒺藜；入于其宫，不见其妻，凶。《象》曰：据于蒺藜，乘刚也；入于其宫，不见其妻，不祥也。

【注解】出处皆困，凶上加凶，内外不祥之甚也。此条爻象同旨。

九四，来徐徐，困于金车，吝，有终。《象》曰：来徐徐，志在下也；虽不当位，有与也。

【注解】慢慢来，受困于金车，有困难，但终究会有结果。《小象辞》说：来得慢慢的，因为志在下位；虽然居位不当，但仍有所助益。

九五，劓刖，困于赤绂；乃徐有说，利用祭祀。《象》曰：劓刖，志未得也；乃徐有说，以中直也；利用祭祀，受福也。

【注解】像鼻被割、足被断般受困于权势，受苦极矣。但可以渐渐摆脱困境，利于举行祭祀典礼。《小象辞》说：像受了刑一样，是心中追求的目标未能实现；徐徐获脱，见到了隧道尽头的一线光亮，因为处于中直之位；能脱即去祭祀，以报神明的赐福。

上六，困于葛藟，于臲卼，曰动悔、有悔，征吉。《象》曰：困于葛藟，未当也；动悔有悔，吉行也。

【注解】被困于荒草灌木，被困于半空摇荡不定，出入维艰，动辄有悔，既如此，要赶快悔悟，向前进发，必有吉。《小象辞》说：受困是因为所处位置不当，而动之即悔，有悔则吉，见于行也。臲卼：意思同"臬兀""陧杌"，摇动不安之状。

［心裁］困于酒食和官帽

困境可怕，也不可怕，因为只要能作韧性坚持，终有重见天日的一天，总能熬到出头之日。忍苦，既是中国老百姓的良好品性，也是中国老百姓吃尽苦头而不争的原因所在。

时代不同了，人们不再无条件地忍苦了，这本是一种社会进步；然而，很多人却把酒食和官帽视为人生目标，不顾一切，盲目进取，于是世风浮躁，而至于道德滑坡。这样下去，更为可怕。

四十八、井卦

☵ 井（巽下坎上）

井：改邑不改井，无丧无得。往来井井。汔至亦未繘井，羸其瓶，凶。

《彖》曰：巽乎水而上水，井；井养而不穷也。改邑不改井，乃以刚中也；汔至亦未繘井，未有功也；羸其瓶，是以凶也。

《象》曰：木上有水，井。君子以劳民劝相。

初六，井泥不食，旧井无禽。《象》曰：井泥不食，下也；旧井无禽，时舍也。

九二，井谷射鲋，瓮敝漏。《象》曰：井谷射鲋，无与也。

九三，井渫不食，为我心恻；可用汲，王明，并受其福。《象》曰：井渫不食，行恻也；求王明，受福也。

六四，井甃，无咎。《象》曰：井甃无咎，修井也。

九五，井冽，寒泉食。《象》曰：寒泉之食，中正也。

上六，井收勿幕，有孚元吉。《象》曰：元吉在上，大成也。

（一）卦辞释义

井。

【注解】井卦，其结体是巽下坎上。全卦取象内为木风、外为坎水。内三爻寓示占者的素质、态度与行动（木象），外三爻寓示可以影响、可以改变的客观条件（水象）。

改邑不改井，无丧无得。往来井井。汔至亦未繘井，羸其瓶，凶。

【注解】井是饮用水与灌溉水的重要来源，故井养为生存法宝，井之德在于取之不尽、用之不竭，迁移或改建城邑可以，井是不能搬走的。井不搬，就仍然要为庄稼与往来之人畜供水。汔至：汲的水被提到井上。繘：从井中取水时系瓶用的绳索。羸其瓶：用来汲水的瓶罐破损了。

（二）《彖辞》释义

《彖》曰：巽乎水而上水，井；井养而不穷也。改邑不改井，乃以刚中也；汔至亦未繘井，未有功也；羸其瓶，是以凶也。

【注解】井水养人无穷期。城邑可以迁改，而水井不得迁改。"九二""九五"乃为刚中，是其不改之象。繘井羸瓶，绳朽瓶破，无功招凶。

（三）《象辞》释义

《象》曰：木上有水，井。君子以劳民劝相。

【注解】井卦卦象是木上有水，木从水得生命之源而繁茂，正如井水被汲上养人。君子由此取象，官家劝农，应以慰劳民众为先。

（四）爻辞释义

初六，井泥不食，旧井无禽。《象》曰：井泥不食，下也；旧井无禽，时舍也。

【注解】井中有泥则井水浑而不可饮用，废井连鸟兽也不会光顾。《小象辞》说：浑水不食，井老无用，于是就被废弃了。禽：先秦兼指禽与兽。时舍：是舍，当即舍弃。

九二，井谷射鲋，瓮敝漏。《象》曰：井谷射鲋，无与也。

【注解】井底有鱼，射之所获无几；水罐破漏，无法再用。《小象辞》说：井内射鱼这种事，是无人相助的。

九三，井渫不食，为我心恻；可用汲，王明，并受其福。《象》曰：井渫不食，行恻也；求王明，受福也。

【注解】水井淘治干净人却不喝，为此我心悲痛；可以汲取井水，君王圣明，君臣将共受福泽。渫：淘去污泥。《小象辞》说：水井淘治好，人们却不饮用，是可悲的；希望君王圣明，能赐福于民。

六四，井甃，无咎。《象》曰：井甃无咎，修井也。

【注解】井四壁用砖石加固修整，使无毁坏，这很正确。《小象辞》说：这是注意保修井壁、关心民利之举。

九五，井冽，寒泉食。《象》曰：寒泉之食，中正也。

【注解】井水清冽寒冷（夏日井水寒凉清爽）适于饮用。《小象辞》说：九五爻正当中位，是井水清冽正合于用之象。

上六，井收勿幕，有孚元吉。《象》曰：元吉在上，大成也。

【注解】井口勿遮盖，心怀诚信，大为吉祥。《小象辞》说：大吉在上，万事可成。

［心裁］君子改邑不改井

"井养"，比喻君子泽惠万民，就如同井之德一般取之不尽、用之不竭。这是本卦的主题。卦辞意在：君子可以改邑迁官，但不能改变其井养之德。井不可迁，井水源源不绝，井水呈静态而无汹涌之势。君子之德，有所取象：持久滋润，但不显强加之势。

再说，井不修即破败，井水也有可能被污染或废弃干枯。上古用绳系陶罐下井汲水，瓶罐与绳索也可能受损。一句话，取水的条件随时在变化，君子于此三致意焉。

另外，"井"又是上古的一级基层行政单位。《周礼·地官·小司徒》中说，国家"井牧其田野"。井牧政策的规定是：一夫之田方百亩，九夫为一井，四井为一邑。在此基础上，"四邑为丘，四丘为甸，四甸为县，四县为都"。以井为单位组织生产而征收地税，叫作"任地事而令贡赋"。这是"君子改邑不改井"的另一说法：君子可以走遍都邑，但不可改变其乡井之思。

四十九、革卦

䷰ 革（离下兑上）

革：己日乃孚，元亨利贞，悔亡。

《彖》曰：革，水火相息，二女同居，其志不相得，曰革。己日乃孚，革而信之。文明以说，大亨以正，革而当，其悔乃亡。天地革而四时成，汤武革命，顺乎天而应乎人。革之时大矣哉！

《象》曰：泽中有火，革。君子以治历明时。

初九，巩用黄牛之革。《象》曰：巩用黄牛，不可以有为也。

六二，己日乃革之，征吉，无咎。《象》曰：己日革之，行有嘉也。

九三，征凶，贞厉。革言三就，有孚。《象》曰：革言三就，又何之矣。

九四，悔亡，有孚改命，吉。《象》曰：改命之吉，信志也。

九五，大人虎变，未占有孚。《象》曰：大人虎变，其文炳也。

上六，君子豹变，小人革面。征凶，居贞吉。《象》曰：君子豹变，其文蔚也；小人革面，顺以从君也。

（一）卦辞释义

革。

【注解】革卦离下兑上，离为火，兑为泽，泽下有火，若湖泽之下火山喷发，象征着革命性的变动。此卦专讲变革、改革、革命的道理。

己日乃孚，元亨利贞，悔亡。

【注解】改变已成之局的那一日终于到了，百姓这才相信，从而获得"元亨利贞"之报，悔恨从此消亡。己日：改变之日。"改"的篆字本来就是从己从攴的。

（二）《彖辞》释义

《彖》曰：革，水火相息，二女同居，其志不相得，曰革。己日乃孚，革而信之。文明以说，大亨以正，革而当，其悔乃亡。天地革而四时成，汤武革命，顺乎天而应乎人。革之时大矣哉！

【注解】革卦取水和火相战相生之象。二女同居：离为中女，兑为少女，两女同居，志向不同，则变生其中，于是提出"革"的任务。己日一到，改革大幕应时拉开，能取信于民。此时，守正持固，前途亨通，改革得当，悔恨消亡。天地之道，寒来暑往，迭相变革，四时乃成；汤伐桀，武诛纣，革王命，应天时，合人心。革的功效非常宏大。

（三）《象辞》释义

《象》曰：泽中有火，革。君子以治历明时。

【注解】革卦命意：君子修治历法，以明四时（四季）的变换，指导农业生产。

（四）爻辞释义

初九，巩用黄牛之革。《象》曰：巩用黄牛，不可以有为也。

【注解】用黄牛皮来牢牢地固定捆绑。巩：巩固。黄牛之革：黄牛皮。禽兽之皮，皆可以去毛而变革，所以名皮为革。《小象辞》说：牛皮特别坚韧难变。初九在革之始，革道未成，未能应变。有牛皮自固之象，不得人为地变动。

六二，己日乃革之，征吉，无咎。《象》曰：己日革之，行有嘉也。

【注解】到了己日，大行变革，把一切向前推进，必有吉祥，无害。《小象辞》说：往前进，有嘉庆。

【今按】六二柔顺中正，上应九五刚明之君，阴阳相应，顺从革命，故吉。

九三，征凶，贞厉。革言三就，有孚。《象》曰：革言三就，又何之矣。

【注解】急于前进必有凶情，即使正道而行也有危险。变革要经三次反复才会成功，处事要心存诚信。《小象辞》说：此时又何必过急前行呢？言：语助词。三次：泛指多次。之：到，前往。

【今按】九三以阳爻居下卦之上，不得中位，又处于离火之极，有上炎躁动之象，冒进则凶，又何必急于前进呢。守正亦须防其有险；宜且稳定大局，不必急于前行。

九四，悔亡，有孚改命，吉。《象》曰：改命之吉，信志也。

【注解】悔恨消亡，心存诚信改革旧命，吉祥。九四以阳卦居阴位，本当有悔，然当革之时，处上下卦之水火更革之际，刚而能柔，正可推行改革，所以悔亡。《小象辞》说：此时若以诚信推动改革旧命，则吉。信志：伸展改革之志。信：通"伸"。

九五，大人虎变，未占有孚。《象》曰：大人虎变，其文炳也。

【注解】大人像猛虎一样推行变革，民自从之，不用占卜，亦能赢得信任。《小象辞》说：九五居中处尊位，以大人之德损益前王之政，创制新法，文明灿烂彪炳。文炳：纹饰彪炳。

上六，君子豹变，小人革面。征凶，居贞吉。《象》曰：君子豹变，其文蔚也；小人革面，顺以从君也。

【注解】君子如斑豹一般助成变革，小民则改变倾向顺应之。再往前激进，则有凶情；静居守正则吉。《小象辞》说：士君子可润色鸿业，有一番作为；小民则改变倾向，顺应新君主和新局面。

【今按】上六居革之终，不宜再冒进，须安静守正，以防物极之反。

[心裁] 革命是天赋之权

凡事均在变动之中，宜去旧立新，以应革新之象。改革成功，达到了预期目的，则应稍作整顿，巩固阵地，扩充成果；不要急于冒进，以防物极而反。世间事，多处于变动之中，须坚守正道，顺天应人。

革命方式多种多样。因为《彖辞》中有"汤武革命"之说，人们往往把武装夺权视为革命的唯一方式、最佳途径，这是一种误解。其实，《彖辞》在"汤武革命"之前，已明示"革命"的前提是"文明以说（悦），大亨以正"，它必须是能推动社会文明进程的，能让社会享受正义幸福的。综合上下文，改变传统旧章法，实施民心所悦的变革，才是万万千千庶民的本质愿望。至于方式路径，则有多种选择：革命是革，改革、变革也是革，一切以"文明以说，大亨以正"为最高原则。

明代科学家徐光启对"革"有新的理解。他在《简平仪说序》中讲道："孔子曰'泽火革'，孟子曰'苟求其故'，是已。革者，东西南北、岁月日时，靡所弗革。言法不言革，似法非法也。"他的意思是：说到"革"，则无论时间空间，何时何地，全都要彻底变革，不是仅仅在某个方面、某个局部问题上刷新一下就能算"革"的。徐光启这样说，就把科技兴邦、开物成务思想，引入了易学革卦的解读，令人耳目一新。

五十、鼎卦

䷱ 鼎（巽下离上）

鼎：元吉，亨。

《彖》曰：鼎，象也。以木巽火，亨饪也。圣人亨以享上帝，而大亨以养圣贤。巽而耳目聪明，柔进而上行，得中而应乎刚，是以元亨。

《象》曰：木上有火，鼎。君子以正位凝命。

初六，鼎颠趾，利出否，得妾以其子，无咎。《象》曰：鼎颠趾，未悖也；利出否，以从贵也。

九二，鼎有实，我仇有疾，不我能即，吉。《象》曰：鼎有实，慎所之也；我仇有疾，终无尤也。

九三，鼎耳革，其行塞，雉膏不食，方雨亏悔，终吉。《象》曰：鼎耳革，失其义也。

九四，鼎折足，覆公𫗧，其形渥，凶。《象》曰：覆公𫗧，信如何也。

六五，鼎黄耳金铉，利贞。《象》曰：鼎黄耳，中以为实也。

上九，鼎玉铉，大吉，无不利。《象》曰：玉铉在上，刚柔节也。

（一）卦辞释义

鼎。

【注解】鼎卦结体为离在巽上。巽者，木也，风也；离者，火也，明也。木上燃烧着火焰，象征鼎器在烹煮食物。变生为熟，革故取新之谓也。

元吉，亨。

【注解】卜得鼎卦，大吉大利，太好了。

（二）《彖辞》释义

《彖》曰：鼎，象也。以木巽火，亨饪也。圣人亨以享上帝，而大亨以养圣贤。巽而耳目聪明，柔进而上行，得中而应乎刚，是以元亨。

【注解】鼎卦，象征鼎器。以木燃火，用来烹煮食物。圣人烹煮食物以祭享上帝，烹煮丰盛食物以奉养天下圣贤。以此使圣贤顺应辅助，使君主耳聪目明。木下火上，乃柔进而上行之象；加之九二爻的"得中"，与六五爻有阴阳之应，所以全卦有大亨之吉。亨饪：烹饪，用鼎煮食之象。

（三）《象辞》释义

《象》曰：木上有火，鼎。君子以正位凝命。

【注解】本卦之九二爻与六五爻相应，得中位而应乎刚，象征着君子在正确的位置上，以正确的心态凝聚精神力量，完成自身的使命。故鼎具有特别重要的政务标配价值。得此卦者吉。

（四）爻辞释义

初六，鼎颠趾，利出否，得妾以其子，无咎。《象》曰：鼎颠趾，未悖也；利出否，以从贵也。

【注解】鼎的脚颠倒在上，有利于除去鼎中沉积的陈腐渣滓，就如同妾因有子而尊贵，没有咎害。《小象辞》说：鼎足在上利于除污，并不悖理。

九二，鼎有实，我仇有疾，不我能即，吉。《象》曰：鼎有实，慎所之也；我仇有疾，终无尤也。

【注解】鼎中装满食物，我的对手患病，无法前来我处享用，反而是件好事。《小象辞》说：鼎中装满食物，再加必溢，因此其行当慎；我仇有疾，不能来享受了，这对我终究无妨，故无可怨尤。仇：特指对应的一方。

九三，鼎耳革，其行塞，雉膏不食，方雨亏悔，终吉。《象》曰：鼎耳革，失其义也。

【注解】鼎耳坏了，搬动不了，鼎里的野鸡肉吃不了了，又遇上降雨绵绵，美味受损，但可以改煮，终了还是吉利的。《小象辞》说：鼎耳坏了，就失去鼎的一大功能。

九四，鼎折足，覆公𫗧，其形渥，凶。《象》曰：覆公𫗧，信如何也。

【注解】鼎足断，倾倒了鼎中饮食，弄得鼎身一片狼藉，凶。《小象辞》说：这一来，诚信也就丧失了。

六五，鼎黄耳金铉，利贞。《象》曰：鼎黄耳，中以为实也。

【注解】鼎耳为黄色，鼎钩为铜质，利于守持正固。金铉：古代举鼎器具，钩状，铜质，以提贯两耳。《小象辞》说：六五尊处中位，以下应九二获阳刚之实。

上九，鼎玉铉，大吉，无不利。《象》曰：玉铉在上，刚柔节也。

【注解】鼎钩是玉质的，大为吉祥，无所不利。《小象辞》说：玉钩在上，刚柔相调节。

［心裁］化生为熟，革故鼎新

鼎卦，上承革卦，下接震卦，上下强烈变动之中，偏偏夹一个象征厚重稳定的"鼎"于其中，寓意深刻。鼎，具备化生为熟、革故鼎新的意涵；鼎有三足，以"稳"为特有功能，也有"一言九鼎""鼎足三分"之含义。这是典型的特具中国风味的辩证思维之物化形态与形象化表达。

古人以鼎烹食，以享上帝，以养圣贤，以养万民，故鼎能成为国家法权的象征。

五十一、震卦

☳☳ 震（震下震上）

震：亨。震来虩虩，笑言哑哑；震惊百里，不丧匕鬯。

《彖》曰：震，亨。震来虩虩，恐致福也；笑言哑哑，后有则也。震惊百里，惊远而惧迩也。出可以守宗庙社稷，以为祭主也。

《象》曰：洊雷，震。君子以恐惧修省。

初九，震来虩虩，后笑言哑哑，吉。《象》曰：震来虩虩，恐致福也；笑言哑哑，后有则也。

六二，震来厉，亿丧贝，跻于九陵，勿逐，七日得。《象》曰：震来厉，乘刚也。

六三，震苏苏，震行无眚。《象》曰：震苏苏，位不当也。

九四，震遂泥。《象》曰：震遂泥，未光也。

六五，震往来厉，亿无丧，有事。《象》曰：震往来厉，危行也；其事在中，大无丧也。

上六，震索索，视矍矍，征凶。震不于其躬，于其邻，无咎。婚媾有言。《象》曰：震索索，中未得也；虽凶无咎，畏邻戒也。

（一）卦辞释义

震。

【注解】震卦，取象为雷。其结体为震下震上，雷下雷上，霹雳声声，惊雷滚滚。对此，人要保持高度的敬畏。

亨。震来虩虩，笑言哑哑；震惊百里，不丧匕鬯。

【注解】卜得震卦，亨通。震卦的品性：能震动百里，唯大英雄沉得住气，手都不抖一下，不至于弄洒勺中的酒水。虩：惊惧的样子。匕鬯：食器之勺与香米酒，在祭祀与庆典上用。不丧匕鬯：表示镇定守礼，不乱套，不失态。

【今按】古人认为雷震是天帝在发怒，此时要秉持万分戒惧的心态，要反思己过，保证自己无亏心之事。那么，在任何激变、突变、裂变面前，都能保持镇定、沉稳、刚毅、有担当。即使震来虩虩，仍能笑言哑哑，这才是大人物的器量！

（二）《彖辞》释义

《彖》曰：震，亨。震来虩虩，恐致福也；笑言哑哑，后有则也。震惊百里，惊远而惧迩也。出可以守宗庙社稷，以为祭主也。

【注解】恐致福：因恐惧而知谨，故能致福。有则：心中有底，不会惊恐失态。惊远而惧迩：无论远近，都会产生惊惧效应。祭主：震为长子，长子是法定继承人，由他主持宗庙社稷之祭祀。

（三）《象辞》释义

《象》曰：洊雷，震。君子以恐惧修省。

【注解】君子取震卦的"洊雷"（连续震响之雷）之象，注重自家的"恐惧修身"，对一切法纪礼仪保持敬畏态度。

（四）爻辞释义

初九，震来虩虩，后笑言哑哑，吉。《象》曰：震来虩虩，恐致福也；笑言哑哑，后有则也。

【注解】雷声隆隆，君子先恐惧修身，后笑言自若，镇定如常，吉祥。《小象辞》说：这是因为他恐惧修身，守身有则。

六二，震来厉，亿丧贝，跻于九陵，勿逐，七日得。《象》曰：震来厉，乘刚也。

【注解】雷声厉害，带来危险，人们会大失钱财，登上最高的山陵，不用寻求，无须操心，七日后能得到。《小象辞》说：震动带来危险，因为六二阴爻压在初九阳爻上，此谓之乘刚。

六三，震苏苏，震行无眚。《象》曰：震苏苏，位不当也。

【注解】雷声让人颤抖，因此谨慎行事没有大问题。《小象辞》说：这是阴爻不当处阳位。

九四，震遂泥。《象》曰：震遂泥，未光也。

【注解】震吓得让人坠陷于泥中，久久不能自拔。《小象辞》

说：这是因为阳爻处于阴位，自身阳刚之气未能得到发抒。

六五，震往来厉，亿无丧，有事。《象》曰：震往来厉，危行也；其事在中，大无丧也。

【注解】震往来厉：在震中往来必招厉祸。这是危险行为，慎守中道才能万无一失。《小象辞》说：来往皆有危险，当心存恐惧而谨慎行事；能够持守中道，就可以万无一失。

上六，震索索，视矍矍，征凶。震不于其躬，于其邻，无咎。婚媾有言。《象》曰：震索索，中未得也；虽凶无咎，畏邻戒也。

【注解】震得浑身抖索，震得目光惊疑不定，贸然取进，则有凶险。震不及自身，而在邻居，提前警戒，所以没有风险。在婚嫁问题上会碰到言语争端。《小象辞》说：不在中位，预先戒备，虽凶无咎，还有扭转的希望。

[心裁] 知敬畏，识戒惧

古人把雷鸣视为天帝对人的警告和惩罚，故始终对其保持戒惧敬畏。据说孔子闻雷，尚且心惊，必端坐默念，审察自己，对天祷告。古人认为：人要有信仰，坚信虚空中有一种惩恶扬善的力量，你得敬畏它，依着天地良心行事。否则，人的行为就会无法无天无底线，社会道德也就要大滑坡。

无信仰则无敬畏，无敬畏则行止无底线，这很可怕！

五十二、艮卦

䷳艮（艮下艮上）

艮：艮其背，不获其身，行其庭，不见其人，无咎。

《彖》曰：艮，止也。时止则止，时行则行，动静不失其时，其道光明。艮其止，止其所也。上下敌应，不相与也。是以不获其身，行其庭不见其人，无咎也。

《象》曰：兼山，艮。君子以思不出其位。

初六，艮其趾，无咎，利永贞。《象》曰：艮其趾，未失正也。

六二，艮其腓，不拯其随，其心不快。《象》曰：不拯其随，未退听也。

九三，艮其限，列其夤，厉薰心。《象》曰：艮其限，危薰心也。

六四，艮其身，无咎。《象》曰：艮其身，止诸躬也。

六五，艮其辅，言有序，悔亡。《象》曰：艮其辅，以中正也。

上九，敦艮，吉。《象》曰：敦艮之吉，以厚终也。

（一）卦辞释义

艮。

【注解】艮卦，取象于重叠之山，取义于限止、静止。其结体为艮下艮上，上下表里结构一致。

艮其背，不获其身，行其庭，不见其人，无咎。

【注解】止于背部，不使身体面向所止的地方，就像在庭院中行走，两两相背，不见对方，就不会受害。

【今按】艮卦表达了"止"的智慧：在适当的时候停止行动，避免过度介入。

（二）《象辞》释义

《象》曰：艮，止也。时止则止，时行则行，动静不失其时，其道光明。艮其止，止其所也。上下敌应，不相与也。是以不获其身，行其庭不见其人，无咎也。

【注解】当止则止，当行则行，动静不失其时，则其道光明。艮卦之德在于止，止其所止则当止者必止，不止其不当止。上下二艮相敌应，不相干预。是以行其庭，不见其人，亦无咎，各行其所行、各止其所止而已。

（三）《象辞》释义

《象》曰：兼山，艮。君子以思不出其位。

【注解】艮卦是重叠的山象，是静止之象。君子以此做到"思不出其位"，安守本分，不作越位之想。

（四）爻辞释义

初六，艮其趾，无咎，利永贞。《象》曰：艮其趾，未失正也。

【注解】停下你脚趾的运动，就此止步吧，如此没有咎害，利于永久守持正固。《小象辞》说：这才能不陷于被动而受指责，有利于坚持原定目标——只要不失正道。

六二，艮其腓，不拯其随，其心不快。《象》曰：不拯其随，未退听也。

【注解】小腿不走动了，却无法阻止跟随的行为，心里很不畅快。《小象辞》说：无法阻止跟随的行为，是因为没有听从退后的劝阻。

九三，艮其限，列其夤，厉薰心。《象》曰：艮其限，危薰心也。

【注解】停下腰部的运动，以至于撕裂了脊背的肉，身陷危险，心忧如焚。《小象辞》说：当行则行，当止则止，若停止的时机和位置不恰当，会给你带来不必要的损失。

六四，艮其身，无咎。《象》曰：艮其身，止诸躬也。

【注解】抑止身体上部不动，不会出岔子。《小象辞》说：你必须自我控制，安守本位。

六五，艮其辅，言有序，悔亡。《象》曰：艮其辅，以中正也。

【注解】注意闭上你的嘴巴，出言吐语要有分寸，那么遗恨就会消失。《小象辞》说：闭上你的嘴巴，要保持中正之道（不是听任放纵）。

上九，敦艮，吉。《象》曰：敦艮之吉，以厚终也。

【注解】敦厚的静，不争的静，是保得长久的静，是最大的"吉"。

[心裁] 当行则行，当止则止

事物处于相对静止阶段时，宜止则止，宜行则行，不可失机，要恰到好处，动静得宜，适可而止。

这则爻辞，层次分明，要求从"艮其趾"（象征小事、细节）做起，到"艮其腓"（小腿——象征行动力），到"艮其限""艮其身"（象征承受力、承担力），到"其辅"（颊骨、嘴巴——象征表达力），该止即止，当静则静，不必勉为其难，不必强出头，强支撑，一切都得量力而行。《庄子》曰"止之遇止斯止矣"，你要别人安静、安稳、守序，自己就不要瞎折腾。

五十三、渐卦

䷴渐（艮下巽上）

渐：女归吉，利贞。

《彖》曰：渐之进也，女归吉也。进得位，往有功也；进以正，可以正邦也；其位刚，得中也；止而巽，动不穷也。

《象》曰：山上有木，渐。君子以居贤德善俗。

初六，鸿渐于干，小子厉，有言，无咎。《象》曰：小子之厉，义无咎也。

六二，鸿渐于磐，饮食衎衎，吉。《象》曰：饮食衎衎，不素饱也。

九三，鸿渐于陆，夫征不复，妇孕不育，凶，利御寇。《象》曰：夫征不复，离群丑也；妇孕不育，失其道也；利用御寇，顺相保也。

六四，鸿渐于木，或得其桷，无咎。《象》曰：或得其桷，顺以巽也。

九五，鸿渐于陵，妇三岁不孕，终莫之胜，吉。《象》曰：终莫之胜，吉，得所愿也。

上九，鸿渐于逵，其羽可用为仪，吉。《象》曰：其羽可用为仪，吉，不可乱也。

（一）卦辞释义

渐。

【注解】渐卦取象于山上有木。艮为山，巽属木。山上有木，木逐日生长，山也随着增高。这是逐步进步的过程，所以称渐。

女归吉，利贞。

【注解】本卦以青山育林、女大出嫁喻示渐进之道，作为吉利之贞。

（二）《彖辞》释义

《彖》曰：渐之进也，女归吉也。进得位，往有功也；进以正，可以正邦也；其位刚，得中也；止而巽，动不穷也。

【注解】渐卦的启示是多方面的：（1）渐进可得显要地位，事业以渐成而有功，急不得；（2）渐进以正道，正道发展，邦风可正；（3）君子居之九五，其位居刚，得中正之道，化民成俗，同臻尧天；（4）动不穷，止而逊，来日方长，静以待之，不必急于求成。

（三）《象辞》释义

《象》曰：山上有木，渐。君子以居贤德善俗。

【注解】君子取山上有木，逐渐繁茂之象，自处于贤德之境，持久地、耐心地致力于培育良风美俗，终有所成。

（四）爻辞释义

初六，鸿渐于干，小子厉，有言，无咎。《象》曰：小子之厉，义无咎也。

【注解】大雁渐进栖息于溪岸边，小子祸难正当前，他受人指责，并无大过。《小象辞》说：小子因为遇上祸难，很担心。其实只要静心定志，一切都会过去。

【今按】本卦六爻均有"鸿渐"句，用的是诗歌的比兴手法。

六二，鸿渐于磐，饮食衎衎，吉。《象》曰：饮食衎衎，不素饱也。

【注解】大雁渐进栖息在磐石上，饮食起居从容而安闲，吉祥。《小象辞》说：这种和乐安闲的生活（来自平日的辛勤积累），不是素餐者的白吃白喝。

九三，鸿渐于陆，夫征不复，妇孕不育，凶，利御寇。《象》曰：夫征不复，离群丑也；妇孕不育，失其道也；利用御寇，顺相保也。

【注解】大雁渐进栖息在小山上，丈夫出征一去不复还，妻子能孕不能育，香火无望，凶险。这倒利于夫征御寇保我国。《小象辞》说：因为丈夫久征离群，故而妻子在孕龄也不能生育。他们抛开了夫妇之义，倒有利于御寇，以保家卫国。

【今按】丑：乡里群众。《诗·小雅·出车》："执讯获丑。"郑玄笺："丑，众也。"

六四，鸿渐于木，或得其桷，无咎。《象》曰：或得其桷，顺以巽也。

【注解】大雁渐进飞集于林木，有平直的树枝或可栖止，没有麻烦。《小象辞》说：这是因为六四温顺而又谦恭。桷：方正的椽子，这里指平直的树杈。

九五，鸿渐于陵，妇三岁不孕，终莫之胜，吉。《象》曰：终莫之胜，吉，得所愿也。

【注解】大雁渐进飞集在山岗上，媳妇三年没生养，始终无人能改变，却也是吉兆一桩。《小象辞》说：这合乎她本人的意愿，坚守下去会有好结果。

上九，鸿渐于逵，其羽可用为仪，吉。《象》曰：其羽可用为仪，吉，不可乱也。

【注解】大雁渐进飞集于大路，取来落羽做羽仪，吉祥。《小象辞》说：羽仪擎举，不允许紊乱歪斜；羽仪肃穆，不可乱也。逵：四通八达的宽广大道。羽仪：仪仗队中以鸟羽装饰的旌旗序列。

[心裁] 从女子婚嫁谈事物的渐变

在六十四卦中，此卦内容很贴近百姓的日常生活，表达形式上则以"鸿渐"起兴，有《诗》的比兴之趣。"渐"的主旨是一切循序渐进，不可急于求成。

女子渐渐长大，一旦成人，便当出嫁，这合于天理，顺乎人情；国家政刑，又何尝不是如此？一切举措，自当是渐变而不能强推：君子贤德善俗，靠的也是循序渐进。君子一旦定下了贤德善俗、以渐化民的施政路线，就得坚持走下去，其进也得位，其往也有功。其进之以正，可以正邦俗，可以名垂青史；其往而有功，须积以时日，则功在千秋。

本卦之物象为山木渐长，其事象却是"夫征不复，妇孕不育"。在春秋战国那个战争年代，女子到期出嫁，丈夫却出征远去，三年也回不了家，孕期妇女也不能生育。女子宁可独自在家承当艰苦，也支持丈夫出征去"御寇"，以保家卫国，即"利御寇"。这只能出于基层民众在战争年代培育出来的积极意识与阳刚心态。一滴水可见太阳，这也反映了我们的民族心态：艰难中隐忍待变，为大家而舍弃小家。

五十四、归妹卦

☳ 归妹（兑下震上）

归妹：征凶，无攸利。

《彖》曰：归妹，天地之大义也。天地不交，而万物不兴；归妹，人之终始也。说以动，所归妹也。征凶，位不当也；无攸利，柔乘刚也。

《象》曰：泽上有雷，归妹。君子以永终知敝。

初九，归妹以娣，跛能履，征吉。《象》曰：归妹以娣，以恒也；跛能履，吉，相承也。

九二，眇能视，利幽人之贞。《象》曰：利幽人之贞，未变常也。

六三，归妹以须，反归以娣。《象》曰：归妹以须，未当也。

九四，归妹愆期，迟归有时。《象》曰：愆期之志，有待而行也。

六五，帝乙归妹，其君之袂，不如其娣之袂良。月几望，吉。《象》曰：帝乙归妹，不如其娣之袂良也；其位在中，以贵行也。

上六，女承筐，无实；士刲羊，无血，无攸利。《象》曰：上六无实，承虚筐也。

（一）卦辞释义

归妹。

【注解】妹，少女之称。归妹卦取象于雷泽，兑在下，震在上，上震为长男，为动；下兑为少女，为悦，女上承男，欣悦而动，是阴阳交感之象、少女出嫁之象。

征凶，无攸利。

【注解】若行为不当往前进发，必有凶险，无所利益。

（二）《彖辞》释义

《彖》曰：归妹，天地之大义也。天地不交，而万物不兴；归妹，人之终始也。说以动，所归妹也。征凶，位不当也；无攸利，柔乘刚也。

【注解】女大必嫁，这是天地之大义。天地不交，万物不兴；男女不适时婚嫁，不合天理。欣悦而动，正可嫁出少女。之所以"征凶"，往前进发必有凶险，是因为其位不当，卦中二、三、四、五爻皆不当位；无所利，是因为以柔乘刚，以阴欺阳，六三凌驾于九二。

（三）《象辞》释义

《象》曰：泽上有雷，归妹。君子以永终知敝。

【注解】泽上有雷，乃女子出嫁之象。君子因此长久至终地保持夫妇之道，避开弊端。

【今按】我们还可以从君臣关系上理解《象辞》，有明君，还要有贤臣，这样国家才能安宁，这就是永终知敝。

（四）爻辞释义

初九，归妹以娣，跛能履，征吉。《象》曰：归妹以娣，以恒也；跛能履，吉，相承也。

【注解】少女以娣的身份出嫁，就如腿脚不便，但还能继续前往，这有益。《小象辞》说：用媵妾试婚，意在求其长久而圆满也；腿脚不便还能走，吉，隐喻侧室配合正室共同奉承其夫。

【今按】娣：古代贵族实行媵妾制，女子出嫁，以同辈的妹妹为陪嫁，称为"娣"，后来改为用贴身丫鬟。《红楼梦》中的平儿就是王熙凤的"娣"，也就是贾琏的媵妾。

九二，眇能视，利幽人之贞。《象》曰：利幽人之贞，未变常也。

【注解】眼瞎了一只，但还能视物，这对幽人的守贞有益。《小象辞》说：这是因为未曾改变严守节操的恒常之道。

六三，归妹以须，反归以娣。《象》曰：归妹以须，未当也。

【注解】婚嫁待时，姐姐迟迟不行，让陪嫁的妹子（远古风俗：以妹试婚）前往去静候着。须：等待，静候。《小象辞》说：姐姐出阁，却让妹妹先行去等着，这不合情理、不恰当（所以后来改用侍女）。

九四，归妹愆期，迟归有时。《象》曰：愆期之志，有待而行也。

【注解】婚嫁错过佳期，延迟婚嫁等待时机，终有嫁时。《小象辞》说：婚嫁错过佳期，静待时机而行。

六五，帝乙归妹，其君之袂，不如其娣之袂良。月几望，吉。《象》曰：帝乙归妹，不如其娣之袂良也；其位在中，以贵行也。

【注解】帝王嫁女，正室（文中称"君"）之服饰反不如陪嫁女（文中称"娣"）的华贵。到月亮快圆的那一天举行婚礼，大吉大利。《小象辞》说：公主凭其正位而嫁，是以贵行。袂：衣袖，这里代指嫁衣。望：农历每月十五日。几望：几近于望日，农历每月十四日。农历每月十六日则称为既望。

【今按】帝乙：商代倒数第二任国君。这里只是借用他的名号说事，未必是史实。

上六，女承筐，无实；士刲羊，无血，无攸利。《象》曰：上六无实，承虚筐也。

【注解】女承空筐，士不剖羊，做做摆设而已，对双方均无实利可言。刲羊，无血：剖杀羊牲却不见流血，虚晃一枪而已。

筐：筐筐，古代女子用来盛放针线之类小物品的竹器。《小象辞》说：虚有其名而无实利。隐喻"娣"虽说"出嫁"了，却是"承虚筐"，虚有其名，并未获得实际利益。

［心裁］陪嫁是陪衬，终生不自主

先得解释一下爻辞中归妹的"妹"：她不是一般意义上的兄妹之妹，乃上古婚俗中姐姐的陪嫁妹妹，特称为"娣"，或曰"媵妾"。

如果说渐卦关心的是适龄女子的正常婚嫁，本卦则更为关注"陪嫁女"的遭遇：她虽然与姐姐同嫁一夫，甚至嫁衣也更为华丽，然而她的身份待遇却十分低下，"女承空筐，士不刲羊"，做做样子而已；在家庭生活中，她得小心谨慎，多方忍耐，不得多管闲事，不得自作主张，才能活下去。作者对其是有深度同情的。

五十五、丰卦

☲☳ 丰（离下震上）

丰：亨，王假之，勿忧，宜日中。

《彖》曰：丰，大也。明以动，故丰。王假之，尚大也；勿忧，宜日中，宜照天下也。日中则昃，月盈则食；天地盈虚，与时消息，而况于人乎？况于鬼神乎？

《象》曰：雷电皆至，丰。君子以折狱致刑。

初九，遇其配主，虽旬无咎，往有尚。《象》曰：虽旬无咎，过旬灾也。

六二，丰其蔀，日中见斗，往得疑疾。有孚发若，吉。《象》曰：有孚发若，信以发志也。

九三，丰其沛，日中见沫，折其右肱，无咎。《象》曰：丰其沛，不可大事也；折其右肱，终不可用也。

九四，丰其蔀，日中见斗，遇其夷主，吉。《象》曰：丰其蔀，位不当也；日中见斗，幽不明也；遇其夷主，吉行也。

六五，来章，有庆誉，吉。《象》曰：六五之吉，有庆也。

上六，丰其屋，蔀其家，窥其户，阒其无人，三岁不觌，凶。《象》曰：丰其屋，天际翔也；窥其户，阒其无人，自藏也。

（一）卦辞释义

丰。

【注解】丰卦取象于雷火。雷，天帝之火，取其威猛；火，人世之火，取其明丽。天人二火，齐聚合一，明丽而震动，其声威壮大，瑰丽无穷，即谓之"丰"。丰，大也。

亨，王假之，勿忧，宜日中。

【注解】卜得丰卦，亨通，君王格致天威，法天而行，毋庸担忧，一切举措，皆宜在日行中天、大放光明之时发动，则顺而悦（二、三、四爻为巽，顺也；三、四、五爻为兑，悦也）。

【今按】王假之：君王研究到位，准确把握（时机）。假：格致，格物致知的省略语，研究事物而取得真知。

（二）《彖辞》释义

《彖》曰：丰，大也。明以动，故丰。王假之，尚大也；勿忧，宜日中，宜照天下也。日中则昃，月盈则食；天地盈虚，与时消息，而况于人乎？况于鬼神乎？

【注解】君王威行中天，照临天下，声势壮大，当然无有忧虑。不过，要知道：日中至盛，过中则昃；月满则盈，过盈则食；天之寒暑往来，地之陵谷迁贸；盈则与时而息，虚则与时而消。天地日月尚不能久，而况于人事与鬼神乎？

【今按】社会的一治一乱，人事的有吉有凶，那都是必然的，不用忧虑，也不必高兴。

（三）《象辞》释义

《象》曰：雷电皆至，丰。君子以折狱致刑。

【注解】雷者天威，电者天光。威与明齐发，天下俨然。君子法天而行，威明齐用，因正确的断案而致刑清，此之谓折狱致刑。

【今按】这里把"折狱"与"雷电"挂钩,既强调"威",更强调"明",不单单是鼓吹暴力。

(四)爻辞释义

初九,遇其配主,虽旬无咎,往有尚。《象》曰:虽旬无咎,过旬灾也。

【注解】初九爻的"配主"是九四爻,二者皆为阳,均属刚性;旬,古通"均"。虽旬无咎:断狱均平则无咎,因其秉持的原则、追求的目标是高尚的。《小象辞》说:但若过于均等,破坏了平衡,那就会招致灾祸。

六二,丰其蔀,日中见斗,往得疑疾。有孚发若,吉。《象》曰:有孚发若,信以发志也。

【注解】门窗挂上大草席,用来遮蔽日光,似乎大白天也能见着满天星斗,自会引发人们的惊疑。执法者受蒙蔽而判断不明,其过失也会引发一时的惊惶;但只要心中坚守信义,其明君之志终得发挥,仍是吉祥的。《小象辞》说:这是公平公正之追求的发挥。

【今按】蔀:草编的挂席,古人用来遮蔽阳光。

九三,丰其沛,日中见沫,折其右肱,无咎。《象》曰:丰其沛,不可大事也;折其右肱,终不可用也。

【注解】铺展幡幔,遮蔽日光,大白天出现了晦暗景象,虽有微光，行动起来，难免磕磕碰碰，甚至会摔断右胳膊，这也无可责备。《小象辞》说：伤害是难以挽回的，办不成大事了。

【今按】提携重物主要用右手，折其右肱，则虽存左肱，亦不足大用矣。喻折狱必须抓住要害，否则，白费力。

九四，丰其蔀，日中见斗，遇其夷主，吉。《象》曰：丰其蔀，位不当也；日中见斗，幽不明也；遇其夷主，吉行也。

【注解】铺挂草席，遮蔽日光，大白天见着了星斗，整个环境幽而不明，若是遇上智力相当的夷主，倒是有好处。《小象辞》说：九四，阳在阴位，居位不当，犹如日正中天却出现星斗，说明此时幽暗不见光亮；遇上夷主，倒也可行。

【今按】夷主，平主也，智慧与权位相当的人，能提供参考意见者。

六五，来章，有庆誉，吉。《象》曰：六五之吉，有庆也。

【注解】折狱公允，天下光明采丽，人们欢庆，人们赞颂，就如日食过去了一般，正是普天同庆之时。《小象辞》说：君子折狱，既威且明，当然值得庆贺。

上六，丰其屋，蔀其家，窥其户，阒其无人，三岁不觌，凶。《象》曰：丰其屋，天际翔也；窥其户，阒其无人，自藏也。

【注解】房屋是宽大高敞的，房室是遮阳避光的，从门户间窥视进去，却是寂无人声的，时过三年都不见露面，如此深藏，有凶险。《小象辞》说：盛大其屋宇，身处高位恰似飞翔天际；从门户窥视却寂无人声，可见自藏之深。

【今按】六五刚让人欢庆胜利，上六立即敲响了警钟。这与既济卦后安排未济卦的用意是一致的。君子折狱施政，追求雷电之威明，这是一个永无尽头的任务，任一胜利都只是阶段性胜利，任何时候都松懈不得；稍不留意，就会酿成下一轮狱讼。

［心裁］公平公正，立威行权

本卦以雷火为比拟，围绕着国家权威来做阐释。它特地标明了"雷电皆至，丰。君子以折狱致刑"的严肃课题，雷取威，电取明，威明齐下，折狱必成。《周易》全书有很多卦爻辞论及刑狱，唯有这一处是直接与雷霆暴力挂钩的。可贵的是：它既强调"威"，更强调"明"，不单单鼓吹暴力。

六道爻辞，就如何折狱作了明确交代，我们可以依此设想当时审案论刑的一般过程：初接狱案，情况不明，须秉持公平公正原则，去查察原告、被告双方；一时可能受蒙蔽，看不清实情，但只要折狱者心存正义，总能冲破幽暗，揭开谜底；深入审理时，要抓住要害，使真相大白；必要时倾听同行的不同意见，这样总能完满成功，使上下皆大欢喜。不过，不能自满，因为新的、更艰难的世事还在后头等着呢！

丰者大也，本卦主题是大的，它不是就折狱论折狱，而是讨论了保证政清法明的重大课题，尤其是在形势幽暗、情况不明时，当政者保持公平公正之心，做到兼听而明，尤为紧要。

五十六、旅卦

☶ 旅（艮下离上）

旅：小亨，旅贞吉。

《彖》曰：旅，小亨，柔得中乎外而顺乎刚，止而丽乎明，是以小亨，旅贞吉也。旅之时义大矣哉！

《象》曰：山上有火，旅。君子以明慎用刑而不留狱。

初六，旅琐琐，斯其所取灾。《象》曰：旅琐琐，志穷灾也。

六二，旅即次，怀其资，得童仆贞。《象》曰：得童仆贞，终无尤也。

九三，旅焚其次，丧其童仆，贞厉。《象》曰：旅焚其次，亦以伤矣；以旅与下，其义丧也。

九四，旅于处，得其资斧，我心不快。《象》曰：旅于处，未得位也；得其资斧，心未快也。

六五，射雉一矢亡，终以誉命。《象》曰：终以誉命，上逮也。

上九，鸟焚其巢，旅人先笑后号啕。丧牛于易，凶。《象》曰：以旅在上，其义焚也；丧牛于易，终莫之闻也。

（一）卦辞释义

旅。

【注解】旅卦取象于山上有火。卦的结构：下艮上离。艮，山也；离，火也。山上着火，火势蔓延，势不长久，象征漂泊旅居。

小亨，旅贞吉。

【注解】旅者，离家而寄迹外地，所处环境相对复杂，但只要坚守正道，便可得小小亨通，有利于正常出行。

（二）《彖辞》释义

《彖》曰：旅，小亨，柔得中乎外而顺乎刚，止而丽乎明，是以小亨，旅贞吉也。旅之时义大矣哉！

【注解】六五阴爻占外卦之中位，是"柔得中乎外"；山上有火，是顺乎刚而止于明，所以是小亨，不会有大获。旅的意义明显，不可寄以奢望，要知止而止。

（三）《象辞》释义

《象》曰：山上有火，旅。君子以明慎用刑而不留狱。

【注解】山上有火，势非长久，旅之象也。旅途流动而多变，案多发而难破。办案者明慎用刑，能及时决狱。

【今按】不滞留狱案、不使涉案人员受无名之苦,这样的人,诚为君子。

(四)爻辞释义

初六,旅琐琐,斯其所取灾。《象》曰:旅琐琐,志穷灾也。

【注解】琐琐而旅,处处被动,在在受制于人,事事不得顺遂,取灾之道也。《小象辞》说:旅途不顺,为琐事所困,原本是应有之象,是心无大志、智力不足应对的缘故。

六二,旅即次,怀其资,得童仆贞。《象》曰:得童仆贞,终无尤也。

【注解】旅人到达临时栖息之所,身有日用之资斧,生资无虞,又得童仆忠心相随,可以使唤。《小象辞》说:对旅行在外者而言,这已是很不错的境遇了。次:客舍。童仆贞:童仆不欺主,不偷懒,不自专。

九三,旅焚其次,丧其童仆,贞厉。《象》曰:旅焚其次,亦以伤矣;以旅与下,其义丧也。

【注解】旅人之灾:所寓被焚,所从丧失,自身亦仅免于难,其伤深重,处境危险。《小象辞》说:行旅时所寓被焚,自己因之受伤;与童仆的关系破裂,道义上有所丧失。

九四,旅于处,得其资斧,我心不快。《象》曰:旅于处,未得位也;得其资斧,心未快也。

【注解】出行途中，得到钱财接济，算是一桩好事，但这毕竟出于他人的施舍，我心不安。《小象辞》说：到底如何找到安身立命之位，仍是一个大大的问号，内心无法爽快。资斧：资金，钱财。斧：刀斧形的金属铸币。

六五，射雉一矢亡，终以誉命。《象》曰：终以誉命，上逮也。

【注解】射中野鸡，野鸡带箭飞走，终究得到善射的美名。誉命：获得美誉。《小象辞》说：那是自身承受得起在上者的布恩施惠。

上九，鸟焚其巢，旅人先笑后号啕。丧牛于易，凶。《象》曰：以旅在上，其义焚也；丧牛于易，终莫之闻也。

【注解】鸟焚其巢，无家可归；绕树三匝，无枝可依；凄矣惨矣，旅人之命！纵然哭号呼天，也无补于事。当年，商王"丧牛于易"，而今，谁复能承受如此大难！《小象辞》说：旅巢遭焚，就如当年商王失牛于易一般，输得太彻底了，实在经受不起。

[心裁] 旅途的发案机制

在既往的历史条件下，旅，有羁旅之恨，有漂泊之忧，有流亡之苦，有寄寓之憾，这是今人所难以体验的。而今发展旅游业，外在条件大变，心理体验不同。人们视人生为一次旅行，兴趣广泛，爱尝试冒险，喜创新多变；重效率，求完美，重享受，或许还能结异性情缘。为此，同为旅卦，在今天，自当有新的概括、新的提炼。今非昔比也。

然而，就发案机制而言，旅途之案，古今又有共通之处：作案者、涉案者、受害者、见证者，都处于变动不居的状态，案证难以凝定，运作范围宽泛，破案难度极大，要做到明慎用刑而无冤无误不留狱，谈何容易！有案能破，有恨能申，就已经是小亨了，谁也不能指望从中猎取畅心的收获。本卦之爻、象辞，始终未出现"吉利"之类的字眼，原因在此。

五十七、巽卦

☰ 巽（巽下巽上）

巽：小亨，利有攸往，利见大人。

《彖》曰：重巽以申命。刚巽乎中正而志行，柔皆顺乎刚，是以小亨，利有攸往，利见大人。

《象》曰：随风，巽。君子以申命行事。

初六，进退，利武人之贞。《象》曰：进退，志疑也；利武人之贞，志治也。

九二，巽在床下，用史巫纷若，吉，无咎。《象》曰：纷若之吉，得中也。

九三，频巽，吝。《象》曰：频巽之吝，志穷也。

六四，悔亡，田获三品。《象》曰：田获三品，有功也。

九五，贞吉，悔亡，无不利。无初有终。先庚三日，后庚三日，吉。《象》曰：九五之吉，位正中也。

上九，巽在床下，丧其资斧，贞凶。《象》曰：巽在床下，上穷也；丧其资斧，正乎凶也。

（一）卦辞释义

巽。

【注解】巽卦取象于风。风，气之动也；风之为性，顺也，入也，木也。而且，"巽"通于逊，故巽卦主题是谦逊、顺从。

小亨，利有攸往，利见大人。

【注解】卜得巽卦，小小亨通，利于有所作为，利于交结大人。大人：当权人物，杰出人士，在各个领域里有所成就的人。

【今按】顺从大人，与大人交往，近于朱则赤，必能小亨。然而，利有所往，利见大人，利者无害也，但到哪儿也不能靠他打开大局面（若想大亨大发，还得靠独立自强）。

（二）《彖辞》释义

《彖》曰：重巽以申命。刚巽乎中正而志行，柔皆顺乎刚，是以小亨，利有攸往，利见大人。

【注解】本卦之九二、九五皆为阳刚之爻，又当九五尊位，通卦性柔顺而阳爻在位，有主心骨。巽德中正，其志可行。

（三）《象辞》释义

《象》曰：随风，巽。君子以申命行事。

【注解】风随着风，风之入物，无所不至，无所不顺，此为巽之象。君子效法风行之象，申命于众，施行政事于天下。

（四）爻辞释义

初六，进退，利武人之贞。《象》曰：进退，志疑也；利武人之贞，志治也。

【注解】懂得进退之宜，当进即进，当退则退，这才是武人应有的素质，是治军之要。《小象辞》说：不一味冲闯蛮干，该隐该退，该敛该藏，要识时务，心存治理即可。

九二，巽在床下，用史巫纷若，吉，无咎。《象》曰：纷若之吉，得中也。

【注解】顺在床下，用众多史官、巫官出谋划策，吉祥，没有咎错。《小象辞》说：这是因为得其中道。

【今按】巽，低调谦逊的程度就像趴到床底下一样，善用史官、巫官帮助自己做决策，至少不会犯错。虽然强调谦逊，但也需要借助外力。

九三，频巽，吝。《象》曰：频巽之吝，志穷也。

【注解】频繁地、经常地逊退，将有遗憾。《小象辞》说：因开拓不了而愧悔，志穷于变也。

六四，悔亡，田获三品。《象》曰：田获三品，有功也。

【注解】悔恨消失，田猎而获得三种嘉品。《小象辞》说：能捕获三种嘉品，行事有功。

【今按】三品：指古代贵族田猎所获之物的三种用途，即供"乾豆"（将猎物晒成干肉置于豆器中供祭祀）、"宾客"和"充庖"之用。

九五，贞吉，悔亡，无不利。无初有终。先庚三日，后庚三日，吉。《象》曰：九五之吉，位正中也。

【注解】先生之变，后有之变，无其始，有其终，皆为有利，故吉也。《小象辞》说：九五吉祥，处位中正。庚：更也，变也。

【今按】也有人把"庚"解为庚日。那么，"先庚三日，后庚三日"就是在庚日前三天、在庚日后三天去行动，亦通。

上九，巽在床下，丧其资斧，贞凶。《象》曰：巽在床下，上穷也；丧其资斧，正乎凶也。

【注解】顺在床下，丧失了自己的财物，若固守不变会有凶险。《小象辞》说：过巽失正，穷极而反；又丧失自己的钱财，失去了前行凭借，其若不返，凶险至极。

[心裁] 逊让下的不逊让

本卦之卦、《彖》《象》辞皆从逊顺的积极意义去讲,主张"刚巽乎中正而志行",要求"君子以申命行事";而爻辞却是反对一味谦退逊让,连不适当的谦逊方式也在反对之列。它一开头就用带兵打仗做比喻,说明每一步进退都得视现实情况而定,不能一味退藏;强调谦逊,但也需要借助外力辅助;提醒人们不能过于顺从,要有独立思考和适度反抗的能力,要在顺从中有所作为。

总之,客观形势千变万化,应对之策也应进退有方。不停地冒进当然不行,不适当地退避也不行。逊让要有个度。这和谦卦的主题是一致的。

五十八、兑卦

䷹ 兑(兑下兑上)

兑:亨,利贞。

《彖》曰:兑,说也。刚中而柔外,说以利贞,是以顺乎天而应乎人。说以先民,民忘其劳;说以犯难,民忘其死。说之大,民劝矣哉!

《象》曰:丽泽,兑。君子以朋友讲习。

初九,和兑,吉。《象》曰:和兑之吉,行未疑也。

九二，孚兑，吉，悔亡。《象》曰：孚兑之吉，信志也。

六三，来兑，凶。《象》曰：来兑之凶，位不当也。

九四，商兑，未宁，介疾，有喜。《象》曰：九四之喜，有庆也。

九五，孚于剥，有厉。《象》曰：孚于剥，位正当也。

上六，引兑。《象》曰：上六引兑，未光也。

（一）卦辞释义

兑。

【注解】兑卦取象于泽。其卦体结构是兑上兑下，呈上下一致、表里同构之形。兑，有平等兑换、互通有无之义。又，古文"兑"通"悦"，而卦象为"泽"。泽，有润泽之功。两泽相连，呈"丽泽"之象，意在联通、互悦，好事连连，示利益互通，双方愉悦之旨。

亨，利贞。

【注解】占得兑卦，这是一道亨通而有利的贞卜。兑，悦也，泽也，泽是蓄藏万物之处。人享用大自然，应以贞正为利。又，亨通之"亨"，即祭祀。用祭礼来感报天地自然的滋养之恩，乃利贞。

（二）《彖辞》释义

《彖》曰：兑，说也。刚中而柔外，说以利贞，是以顺乎天而应乎人。说以先民，民忘其劳；说以犯难，民忘其死。说之大，民劝矣哉！

【注解】兑，悦也。其品性是：刚中而柔外，悦以利贞，是以顺乎天而应乎人。它的政治哲学是：悦以先民，民忘其劳；悦以犯难，民忘其死。这是说，兑卦的政治功能很强大，只要你以诚待民，让老百姓对官家有信赖感，老百姓就会心悦诚服地衷心拥护你的主张与决策，哪怕为之付出最高的生命代价（和谐也是要代价的）。

（三）《象辞》释义

《象》曰：丽泽，兑。君子以朋友讲习。

【注解】兑卦取两泽互润之象。为朋友讲习和悦之举，可收信息互通、利益共享之效。

（四）爻辞释义

初九，和兑，吉。《象》曰：和兑之吉，行未疑也。

【注解】上下和悦，左右和谐，开诚布公，赤心相见，吉。

《小象辞》说：其原因是互相信赖，无所猜疑。

九二，孚兑，吉，悔亡。《象》曰：孚兑之吉，信志也。

【注解】以诚实换得的信赖，能预先防止悔恨心态的萌生，这是吉利的。《小象辞》说：相互的诚信关系，建立在互相知根知底、互相关切对方切身利益的基础上。

【今按】个人之间如此，团体之间如此，国家之间也是如此。

六三，来兑，凶。《象》曰：来兑之凶，位不当也。

【注解】来兑（悦），刻意营造的喜悦场景，其结果往往不好。《小象辞》说：因为没有把双方的位置协调恰当，不是真正的平等互利。至于以老大自居，用收买手段，让别人拜服自己、附和自己，则必定埋下祸根，招致不幸。

九四，商兑，未宁，介疾，有喜。《象》曰：九四之喜，有庆也。

【注解】在商议与交谈中实现利益的兑换，未能达致双方心宁意贴的境界，或许还会产生疥癣之忧，闹点小小的不愉快。《小象辞》说：只要维持住"商兑"的大局，仍然是可喜而有庆的。

九五，孚于剥，有厉。《象》曰：孚于剥，位正当也。

【注解】把说话算数建立在刻剥对方的基础上，必出大乱子。《小象辞》说：这是因为你自以为处于九五尊位，居高临下，别人未必认可。

上六，引兑。《象》曰：上六引兑，未光也。

【注解】上六，是阴爻居于最高位，阴以柔顺为德，由它诱引而来的利益兑换,能成功。《小象辞》说:虽能成功,却不易光大。

[心裁] 利益勾兑与官场交际

兑卦,是一道倡导诚信的卦。其卦、《彖》《象》辞从主方出发,要求主方讲诚信;而爻辞则从主客双方着眼,要求双方平等地建立和兑、孚兑、来兑、商兑、引兑关系,否定任何"孚于剥"的做法。

在利益世界中,人们要想通过利益兑换谋求建立双方的和乐关系,缔造社会的和谐秩序,就必须拿出诚信来。个人之间如此,团体之间如此,国家之间也是如此。但诚信也有诚信的质量,那是有不同档次、不同成色的,这是有讲究的。

和兑(悦):真心关注对方利益,助其发展;在共同获益的前提下开拓共赢空间;双方互相信任,互通有无,互相支持,和谐共进、共赢。

孚兑(悦):相互有建立在诚信基础上的关系,这要互相关切核心利益,能及时化解哪怕是潜在的质疑、猜忌、悔恨,不让误解、误判伤及大局。

来兑(悦):注意先期投入,吸引对方来作利益兑换。既不居高临下去侵刻别人,也不委曲求全去迁就别人,必要时还得牺牲局部利益来维系双方的共处大局。

商兑（悦）：一切商量着办，在可控条件下去办，在互相妥协中去办，办成多少算多少，不抱不切实际的幻想，不提超越现实的要求。要力戒建立在刻剥对方基础上的利益独享，那必然会引出大乱子；力排大欺小、强凌弱、智欺愚，那才会有正常的人际、户际、社际、国际关系。

引兑（悦）：自身实力不强、底气不足、资本不够，但又不能自我孤立闭守，出让自己，于是需要"以我为主"原则下的"引兑"，即引入他人力量，与我作可能的不对称的交换。其原则是有利于我的存在与发展，而不能伤及我的根本利益。

倘若不是上述关系，而是不正常的"孚于剥"之对立关系，那前景就不妙了："孚于剥，有厉"！把所谓"诚信"（说话算数、说一不二的"孚"）建立在刻削对方的基础上，搞欺凌霸道，片面苛求对方，必生危害。这是因为：你自以为处于尊位，居高临下，刻削别人，他人如何能够认可？其被抛弃、被孤立、被叛离，则是必然的。

五十九、涣卦

䷺ 涣（坎下巽上）

涣：亨。王假有庙，利涉大川，利贞。

《彖》曰：涣，亨。刚来而不穷，柔得位乎外而上同。王假有庙，王乃在中也；利涉大川，乘木有功也。

《象》曰：风行水上，涣。先王以享于帝，立庙。

初六，用拯马壮，吉。《象》曰：初六之吉，顺也。

九二，涣奔其机，悔亡。《象》曰：涣奔其机，得愿也。

六三，涣其躬，无悔。《象》曰：涣其躬，志在外也。

六四，涣其群，元吉。涣有丘，匪夷所思。《象》曰：涣其群，元吉，光大也。

九五，涣汗其大号，涣王居，无咎。《象》曰：王居无咎，正位也。

上九，涣其血，去逖出，无咎。《象》曰：涣其血，远害也。

（一）卦辞释义

涣。

【注解】涣卦取象于风水，坎下巽上。所谓风生水起，乃形势快速发展之象，吉凶还有待观察。又，风（巽）象征顺从，水（坎）象征危险，涣表示涣散。顺水风帆，岂不大吉？以此卦来判人事，可取因素更多，存在积极发展的可能。当然也有由涣散而解体的可能。

亨。王假有庙，利涉大川，利贞。

【注解】卜得涣卦，亨通。王假有庙：古代王家建有祖庙，凡遇重大事件，国王都要组织大臣研讨，然后入庙祭祖，向先王请示、回报讨论的意见和结论，最后通过先祖前的策筮巫卜，作出最后决策,发布诰令。这里说"利涉大川",说明决策有效,形势会向有利方向快速发展。

(二)《彖辞》释义

《彖》曰:涣,亨。刚来而不穷,柔得位乎外而上同。王假有庙,王乃在中也;利涉大川,乘木有功也。

【注解】九二、九五为阳爻,为刚,为内卦、外卦的主爻,是"刚来而不穷";六四为阴爻,为柔,居外卦的阴位,与上面九五的刚相配合,是"柔得位乎外而上同"。这里说"利涉大川,乘木有功",透露了一个重大信息:乘木,是驾船过河,乃有备而来,可不是摸着石头跋涉过河。

【今按】巽,从风,从木。故此处释木为舟,为乘舟济渡。这就对涣卦作了积极的训释。

(三)《象辞》释义

《象》曰:风行水上,涣。先王以享于帝,立庙。

【注解】涣卦取象风行水上,所谓无风不起浪。国王面对风浪,就要请示先祖。为了祭祖,故得先立祖庙。

（四）爻辞释义

初六，用拯马壮，吉。《象》曰：初六之吉，顺也。

【注解】在坎险风涛面前，因马壮而获吉。用：因也。《小象辞》说：马与风，皆巽顺之象也。可见应对有方，故能脱险。

九二，涣奔其机，悔亡。《象》曰：涣奔其机，得愿也。

【注解】泽水涣散，漫溢开来，因治理顺机而得以疏通，一切恼恨惭悔都消失了。《小象辞》说：这是天遂人愿。

六三，涣其躬，无悔。《象》曰：涣其躬，志在外也。

【注解】泽水涣散危及自身，但仍"无悔"。《小象辞》说：这是"志在外也"，志于拯救他人。拯救者不以个人安危为虑，则事必成功。

六四，涣其群，元吉。涣有丘，匪夷所思。《象》曰：涣其群，元吉，光大也。

【注解】泽水涣散危及族群，反而转祸为福、转危为安，出乎常人意料。丘：泽中高地，人可以暂时避险之处。《小象辞》说：大吉，就在于大水团结动员了群众，排难克险精神得到发扬光大。匪夷所思：不是平常情景下的人所能想象的。

九五，涣汗其大号，涣王居，无咎。《象》曰：王居无咎，正位也。

【注解】大号：高声呼号。涣王居：大水泛滥危及王居。《小象辞》说：作为九五之尊，灾难来临仍能端坐王位，自有镇定舆情的作用。

上九，涣其血，去逖出，无咎。《象》曰：涣其血，远害也。

【注解】因水流散漫而付出了血的代价，离开沼泽下地，远远地出走他方。对于这一避难远害之举，又有谁会加以责难呢？逖：辽远。《小象辞》说：付出血的代价，是为了避难远害。

【今按】万事发展到上九的极端状态，必要付出最高代价。这里说"涣其血，去逖出"，也仅仅是无咎免过而已，本分应为，无所谓功业。

[心裁] 警惕散漫，凝聚实力

涣卦给人最重要的启示是：在险难降临时，要抱持积极应对的方针，将快速发展的事态，向可控方向导引，团结民众，舍小家为大家，最后战而胜之；那种惊惶失措、放弃职守、逃避责任、听任事态恶化的行径，是绝对要不得的。

上古水灾频发，为避灾而迁都易地是常见的事。涣卦描述了古代圣王（君子）组织民众趋吉避凶的一个典型场景。

六十、节卦

䷺ 节（兑下坎上）

节：亨。苦节不可贞。

《彖》曰：节，亨，刚柔分而刚得中。苦节不可贞，其道穷也。说以行险，当位以节，中正以通。天地节而四时成，节以制度，不伤财，不害民。

《象》曰：泽上有水，节。君子以制数度，议德行。

初九，不出户庭，无咎。《象》曰：不出户庭，知通塞也。

九二，不出门庭，凶。《象》曰：不出门庭凶，失时极也。

六三，不节若，则嗟若，无咎。《象》曰：不节之嗟，又谁咎也？

六四，安节，亨。《象》曰：安节之亨，承上道也。

九五，甘节，吉，往有尚。《象》曰：甘节之吉，居位中也。

上六，苦节，贞凶，悔亡。《象》曰：苦节贞凶，其道穷也。

（一）卦辞释义

节。

【注解】节卦，兑下坎上，水在泽上，取"泽中水满，须高筑堤防"之象。节者，节度、节制、调节、节约也，又贞节、守节、苦节也。君子观此卦象，从而建立礼法制度，确立伦理道德，以节度人的欲望与社会行为。宽以待人，严以律己，会有不错的社会声誉。

亨。苦节不可贞。

【注解】卜得节卦，亨通。不可过分节制。

【今按】孔颖达疏："节须得中，为节过苦，伤于刻薄，物所不堪，不可复正。"

（二）《彖辞》释义

《彖》曰：节，亨，刚柔分而刚得中。苦节不可贞，其道穷也。说以行险，当位以节，中正以通。天地节而四时成，节以制度，不伤财，不害民。

【注解】在贯彻知行统一原则上讲"节"，必须遵循两条原则：(1)"苦节不可贞"，不提倡贞固死守，过度节制；(2)当政者要能"节以制度，不伤财，不害民"。做到这两条，也就能"当位以节，中正以通"了。

（三）《象辞》释义

《象》曰：泽上有水，节。君子以制数度，议德行。

【注解】水上于泽，则泛滥成灾，故须加以节度，于是高筑堤防。君子有鉴于此，着力于建章立制、定法权衡，为道德行为立规矩、明章程，让一切合乎法、通乎礼。

（四）爻辞释义

初九，不出户庭，无咎。《象》曰：不出户庭，知通塞也。

【注解】不出户庭，就不会招惹是非。这是消极的"节"。《小象辞》说：人不能闭目塞听，得"知通塞"、明是非。

九二，不出门庭，凶。《象》曰：不出门庭凶，失时极也。

【注解】这与上文正相反：不出门庭，凶！这过于消极了。《小象辞》说：因为他脱离了时世发展的轨道，不能感知社会的需要，故凶。

六三，不节若，则嗟若，无咎。《象》曰：不节之嗟，又谁咎也？

【注解】不知节者必嗟悔，这是自找的，怪不得别人。《小象辞》说：一旦知悔，就可能向好的方向转化；不知节而嗟悔，又有什么用？

六四，安节，亨。《象》曰：安节之亨，承上道也。

【注解】安于节制，善于自律者，是向往更高更纯的道德境界。

九五，甘节，吉，往有尚。《象》曰：甘节之吉，居位中也。

【注解】甘于守节，甘于淡泊，有高尚追求。《小象辞》说：这是因为居正中之位，此时不宜进取，而宜守成。

上六，苦节，贞凶，悔亡。《象》曰：苦节贞凶，其道穷也。

【注解】过度节制违背常情，有凶险，故不予提倡；若能及时改过，则悔恨消亡。《小象辞》说：上六阴爻，孤悬一卦之尽头，象征着走入困穷不通的末路。

[心裁] 节以制度，不伤财，不害民

天地有节度能常新，国家有节度能安稳，个人有节度能完善，该节制的时候要节制，但节制必须有限度，过于节制也不行，那会适得其反。一切不可拘泥，该变就变。适当节制自己的行动，不可勉强，更不可冒险，恰如其分就好。

做人要有操守，有节度，适可而止；审时度势，知变能通；不计微利，勿贪分外。宽以待人，严以律己，做一个淡泊纯净的人，而不是委琐拘谨的人。

六十一、中孚卦

中孚（兑下巽上）

中孚：豚鱼吉，利涉大川，利贞。

《彖》曰：中孚，柔在内而刚得中，说而巽，孚，乃化邦也。豚鱼吉，信及豚鱼也；利涉大川，乘木舟虚也；中孚以利贞，乃应乎天也。

《象》曰：泽上有风，中孚。君子以议狱缓死。

初九，虞吉，有它不燕。《象》曰：初九虞吉，志未变也。

九二，鸣鹤在阴，其子和之；我有好爵，吾与尔靡之。《象》曰：其子和之，中心愿也。

六三，得敌，或鼓或罢，或泣或歌。《象》曰：或鼓或罢，位不当也。

六四，月几望，马匹亡，无咎。《象》曰：马匹亡，绝类上也。

九五，有孚挛如，无咎。《象》曰：有孚挛如，位正当也。

上九，翰音登于天，贞凶。《象》曰：翰音登于天，何可长也？

（一）卦辞释义

中孚。

【注解】中孚卦取象于风泽，泽上有风，风下有泽。泽，兑也，悦也；风，巽也，木也（船也）。由此取象，欣悦柔顺。中孚：中心守信。

豚鱼吉，利涉大川，利贞。

【注解】卜得中孚卦，要求诚信立身，以至信及豚鱼，有利于乘木（船）以涉大川，行动有益而正派。

(二)《彖辞》释义

《彖》曰：中孚，柔在内而刚得中，说而巽，孚，乃化邦也。豚鱼吉，信及豚鱼也；利涉大川，乘木舟虚也；中孚以利贞，乃应乎天也。

【注解】中孚卦的结体特征是"柔在内而刚得中"，九二、九五得中在位。喜悦而顺应，信誉满满，乃能化及万民。中孚卦的结体又似木船，中虚能容人，人能渡大川，行止合乎天意人心。

(三)《象辞》释义

《象》曰：泽上有风，中孚。君子以议狱缓死。

【注解】风行泽上，无所不周，犹如广施信德，无所不至。君子从中孚卦中领悟到必须"议狱缓死"的道理，审议讼狱，议其过失，宽缓死刑，而且要说到做到。这是取信于民的基本条件。

(四)爻辞释义

初九，虞吉，有它不燕。《象》曰：初九虞吉，志未变也。

【注解】安守诚信可获吉祥，别有他求则不得安宁。虞：犹言"安"。有它：别有他求。燕：同"宴"，也有"安"的意思。《小象辞》说：安守诚信可吉，说明其心志未变。

九二，鸣鹤在阴，其子和之；我有好爵，吾与尔靡之。《象》曰：其子和之，中心愿也。

【注解】仙鹤在绿荫下啼鸣，它的子女们都跟着呼应；我有满满一坛美酒，咱俩今儿个喝个尽兴！《小象辞》说：子女是同心，朋友是同志。

六三，得敌，或鼓或罢，或泣或歌。《象》曰：或鼓或罢，位不当也。

【注解】遇见了强敌，有时击鼓奋进，有时疲惫不前，有时哭泣，有时慷慨高歌。《小象辞》说：有时击鼓奋进，有时疲惫不前，是因为处位不当。

六四，月几望，马匹亡，无咎。《象》曰：马匹亡，绝类上也。

【注解】月几近于望日（快到当月十五这一天），马匹走失了，但无大的灾祸，无所咎怪。《小象辞》说：马匹走失，断绝了与同类的交往，指诚信专一。

九五，有孚挛如，无咎。《象》曰：有孚挛如，位正当也。

【注解】有诚信牵系，没有咎害。《小象辞》说：因为正当九五尊位，境遇不错。

上九，翰音登于天，贞凶。《象》曰：翰音登于天，何可长也？

【注解】嘹亮歌声达于高天，正是凶象，物极必反，诚信衰而虚伪起。《小象辞》说：这又怎能长久呢？

[心裁] 议狱缓死，以取信于民

中孚卦提出"君子以议狱缓死"的严肃课题，把政府的信誉落实在议狱上，使之成为各级行政领导与司执法人员的责任。这里，议狱是缓死的一道必经程序，不取决于某个人的主观意愿；缓死是议狱的一个可争取的选项，并非唯一判决。但能宽释一个就争取宽释一个，这是取信于民的最佳途径。良吏清官都是这么做的：凡取信于民者，必事半功倍，立竿见影。

将议狱缓死放在中孚前提下来说，古人有深意在焉。

六十二、小过卦

䷽ 小过（艮下震上）

小过：亨，利贞，可小事，不可大事。飞鸟遗之音，不宜上，宜下，大吉。

《彖》曰：小过，小者过而亨也。过以利贞，与时行也。柔得中，是以小事吉也；刚失位而不中，是以不可大事也。有飞鸟之象焉：飞鸟遗之音，不宜上，宜下，大吉，上逆而下顺也。

《象》曰：山上有雷，小过。君子以行过乎恭，丧过乎哀，用过乎俭。

初六，飞鸟以凶。《象》曰：飞鸟以凶，不可如何也。

六二，过其祖，遇其妣；不及其君，遇其臣，无咎。《象》

曰：不及其君，臣不可过也。

九三，弗过防之，从或戕之，凶。《象》曰：从或戕之，凶如何也？

九四，无咎，弗过遇之，往厉必戒，勿用永贞。《象》曰：弗过遇之，位不当也；往厉必戒，终不可长也。

六五，密云不雨，自我西郊。公弋，取彼在穴。《象》曰：密云不雨，已上也。

上六，弗遇过之，飞鸟离之，凶，是谓灾眚。《象》曰：弗遇过之，已亢也。

（一）卦辞释义

小过。

【注解】小过卦取象于山上有雷，艮下震上。此雷，天雷也，君子畏之，小过必戒。今有人于此，其行过乎恭，其丧过乎哀，其用过乎俭，其用心有点过分，这就是小过。它不是什么大错，但君子戒之。

亨，利贞，可小事，不可大事。飞鸟遗之音，不宜上，宜下，大吉。

【注解】卜得小过卦，切记：可以做小事，难以成大事。飞鸟留下声音，只宜向下飞，不可强行向上飞。

（二）《彖辞》释义

《彖》曰：小过，小者过而亨也。过以利贞，与时行也。柔得中，是以小事吉也；刚失位而不中，是以不可大事也。有飞鸟之象焉：飞鸟遗之音，不宜上，宜下，大吉，上逆而下顺也。

【注解】本卦"柔得中""刚失位而不中"，是指六五爻、六二爻都是阴爻，且占了上下卦的中位，于是刚失位（九四爻为阳爻，为刚，居阴位，不居上卦的中位），必然导致不利，不可办大事。飞鸟向上强飞（追求高位）会遭遇逆境，而向下（退守、低调行事）则会顺遂。

（三）《象辞》释义

《象》曰：山上有雷，小过。君子以行过乎恭，丧过乎哀，用过乎俭。

【注解】君子谨言慎行，力求无过，所过只是行过于恭，丧过于哀，用过于俭，都是小过错，不构成罪过。

（四）爻辞释义

初六，飞鸟以凶。《象》曰：飞鸟以凶，不可如何也。

【注解】鸟高飞而过，凶。《小象辞》说：飞鸟招灾是其自身行为所致，无可奈何。

【今按】初六爻以阴爻居刚位，才质柔弱却逞能好动，如同鸟儿羽翼未丰却强行高飞，最终招致凶险。喻从政者一切言行都得守纪，不得越轨。政治纪律是触犯不得的，不论你是有心还是无心。

六二，过其祖，遇其妣；不及其君，遇其臣，无咎。《象》曰：不及其君，臣不可过也。

【注解】去找祖父，却见着了祖母；没有见上国君，倒是遇着了臣僚，虽有差池，但无过错。《小象辞》说：臣子不可越过其位，超越君王的权威。

九三，弗过防之，从或戕之，凶。《象》曰：从或戕之，凶如何也？

【注解】对方并无过举，却严加防范，或许倒戕害了他，故凶。《小象辞》说：因为你的过度防范而害了人家，这是有心伤人，其凶更可怕。

九四，无咎，弗过遇之，往厉必戒，勿用永贞。《象》曰：弗过遇之，位不当也；往厉必戒，终不可长也。

【注解】没有过错，不要过度追求，贸然前行会陷入险境，戒之慎之。须步步当心，不可老犯这种错误。《小象辞》说："弗过遇之"是居处的位置不恰当；"往厉必戒"，最终不能长久。

六五，密云不雨，自我西郊。公弋，取彼在穴。《象》曰：密云不雨，已上也。

【注解】西边天上有云无雨。王公本想射天上飞禽，不意却截获了山洞的禽兽，取彼获此。《小象辞》说：浓密的云，因为积聚太高，故而不能下雨。

【今按】"已上"之"已"，齐国方言，过分之义。

上六，弗遇过之，飞鸟离之，凶，是谓灾眚。《象》曰：弗遇过之，已亢也。

【注解】飞鸟自投罗网，事属自灾，不可救也。离之：罹害。《小象辞》说：臣子主动去找大臣，而不是"恰巧遇上"，那就自酿祸端了。

［心裁］公门纪律，小过必戒

谦虚，敬业，主动，积极，反应快，严于律己，不断吸收新知识，学习新事物，乐于助人，勇于认错……这样做，虽有小过，亦无害于大局。

连"行过乎恭，丧过乎哀，用过乎俭"也得拿出来讨论一番，一切都有"度"，有潜规则，臣子们又该如何措其手脚呢？他们势必蜕变成一群唯唯诺诺、遇事不置可否的木偶！记住："遇大臣"则可，而"过大臣"就不可；偶遇大臣是"机遇"，过访大臣是"钻营"。君子把握机遇，小人投人所好。

六十三、既济卦

☲☵ 既济（离下坎上）

既济：亨，小利贞，初吉终乱。

《彖》曰：既济，亨，小者亨也。利贞，刚柔正而位当也。初吉，柔得中也；终止则乱，其道穷也。

《象》曰：水在火上，既济。君子以思患而豫防之。

初九，曳其轮，濡其尾，无咎。《象》曰：曳其轮，义无咎也。

六二，妇丧其茀，勿逐，七日得。《象》曰：七日得，以中道也。

九三，高宗伐鬼方，三年克之，小人勿用。《象》曰：三年克之，惫也。

六四，繻有衣袽，终日戒。《象》曰：终日戒，有所疑也。

九五，东邻杀牛，不如西邻之禴祭，实受其福。《象》曰：东邻杀牛，不如西邻之时也；实受其福，吉大来也。

上六，濡其首，厉。《象》曰：濡其首，厉，何可久也？

（一）卦辞释义

既济。

【注解】既济卦，取象于火上水：离下坎上，火在水下。火上之水必沸,水下之火必灭。水火交感,水火调和,可烹饪,可陶冶,有利于民生,此之谓"既济"。

亨,小利贞,初吉终乱。

【注解】卜得既济卦,亨通,有小利。但须知"初吉终乱":水能灭火,事既初成,而稍有不慎,死灰也能复燃,终酿大乱。

(二)《彖辞》释义

《彖》曰:既济,亨,小者亨也。利贞,刚柔正而位当也。初吉,柔得中也;终止则乱,其道穷也。

【注解】"刚柔正而位当"及"柔得中"都是从卦爻结体上立论的。本卦之火下水上,内刚外柔,可谓得体;六二爻、九五爻皆当位;六二爻是阴爻在阴位,称柔得中,因此"初吉";九五爻为阳刚,是为柔乘刚,如臣欺君,是乱。只因为事物发展到极点,其道走不通了,必然要发生转化。

(三)《象辞》释义

《象》曰:水在火上,既济。君子以思患而豫防之。

【注解】君子见此以水灭火之象,从而领悟出思患而预防的道理。

（四）爻辞释义

初九，曳其轮，濡其尾，无咎。《象》曰：曳其轮，义无咎也。

【注解】拖拉住车的轮子，濡湿了它的尾巴，没有咎祸。《小象辞》说：拖拉住车轮，阻止其前进，理应没有咎祸。

六二，妇丧其茀，勿逐，七日得。《象》曰：七日得，以中道也。

【注解】妇女丢失了她的头饰，不必追寻，七日后自归。《小象辞》说：因为六二爻在中位，该妇人得其中道，失物自归。茀：通"髯"，古代妇人的头饰。

九三，高宗伐鬼方，三年克之，小人勿用。《象》曰：三年克之，惫也。

【注解】殷王武丁出师讨伐鬼方，持续三年而后获胜，小人不能用，用则弗得胜。鬼方：国名，为殷周西北境强敌。《小象辞》说：不能马上获胜，持续三年才攻下，部队必然疲惫。

六四，繻有衣袽，终日戒。《象》曰：终日戒，有所疑也。

【注解】船漏用破旧衣服堵塞，但终日还是提心吊胆，生怕再漏。《小象辞》说：因为总担心塞不住了又会漏水，总是有所疑虑、担忧。"繻有衣袽"即"濡有衣袽"。濡：打湿。袽：旧絮；破布。

九五，东邻杀牛，不如西邻之禴祭，实受其福。《象》曰：东邻杀牛,不如西邻之时也;实受其福,吉大来也。

【注解】东邻杀牛以祭,礼仪隆重,但不如西邻之薄祭,能让神祇实受其供。《小象辞》说:祭以其诚,不以其礼,故东邻之盛,反不如西邻之简,西邻的薄祭也将获得大吉利的回报。

上六,濡其首,厉。《象》曰:濡其首,厉,何可久也?

【注解】渡河而湿其头部,有危险。《小象辞》说:渡深水而濡其首,险矣,怎么能够长久?这与初九的"曳其轮,濡其尾"相比,境遇大大恶化了。

[心裁] 没有终点

此卦名为"既济",实际上是在说"未济",既济只是一个小结而已。以破衣塞船漏,虽一时成功,却不免战战兢兢,唯恐再漏,永无高枕无忧之时!最后一爻曰"濡其首,厉,何可久也",分明提出了亟待解决的新课题,哪里有终点!一个新的起点已在面前,更大的考验还在后头,请拭目以待!

六十四、未济卦

䷿ 未济(坎下离上)

未济:亨,小狐汔济,濡其尾,无攸利。

《象》曰:未济,亨;柔得中也。小狐汔济,未出中也。濡其尾，无攸利，不续终也。虽不当位，刚柔应也。

《象》曰：火在水上，未济。君子以慎辨物居方。

初六，濡其尾，吝。《象》曰：濡其尾，亦不知极也。

九二，曳其轮，贞吉。《象》曰：九二贞吉，中以行正也。

六三，未济，征凶，利涉大川。《象》曰：未济征凶，位不当也。

九四，贞吉，悔亡。震用伐鬼方，三年有赏于大国。《象》曰：贞吉悔亡，志行也。

六五，贞吉，无悔。君子之光，有孚，吉。《象》曰：君子之光，其晖吉也。

上九，有孚于饮酒，无咎。濡其首，有孚失是。《象》曰：饮酒濡首，亦不知节也。

（一）卦辞释义

未济。

【注解】未济卦结体坎下离上，水下浸，火上炎，各行各道，互不交感，互不相制，故曰"火水未济"，象征着事尚未成，须戒慎从事。

小狐汔济，濡其尾，无攸利。

【注解】小狐快渡过河水时弄湿了尾巴，无所利益。汔：迄也，接近。濡：浸湿。

（二）《象辞》释义

《象》曰：未济，亨；柔得中也。小狐汔济，未出中也。濡其尾，无攸利，不续终也。虽不当位，刚柔应也。

【注解】柔顺而处于中位。六五为阴爻，柔性，所以说"柔得中"。九二居下坎之中，未能出险，谓"未出中也"。小狐渡河将成，濡湿尾巴，无所利益，说明求济的努力未持续至终，"济"事不成。六爻不当位但刚柔有应，故能化"未济"为"既济"。

（三）《象辞》释义

《象》曰：火在水上，未济。君子以慎辨物居方。

【注解】火在水上，烹饪不成，象征事未成。君子应负责区分事物，使之分类而聚，秩序井然。"辨物"是其先决条件，"居方"才是人生需要。居：处也。方：所。

（四）爻辞释义

初六，濡其尾，吝。《象》曰：濡其尾，亦不知极也。

【注解】（小狐）渡河被打湿了尾巴，有所憾惜。《小象辞》说：它不知道已近终点。

【今按】初六，阴爻而居阳位，所以说"不知极"。极：终，终点。

九二，曳其轮，贞吉。《象》曰：九二贞吉，中以行正也。

【注解】拉住车轮，使不得前行，坚守正道可获吉祥。《小象辞》说：九二为刚爻，居于中位，象征坚守中道而行正。中以行正：持中而行事，端正不偏。

六三，未济，征凶，利涉大川。《象》曰：未济征凶，位不当也。

【注解】没有渡过河，急于进取必有凶险，利于涉水过大川。《小象辞》说：六三以阴柔而居阳刚之位，所以说位不当，有凶险。

九四，贞吉，悔亡。震用伐鬼方，三年有赏于大国。《象》曰：贞吉悔亡，志行也。

【注解】以雷霆之势征伐鬼方，经过三年奋战，方才取得成功，得到大国的封赏（可见成事不易）。《小象辞》说：九四阳爻居阴位，心愿得以实现，谓之志行。

六五，贞吉，无悔。君子之光，有孚，吉。《象》曰：君子之光，其晖吉也。

【注解】君子的光辉，诚实可信。有孚：有可信之德。《小象辞》说：六五爻处上卦中位，能守柔顺之中道，象征其道光明。晖：光辉。

上九，有孚于饮酒，无咎。濡其首，有孚失是。《象》曰：饮酒濡首，亦不知节也。

【注解】守信赴约，饮了酒，原本没有什么咎害，但若纵欲，犹如小狐渡河被弄湿头部，就有失正道了。失是：有失于正道。是：正，节度。《小象辞》说：上九以阳爻居阴位，若不知节制，强以阳刚之力超越限度而为，必走向反面。

[心裁] 新的起点

世间事，本无所谓终点，一切都在运化过程中，终点就是新的起点，故本书以"未济"终篇。这里面包蕴着丰富的辩证理念。

小狐渡河，快上岸了，却濡其尾，功败垂成；高宗以雷霆之威伐鬼方，三年方才告厥成功，成事不易呀！所以要以未济的心态看待已做的一切，戒慎前行，坚守中道。

"革命尚未成功，同志仍须努力。"

下篇　《十翼》解析（孔子解《易》）

一、孔子的学术心胸与学术贡献

孔夫子周游列国，饱经沧桑，晚年归乡，授徒讲学，并搜集、整理商周遗文，煞费苦功；特别是为众弟子对古《易》经文逐卦逐爻地作义理诠解，使这部原始占卜之书一跃而成为我国第一部哲理名典，让《周易》与《尚书》《春秋》《诗经》《周礼》等经典一起流传后世。

垂老著华章，着实不容易。孔子作为文化大师，令人起敬的不仅是他的知识渊深，更在于他的学术心胸开阔敞亮。他曾本着"述而不作"的精神，整理鲁国之历史《春秋》，却特地使用周王室的纪年，透过"春王正月"之类的笔法，体现着尊王思想，经过"公羊学"等的抽绎，形成了"大一统"的思想红线。两三千年来，它一直维系着中华民族大家庭。

孔子本人喜爱舒缓悠扬的古歌、雅乐，赞赏"思无邪"，批评"郑声淫（过分）"，他不喜欢郑卫两地的民歌那么有冲击力，那么带煽情性；然而，他又跳出个人好恶，辛劳地搜集、保存了包括郑卫之音在内的、上下五百多年间的周代十五国风，加上商周两代的雅、颂，从而奠定了中国诗歌的民族风格、民族气派。可以说，无孔子，即无现在所见的周诗。

孔子终生不语怪力乱神，不搞龟卜，罕言命运；他开创性地以政法义理去讲读古《易》经文，却又保存了周人蓍占的关键要件"大衍之数"及其操作程序（见《系辞上》），那可是中华文明起步阶段的巫文化之智慧种子（注意，古《易》之经文本身并无"大衍之数"这个概念）。

原来，商周占卜的传统释读路径是：因着"唯祭与戎"的国务活动，由王室巫师进行占卜预测，围绕所卜之符作出解说，为国家大事的终了抉择服务（此可参见殷商甲骨卜辞或《尚书》之典与《左传》所引卜例）。孔子则超越既定模式，独开新生面，以解读卦、爻之"辞"为中心，作政法义理分析，从而使龟卜巫觋之风一步步走出了王室生活，让手续繁难的龟卜变为简易通俗的蓍占，使一般文士也能够用卦爻加经文去趋吉避凶。于是一代学风完成了划时代的庄严转身。

一直以来，还有一种说法，说是古《易》经文有三种：《连山》《归藏》与《周易》。《连山》与《归藏》是夏商时代之龟卜文案的汇编，《周易》是周代蓍占文案的集萃。不过，众所周知，尽管夏商之龟卜文字极为丰富，但当时尚无六十四卦之说，且未有竹简，故不可能有依六十四卦编纂而成的简书（今存商代甲骨卜辞中，未见有八卦之卦名；而商人是"每事卜"的，且卜辞体例周备成熟，有叙辞、命辞、占辞、验辞，有一卜至六卜的完整结构，但并不具备《周易》这种卦爻辞的组合形态）。换句话说，只有《周易》才具有六十四卦、三百八十四爻的编组形态，才会成为孔子《十翼》的解读对象。或者说，正是孔子的解读模式，使《周易》实现了由"占卜之书"向"哲理名著"的华丽转身。

孔子超越龟卜，创新了古《易》的解读模式。

孔子在整理古《易》经文时，为众弟子一一作出诠解，将一种不厌其烦、谆谆善诱、举一反三、触类旁通的启发式教学风格，展露得淋漓尽致；而他的不语怪力乱神、罕言命运、不搞龟卜预测的坚持，此时也如实呈现于受众面前。

这里讲一讲孔子从政法义理出发对古《易》经文做解读的范例。乾卦有"亢龙有悔"一语，孔子用"贵而无位，高而无民，贤人在下位而无辅，是以动而有悔也"一段话来解读，可说是登高望远，剖析周至、入木三分。此种解读不同于普通的对词语的知识性注释，它需要有思想理论的支撑。这里就不光是说明某君主之是否"有悔"，而是说明了高高在上者的无位、无民、无辅之三大"必悔"之因。此之谓深刻。

孔子在解说噬嗑卦"屦校灭趾，无咎"一语时，用了"善不积，不足以成名；恶不积，不足以灭身。小人以小善为无益而弗为也，以小恶为无伤而弗去也。故恶积而不可掩，罪大而不可解"一段话。他不拘执于为原文的有限字词"屦""校""灭趾"作解，而是引导受众从政法原理上考虑立身为人的大题目，考虑如何终身避免刑惩的问题。这是加深理解、扩大理解的范例。

孔子说，乱之所生也，则出口之言常以为阶梯，为媒介。君主不能保密则臣下受损，臣下不能保密则自身受损，办事的开始不守机密就危害成功。所以君子千万要慎守机密，而不能随口放言。这段话是用于阐释节卦之"不出户庭，无咎"一语的。原句只是讲了"不出门"这一平凡的日常生活现象，似乎无"理"可讲，至多可当成生活经验来介绍，孔子却把它提升为政治伦理来阐释，甚而用政坛险象来警醒人。这是孔子用政治眼光解读易理的绝妙示范。

孔子阐释大过卦"藉用白茅，无咎"时说，祭祀时，将祭品直接放在地面或桌面上就可以了，而用微贱之白茅草为垫，这又何咎之有呢？这是敬慎到极点的表现。夫白茅之为物，并不值钱，而用之于祭礼，即可以表达行为人高度敬重谨慎之意。以此类推，敬慎地使用简朴的方式来办理一切，只要心诚，是不会有什么错失的。所谓"礼"，并不神秘，只是赋予它某种仪式化、程序化而已——这是孔子用礼法眼光解读《周易》中礼仪的好例。所谓神道设教，无非就是对程序、程式的敬重。

中孚卦唱道："鸣鹤在阴，其子和之；我有好爵，吾与尔靡之。"多么美好的同类相应、同气和鸣之象！孔子由此发兴说，君子居其室，出其言，善言则千里之外也有人呼应，况其近者乎？居其室，出其言，不善之言，千里之外也会遭人抵制，况其近者乎？言出于己身，外加于万民；行发于近处，远方的人也能看见。可见，言行犹如君子门户开合的机要。门户机要的启发，是或荣或辱的关键。言行，是君子用以鼓动天地万物的，能不千谨慎、万小心吗？这是孔子凭其高尚的政治素养来读《周易》的又一显例。

孔子说，作《易》者该是懂得窃盗之人的吧？解卦中说："负且乘，致寇至。"背负包裹的人，必定是出卖苦力之婢仆；婢仆而乘上了只供君子乘坐的豪华车马，还背着个大包裹，盗贼一见，必然想着来抢夺，必会寻找下手的机会！所谓"慢藏诲盗，冶容诲淫"，"负且乘，致寇至"，可见，那是招引大盗的"招子"。招子，猎户拿来招诱高空猛禽的鸡。你自当"招子"，招致寇贼，又能怪谁？上轻慢则下暴虐——这是孔子在凭其丰厚的社会阅历来释读易理。

博闻广识者，触目都是学问。

我们检视孔子解读的《周易》之卦、爻辞，竟找不到一则似《左传》那般的以龟卜为军政决策作解说的实例。孔子熟知"大衍之数"，但《十翼》中也找不到他教弟子用大衍之数去为某人某事作著占的实例。两种实例都没有，有的是超脱具体著占操作，而就古《易》经文所表达的政法义理做详解，这就形成了一种全新的解读模式。春秋之际，不同于商周时代，巫卜已从王室的军政预测变为普遍的社会需要、社会行为,学术已经下移;其解读模式的创新,适当其时。

《十翼》对易学的主要贡献是:把《易》的经文解说从王室垄断中解放出来,引上了政法义理之路,推向社会,供官民趋吉避凶之用,实现了"学术下移""学术普及"。

一位学者,能如此超越自己、超越时辈,以垂老之年,留下一批独具学术风貌的经典著作,塑造我们的民族灵魂,这,谈何容易!

二、《周易》之《象辞》的主题思想
——论对君子品能的规范

《周易》之《象辞》呼应卦辞、《彖辞》,论定君子的政法责任及其自身应有的道德修持,原是一篇文章,后人将其分解并分置于各卦之下。这里重新将其提取出来,依其主题做分类归纳。

从《周易》六十四卦之《象辞》可以看到,它就君子(即各级官员与士绅)在吉凶、悔吝、利害中的境遇、责任、破解能力做出了详尽的分析、评断,明确了君子的责任担当,可见作者对君子的德能修持的系列性要求,可知其标准之高、规范之严、责任之重,其中竟无一言涉及君子私人之享受。

（一）《象辞》对君子品能修持提出了系列性政治要求

《乾卦·象辞》："天行健，君子以自强不息。"《坤卦·象辞》："地势坤，君子以厚德载物。"《屯卦·象辞》："君子以经纶。"《大有卦·象辞》："君子以遏恶扬善，顺天休命。"《临卦·象辞》："君子以教思无穷，容保民无疆。"《师卦·象辞》："君子以容民畜众。"《泰卦·象辞》："后以财成天地之道，辅相天地之宜，以左右民。"

这组《象辞》，对从政的各级行政人员、各级司执法人员提出要求，他们不仅仅应是一般的道德模范，更重要的是要有对政治伦理的遵循，对行政活力的掌控及良好的施政能力和组织力、号召力、决断力。其谋划全局、掌控全局的出发点在于"保民""左右民"，在于"容民畜众"。在三千年前，能把"民"的利益提到如此高度，正是先秦儒家的可贵之处。

《履卦·象辞》："君子以辩上下，定民志。"《咸卦·象辞》："君子以虚受人。"《坎卦·象辞》："君子以常德行，习教事。"《节卦·象辞》："君子以制数度，议德行。"《恒卦·象辞》："君子以立，不易方。"《蛊卦·象辞》："君子以振民育德。"《井卦·象辞》："君子以劳民劝相。"《革卦·象辞》："君子以治历明时。"《无妄卦·象辞》："先王以茂对时，育万物。"《观卦·象辞》："先王以省方，观民设教。"

这一组《象辞》，要求君子懂得"观民设教"，表率万邦；懂得一切举措，都应朝有利于万民之求安求利、防祸避乱方向用力，特别强调"常德行，习教事"，"制数度，议德行"，做到"教思无穷，保民无疆"。如果一位官员真的能够做到振民育德，做到以上所说，那必然是一位名吏、能吏。还有比这更高的品能要求吗？没有了。这样的人，生活中实在太少了。作者的呼唤贤能，正是古今万民的心声。

《比卦·象辞》："先王以建万国，亲诸侯。"《姤卦·象辞》："后以施命诰四方。"《复卦·象辞》："先王以至日闭关，商旅不行，后不省方。"《涣卦·象辞》："先王以享于帝，立庙。"《豫卦·象辞》："先王以作乐崇德。"

对于旧时官员来说，"亲诸侯""立庙"与"作乐崇德"，是不可或缺的政务活动。

（二）《象辞》传达了社会对政清、法明、刑简的期待

《谦卦·象辞》："君子以裒多益寡，称物平施。"《离卦·象辞》："大人以继明照于四方。"《剥卦·象辞》："上以厚下，安宅。"《巽卦·象辞》："君子以申命行事。"《讼卦·象辞》："君子以作事谋始。"《归妹卦·象辞》："君子以永终知敝。"

这一组《象辞》，说的是从政的底线。它致力于营造一个政清法明的法治生态环境，故强调以教为先，强调称物平施，强调安宅预防。

《旅卦·象辞》:"君子以明慎用刑而不留狱。"《中孚卦·象辞》:"君子以议狱缓死。"《同人卦·象辞》:"君子以类族辨物。"《萃卦·象辞》:"君子以除戎器,戒不虞。"《既济卦·象辞》:"君子以思患而豫防之。"《噬嗑卦·象辞》:"先王以明罚敕法。"《贲卦·象辞》:"君子以明庶政,无敢折狱。"《丰卦·象辞》:"君子以折狱致刑。"

这组《象辞》,说的是狱政。狱政是一切是非善恶的社会聚焦,历来为万众所瞩目。这里特别讲求明慎用刑、议狱缓死之落实;要求严格依法办事,明罚敕法。

(三)《象辞》对君子私人德行素养的严格规范

《蒙卦·象辞》:"君子以果行育德。"《大畜卦·象辞》:"君子以多识前言往行,以畜其德。"《大过卦·象辞》:"君子以独立不惧,遁世无闷。"《小畜卦·象辞》:"君子以懿文德。"《益卦·象辞》:"君子以见善则迁,有过则改。"《渐卦·象辞》:"君子以居贤德善俗。"《未济卦·象辞》:"君子以慎辨物居方。"《升卦·象辞》:"君子以顺德,积小以高大。"《困卦·象辞》:"君子以致命遂志。"《震卦·象辞》:"君子以恐惧修省。"《艮卦·象辞》:"君子以思不出其位。"《兑卦·象辞》:"君子以朋友讲习。"《豫卦·象辞》:"先王以作乐崇德,殷荐之上帝,以配祖考。"

这里要求官员多方提升自己的品能:做到私德善良,心地纯良，言行优良，足以表率万方；讲的是君子之"畜德""育德""养德""顺德""修德""习德"而不"居德"，是兼对在位之当政者和社会士绅而言的。当政者与士绅是社会精英，是社会是非的审断者，是社会"避凶"的防波堤。倘若他们的道德弃守了、失衡了，即使本人未必真是社会祸乱之源，也会百倍放大社会祸乱之害！《周易》对此的重视，正是其关注现实之精神的生动表现。

《夬卦·象辞》："君子以施禄及下，居德则忌。"《晋卦·象辞》："君子以自昭明德。"《家人卦·象辞》："君子以言有物而行有恒。"《睽卦·象辞》："君子以同而异。"《蹇卦·象辞》："君子以反身修德。"《损卦·象辞》："君子以惩忿窒欲。"《鼎卦·象辞》："君子以正位凝命。"

本组强调的是"君子以反身修德"，"施禄及下""惩忿窒欲"，双管齐下，才能得到民众的自觉拥戴。

《否卦·象辞》："君子以俭德辟难，不可荣以禄。"《颐卦·象辞》："君子以慎言语，节饮食。"《需卦·象辞》："君子以饮食宴乐。"《随卦·象辞》："君子以向晦入宴息。"《小过卦·象辞》："君子以行过乎恭，丧过乎哀，用过乎俭。"

好官员、真君子并不是不食人间烟火，其基本的生活需求也应该被满足，不必过于俭啬，不须刻意做作，原则是不贪不腐不奢华。《周易》全书对这方面的要求，也就区区几条原则性的规定而已。

这里说：君子应懂得祸从口出、病从口入的道理，对"荣以禄"应抱否定态度，故慎言而节食；当然，起码的饮食宴乐还是需要的，顺时宴息也是应该的，只是要躬行俭德。至于行过于恭、丧过于哀、用过于俭，作者认为，这是小过，无伤大节，但也得避免给人以"作秀"的观感。

在这样的高要求下，历代都有身体力行廉洁奉公、死后家无余财的清廉表率，如春秋时代的名相孙叔敖、三国时的诸葛亮、明朝的海瑞等。

"君子之德风，小人之德草，草上之风必偃。"(《论语·颜渊》)君子如能做到上述各种要求，用于施政，必然能政清刑简；用于修身，必然能臻于圣贤之域；用于化民，必然能形成良风美俗。

我们点赞《周易·象辞》所蕴含的做人为官之理，对它高山仰止，景行行止。

三、从《文言》看孔子的教学示范

乾坤二卦为《周易》之门户、纲领，居于突出地位。据传，孔子特就此二卦作了专题阐释，题曰"文言"。《文言》含《乾文言》与《坤文言》两篇。它给大人、君子做出了如何读易经、循易道、识易理的示范，全文无一言涉及龟卜或占筮。《文言》也可能是孔子面授生徒时的讲学纪要。人们可以从中一窥圣人是如何传道、授业、解惑的。

（一）《乾文言》解说

《文言》曰：元者善之长也，亨者嘉之会也，利者义之和也，贞者事之干也。君子体仁足以长人，嘉会足以合礼，利物足以和义，贞固足以干事。君子行此四者，故曰：乾，元亨利贞。

【释义】这一段是对乾卦卦辞的阐释，符合为"经文"作"传注"的体例。

元：元始、元初、元气，主生养万物。长：尊长，首领。亨：通达，畅通；亨是嘉美的会合、贯通。五礼中有嘉礼，故"嘉会"合于礼。利：指万物得宜而中和。体仁：以仁为体，以仁为本。合礼：合乎礼义。和义：和合道义。贞固足以干事：知贞正而固守之，就拥有了做事的根本依据和支撑力量。体仁合礼且坚定不移，是推行良法德政的根本。贞：正也，固也，是事物的主干、根本、灵魂；天下事要想成功，就得贞固持守，持一到底。

【今按】《周易》认为，义者利之宜也，利能使物各得其宜。取不义之利者必不能和，求无利之义者必不能久。能和能久，而后相宜。故义利是统一的，无利之义，胶着滞涩而不通；无义之利，私欲膨胀而狭隘。义利兼顾，方得中和。小儒、迂儒、庸儒割裂义利，直接背弃了孔子的易理易道。

初九曰"潜龙勿用",何谓也?子曰:"龙,德而隐者也。不易乎世,不成乎名;遁世无闷,不见是而无闷;乐则行之,忧则违之,确乎其不可拔,潜龙也。"

九二曰"见龙在田,利见大人",何谓也?子曰:"龙,德而正中者也。庸言之信,庸行之谨,闲邪存其诚,善世而不伐,德博而化。《易》曰'见龙在田,利见大人',君德也。"

九三曰"君子终日乾乾,夕惕若,厉无咎",何谓也?子曰:"君子进德修业。忠信,所以进德也;修辞立其诚,所以居业也。知至至之,可与言几也;知终终之,可与存义也。是故居上位而不骄,在下位而不忧。故乾乾因其时而惕,虽危无咎矣。"

九四曰"或跃在渊,无咎",何谓也?子曰:"上下无常,非为邪也;进退无恒,非离群也。君子进德修业,欲及时也,故无咎。"

九五曰"飞龙在天,利见大人",何谓也?子曰:"同声相应,同气相求;水流湿,火就燥;云从龙,风从虎。圣人作而万物睹。本乎天者亲上,本乎地者亲下,则各从其类也。"

上九曰"亢龙有悔",何谓也?子曰:"贵而无位,高而无民,贤人在下位而无辅,是以动而有悔也。"

【释义】以上对乾卦之六则爻辞所蕴含的义理做了引申解释。本文行文全用"……何谓也?子曰……"的格式,像是授课纪要。

潜龙,喻指具有龙德龙才而隐居的人。他的德行集中表现为:(1)不易乎世,不成乎名——不被世俗改变节操,不贪图功名;

（2）遁世无闷，不见是而无闷——低姿态做人，甘于寂寞，不求闻达于诸侯，也不为诸侯之不知而心存懊恨；（3）乐则行之，忧则违之，确乎其不可拔——坚持出处原则而不胡作乱为，始终不为外物所动。违之：不迎合。确：坚确，确定。拔：动摇，背离根本原则。

见龙，现龙，象征着德行中正而低调行事的人。其德行集中表现为：言而有信，行而勤谨，诚心去邪，用世而不居功，德博而能化人。庸：平常。闲：约束、规范。"邪"既被"闲"，则"诚"自现。不伐：不自矜功伐，不居功自傲。

这里提出了君子进德修业的基本要求，一要忠信，二要修辞立其诚：知止安分，守位存义，居位不骄，无位不忧，四时不躁动，朝夕不松懈。

君子进德修业如跃龙，其特征是：或跃在渊，进退无恒；上下易位，不为邪行；进退自如，不是离群。凡行邪越位、离群孤行者，到头来必遭祸殃；而能及时进德修业者，可得行动自由而不受羁绊。

九五尊位，飞龙在天，君子当位，有同声相应、同气相求之象。本乎天者亲上，本乎地者亲下：这是喻指君子应与上下万民同声、同气、同命运，才不致陷于高危无助之窘境。

亢龙有悔。亢龙的特征是：贵而无位，高而无民，孤立无辅，动辄招悔。

潜龙勿用，下也；见龙在田，时舍也；终日乾乾，行事也；

或跃在渊，自试也；飞龙在天，上治也；亢龙有悔，穷之灾也；乾元用九，天下治也。

乾龙勿用，阳气潜藏；见龙在田，天下文明；终日乾乾，与时偕行；或跃在渊，乾道乃革；飞龙在天，乃位乎天德；亢龙有悔，与时偕极；乾元用九，乃见天则。

【释义】这两段解释了乾卦的爻辞及"用九"辞，一从人事，即人们的各种社会活动为说；一从自然气候为说。全卦始终贯彻着阳刚精神。

乾元者，始而亨者也；利贞者，性情也。乾始能以美利利天下，不言所利，大矣哉！大哉乾乎！刚健中正，纯粹精也；六爻发挥，旁通情也；时乘六龙，以御天也；云行雨施，天下平也。

【释义】本段在解释了乾卦卦辞的基础上，进一步提纲挈领地阐释了乾卦的阳刚精神：为天下万民谋利。

君子要以合乎"美"与"利"的原则来服务于天下万民，不居功、不自伐，不求一己之私利。乾，具有伟大的品能：刚健中正，通情御天，云行雨施，天下太平，是君子效法的榜样。

君子以成德为行，日可见之行也。潜之为言也，隐而未见，行而未成，是以君子弗用也。

君子学以聚之，问以辩之，宽以居之，仁以行之。《易》曰"见龙在田，利见大人"，君德也。

九三重刚而不中，上不在天，下不在田，故乾乾因其时而惕，虽危无咎矣。

九四重刚而不中,上不在天,下不在田,中不在人,故或之。或之者,疑之也,故无咎。

夫大人者,与天地合其德,与日月合其明,与四时合其序,与鬼神合其吉凶。先天而天弗违,后天而奉天时。天且弗违,而况于人乎?况于鬼神乎?

亢之为言也,知进而不知退,知存而不知亡,知得而不知丧。其唯圣人乎?知进退存亡,而不失其正者,其唯圣人乎?

【释义】这里再次对六则爻辞的意义予以阐发。如释九二爻,揭示君子应勤于学而慎于行。以勤学获博识,以好问辨真伪,以宽容兼纳的态度安身立命,以仁厚慈悲之心践行实施。

释九四爻,"或跃在渊",择时而跃,随机而动。这里有见机而作,不拘执、不僵持的意味。大人自有大人的超凡品能,善于破格而行。

释九五爻,论述了大人践行乾德的基本原则与应有遵循:不违天,不违人(民意),善于把握进退存亡之机,应天而动。

释上九爻,亢,亢龙,指行事无度之君。凡事皆有其度,要懂得万事之进退、存亡皆有其定数、定量、定时、定位、定态的道理,过犹不及,中庸为上,此之谓"不失其正"。这是唯有圣人才能达到的崇高境界。

（二）《坤文言》解说

本篇专题串讲坤卦要义，提纲挈领，精言妙论，揭示了"地道"，即妻道、臣道的社会伦理原则。

《文言》曰：坤，至柔而动也刚，至静而德方，后得主而有常，含万物而化光。坤道其顺乎？承天而时行。

【释义】如果说乾德是阳，是刚，是动，是主，是君；那么，坤德就为阴，为柔，为静，为顺，为从。但万事都不是绝对的，一切以环境条件为转移，由其实际所处的"位"来决定。

本节总释卦辞大义，以下分释六爻喻旨。

积善之家，必有余庆；积不善之家，必有余殃。臣弑其君，子弑其父，非一朝一夕之故，其所由来者渐矣，由辩之不早辩也。《易》曰"履霜，坚冰至"，盖言顺也。

直，其正也；方，其义也。君子敬以直内，义以方外。敬义立而德不孤。直方大，不习无不利，则不疑其所行也。

阴虽有美，含之；以从王事，弗敢成也。地道也，妻道也，臣道也。地道无成，而代有终也。

天地变化，草木蕃；天地闭，贤人隐。《易》曰"括囊，无咎无誉"，盖言谨也。

君子黄中通理，正位居体，美在其中而畅于四支，发于事业，美之至也。

阴疑于阳，必战。为其嫌于无阳也，故称龙焉；犹未离其类也,故称血焉。夫玄黄者,天地之杂也,天玄而地黄。

【释义】积善之家,必有余庆;积不善之家,必有余殃:此语有劝善戒恶的意旨,是从"履霜,坚冰至"中推论出来的生活哲理。其关键在一个"积"字。过恶的日积月累,量变带来质变,产生灾殃;臣弑其君,子弑其父。它指出:一切变化都是由事物自身的内部矛盾引起的,不是由鬼神从外部强加的。世间"预测学"赖以存在的土壤和根据,在于事物内在变化。

君子敬以直内,义以方外:君子主敬以直其内,守义以方其外。敬立而内直,义形而外方。敬:敬慎严肃,不苟且,不马虎。直:坦荡无隐,不曲隐,不护短。义:合情合理,公正透明。方:坚持原则,不屈不挠。内:内心操守。外:外在行为表现。

阴虽有美,含之:阴之美要含蓄,勿张扬。"地道无成"与上句"弗敢成"之"成",均指居功占位。地道要求人埋头苦干不居功、不争位。"天地闭"一语,喻指天道不通,世事艰难,贤人只得退隐,以求明哲保身,不去招惹是非。

"君子黄中通理,正位居体",这里勾勒了《周易》之"美"的境界:君子的美质好比黄色中和而通达文理,身居正确的位置,才美蕴存于心中,畅游于四肢,发挥于事业。

上六是说坤卦六爻,全阴无阳,唯其无阳,故虚拟一龙以应之,为本卦提供感通之动力。玄黄之色,是天地感通的结果。玄:深青色,指天。黄:土黄色,指地。杂:指交互感通,交互感应。

一切变化都是由事物自身的内部矛盾引起的,不是由鬼神从外部强加的。人生在世,要修身养性,一乾一坤足矣:乾以自律、自为、自用、自强;坤以为他、为人、为世、为己。

四、《系辞上》阐释

《系辞》是全经的综论,是"孔门传习录",多为师、弟子之间的问答记录,也是孔子的《周易》解读模式的示范。其中包含本经之指导思想,比如阴阳论、三才论、吉凶论以及政刑观、趋吉避凶说之类;行文体例、言语表达式,比如卦、爻、象、象辞的配置方式、象数推衍的法则,以及排比、对偶等修辞手法的应用等。

《系辞》以"天人合一"说和"阴阳对应"说为思想基础展开论述,贯串着追求国家政清法明、助民趋吉避凶的人本宗旨。《系辞》突出了"天地之大德曰生,圣人之大宝曰位"的政治伦理,标举着"富有之谓大业,日新之谓盛德"的价值取向,强调了"何以守位?曰仁。何以聚人?曰财。理财正辞,禁民为非曰义"的法治原理,点明了当政君子修身养性的要径与慎狱恤刑、为民除恶避凶的责任担当。它简易地界定了《周易》的基本术语,如卦、爻、辞、象、数、变、性、位、吉、凶、悔、吝等;介绍了易道、易数、易象、易用;交代了《周易》的象数表达方式与社会应用路径,揭示出卦变、爻变背后之数的奥秘,保存了周人蓍占用的天衍之数。

《系辞上》交代了"易数"的运作方法,宣扬《周易》之四大功能:"以言者尚其辞,以动者尚其变,以制器者尚其象,以卜筮者尚其占。"又用专章论述卦体之阴阳性质及其向对立面的演化。

交代一下:《系辞》等篇的引证文字,往往以"子曰"开头,《系辞》篇旧说出自孔子之手,则"子曰"似不应一律直译为"孔子说",故有时即译之为"先圣说",给以模糊化的处理;当然,也有些文字历来被认为是孔子本人之语,那就直译为"孔子说"了。

【一章】天尊地卑,乾坤定矣。卑高以陈,贵贱位矣。动静有常,刚柔断矣。方以类聚,物以群分,吉凶生矣。在天成象,在地成形,变化见矣。是故刚柔相摩,八卦相荡。鼓之以雷霆,润之以风雨;日月运行,一寒一暑。乾道成男,坤道成女。乾知大始,坤作成物。乾以易知,坤以简能;易则易知,简则易从;易知则有亲,易从则有功;有亲则可久,有功则可大;可久则贤人之德,可大则贤人之业。易简,而天下之理得矣;天下之理得,而成位乎其中矣。

【释义】天尊而地卑,就这么论定了宇宙秩序。当乾(天)的崇高与坤(地)的低下呈现时,人间的贵贱也就效法于天地而有了各自的定位。天动而地静,阳刚而阴柔。世间万物总是按不同种类聚合,各自形成不同的集群,群中各分子,皆趋同斥异,也就有了利害关系,于是产生了各自相应的"吉"和"凶"(其判断的标准，唯己身利益之所在而已）。天象的日月星辰与风雷寒暑，地上的山川动植，都显现着阴阳变化的道理。阳刚阴柔互相摩切交感生成八卦，八卦的天地雷风水火山泽互相冲激。大自然鼓之以雷霆，润之以风雨，充满了勃勃生机；日月运行，一寒一暑，交替作用，运转无穷。乾道成全了男性阳刚果决的秉性，坤道成就了女性阴柔安顺的气质。乾道洞悉宇宙的原初本体，坤道完成万物的生灭长养。乾道以易知为表征，坤道以简能为特色；易知即易于把握，简能则易于践履；易于把握则为人所亲近，易于践履则从业必有功；亲近则关系可久，有功则事业可大；可久为贤人之德行，可大成能人之业绩。大道平易而又简明，则天下之理尽入我心矣；天下之理尽入我心，还怕不能成就功业吗？

【今按】《系辞》第一章是全文的总纲，也是《十翼》的凝神聚气之篇。从文章结体而言，开篇提纲挈领，深合专题论文的写作要求。

【二章】圣人设卦观象，系辞焉而明吉凶，刚柔相推而生变化。是故，吉凶者失得之象也，悔吝者忧虞之象也，变化者进退之象也，刚柔者昼夜之象也。六爻之动，三极之道也。是故君子所居而安者，《易》之序也；所乐而玩者，爻之辞也。是故君子居则观其象而玩其辞，动则观其变而玩其占。是以自天佑之，吉无不利。

【释义】圣人设置卦符、卦体以观物象，并通过加注卦辞、爻辞从而说明吉凶，通过卦体的刚柔动静之变迁，把握事物的过去、现在与未来。由此可知：吉凶趋避是利害得失的显示，过失悔吝是个人思虑的内容，变生演化是进退攻守的宣示，刚柔强弱是昼兴夜伏的表征。重卦六爻的变动，是天、地、人互动的必然。由此，君子依卦序来安排自己的起居兴作，自然合宜；凭易理来玩味爻辞的变化迁移，必有所获。所以君子居处时就观察各卦的显象，揣摩它的文辞；行动时就观察它的变化，揣摩它的占语。于是就能获得上天的护佑，一切大吉大利。

【今按】第二章说明卦象、卦辞的取义及其社会应用价值。卦象，六十四卦的取象。卦辞，这里概指《周易》原有之卦辞兼爻辞，不涉及《彖辞》《象辞》。

【三章】象者，言乎象者也；爻者，言乎变者也。吉凶者，言乎其失得也；悔吝者，言乎其小疵也；无咎者，善补过也。是故，列贵贱者存乎位，齐小大者存乎卦，辩吉凶者存乎辞，忧悔吝者存乎介，震无咎者存乎悔。是故，卦有小大，辞有险易。辞也者，各指其所之。

【释义】象辞是用来阐明卦象之寓意的，爻辞是用来说清事理之变化进程的。吉凶是表达运作主体的盈亏得失的；懊悔自责表明犯有小小过失；倘若无咎无悔，则说明其人善于补过、能成大事。由此可知，排列尊卑贵贱在于爻位，确定柔小刚大在于卦，辨别吉凶就看卦辞如何表述，考虑悔吝在于预防小疵，而行止无咎则在于其能悔过。因此，卦有小大，辞有险易，人有弃取，事有成败。故卦辞所说，各有其指归。

【今按】第三章阐释《周易》的相关术语，如象、爻、位、吉凶、悔吝、无咎等。

【四章】《易》与天地准，故能弥纶天地之道。仰以观于天文，俯以察于地理，是故知幽明之故；原始反终，故知死生之说；精气为物，游魂为变，是故知鬼神之情状。与天地相似，故不违；知周乎万物而道济天下，故不过；旁行而不流，乐天知命，故不忧；安土敦乎仁，故能爱。范围天地之化而不过，曲成万物而不遗，通乎昼夜之道而知，故神无方而易无体。

【释义】易理以天地精神为准则，故能精准表达天地之道。先哲仰观天文，俯察地理，所以能揭示幽深奥秘的大道；推原其始而反求其终，故能通晓性命存亡之因由；考察精气可以为物魅，游魂可以出变幻，就可以知晓鬼神出没施为之情状。明白易理就近似于领悟了天地的道理，所以行为不违背天地自然的规律；是故使自己知识周遍万物而道匡济天下，使自己自由行动而又不至于流荡无拘检，做到乐天知命、不忧不惧、无畏无虑；安于土俗而敦乎仁心，普爱大众生灵。可见，易道广大足以拟范天地的化育而不致偏失，足以曲尽万物之情态而不遗漏乎僻远，明于生死之理，通乎昼夜之道，所以神无定方而易无定体，随机修持可也。

【今按】第四章着重揭示天道性命之奥义，指示修身养性的坦途与要点。文中的"精气为物，游魂为变"等语，把高度抽象的易理具象化了。

【五章】一阴一阳之谓道，继之者善也，成之者性也。仁者见之谓之仁,知者见之谓之知,百姓日用而不知,故君子之道鲜矣!显诸仁,藏诸用,鼓万物而不与圣人同忧。盛德大业至矣哉!富有之谓大业,日新之谓盛德。生生之谓易,成象之谓乾,效法之谓坤,极数知来之谓占,通变之谓事,阴阳不测之谓神。

【释义】一阴一阳、阴阳交感,这就是"道",能践行发挥此道者必定是善;善人成就天道,是出于他的本性。很多事理,仁者见仁,智者见智,取舍由心,践行在己;百姓日用其道而不知不觉,故君子之玄言妙道,难为世人所通知广识。君子之玄言妙道彰显于仁爱,蕴含于实用,它鼓动万物,却不与圣人同忧。盛德大业是很了不起的,人世间,富有万物叫作大业;操行上,日日增新叫作盛德。生生不息合乎《周易》的精神,成象立言能表达乾的意旨,效法自然能体现出坤的要求,巧用易数测知将来叫占卜,深明世理、通达世情是正大的事业,阴阳变化而不可测定的是神。

【今按】第五章主要论述"一阴一阳之谓道",既泛论"道"的含义,也辨析了阴阳变化之理的体现。"阴阳不测"是因为宇宙间万事万物时刻都在矛盾对立中变动,这含有深刻的辩证观念。

【六章】夫《易》,广矣,大矣!以言乎远,则不御;以言乎迩,则静而正;以言乎天地之间,则备矣!夫乾,其静也专,其动也直,是以大生焉;夫坤,其静也翕,其动也辟,是以广生焉。广大配天地,变通配四时,阴阳之义配日月,易简之善配至德。

【释义】要说这个易理,太深广、太伟大啦!要说它离你很远,则幽深不可穷致;要说它离你很近,则宁静而绝对正直;要说它存在于天地之间,贯彻于万物之中,那就完全正确而圆满了!乾之义,其静也专一,其动也正直,是以崇高由此而生;坤之义,其静也翕闭,其动也开辟,是以宽广由是而成。广大和天地相配,变通跟四季相配,阴阳的意义和日月相配,平易简约的美善和至高的道德相配。

【今按】第六章讴歌易道的深广伟大,动静合宜。

【七章】子曰:"《易》其至矣乎!夫《易》,圣人所以崇德而广业也。知崇礼卑,崇效天,卑法地。天地设位,而《易》行乎其中矣。成性存存,道义之门。"

【释义】孔子赞叹道:"《周易》之理已达到最高境界了!《周易》是圣人用来推崇道德、扩大事业的。它的智慧崇高,礼仪谦卑,崇高效法于青天,覆护万类;谦卑效法于大地,承载万物。天地设位,而易理通行于其中。它成就万物各自的本性,保存万物的存在,道义就从它这里出来。

【今按】第七章用孔子的口吻,盛赞易理的功用。

【八章】圣人有以见天下之赜,而拟诸其形容,象其物宜,是故谓之象。圣人有以见天下之动,而观其会通,以行其典礼,系辞焉以断其吉凶,是故谓之爻。言天下之至赜,而不可恶也;言天下之至动,而不可乱也。拟之而后言,议之而后动,拟议以成其变化。

"鸣鹤在阴,其子和之;我有好爵,吾与尔靡之。"子曰:"君子居其室，出其言，善则千里之外应之，况其迩者乎？居其室，出其言，不善则千里之外违之，况其迩者乎？言出乎身，加乎民；行发乎迩，见乎远。言行，君子之枢机。枢机之发，荣辱之主也。言行，君子之所以动天地也，可不慎乎？"

"同人：先号咷而后笑。"子曰："君子之道，或出或处，或默或语。二人同心，其利断金；同心之言，其臭如兰。"

"初六，藉用白茅，无咎。"子曰："苟错诸地而可矣，藉之用茅，何咎之有？慎之至也。夫茅之为物薄，而用可重也。慎斯术也以往，其无所失矣。"

"劳谦，君子有终，吉。"子曰："劳而不伐，有功而不德，厚之至也。语以其功下人者也。德言盛，礼言恭。谦也者，致恭以存其位者也。"

"亢龙有悔。"子曰："贵而无位，高而无民，贤人在下位而无辅，是以动而有悔也。"

"不出户庭，无咎。"子曰："乱之所生也，则言语以为阶。君不密则失臣，臣不密则失身，几事不密则害成。是以君子慎密而不出也。"

子曰："作《易》者其知盗乎？《易》曰：'负且乘，致寇至。'负也者，小人之事也；乘也者，君子之器也。小人而乘君子之器，盗思夺之矣！上慢下暴，盗思伐之矣！慢藏诲盗，冶容诲淫。《易》曰'负且乘，致寇至'，盗之招也。"

【释义】圣人见到天下事物千变万化的抽象奥义，就模拟它的形容，来象征特定事物适宜的意义，这就是《周易》的象（卦象）。圣人见到天下万物之变动，观察其会合变通之原理，从而推行相应的礼制。在卦体爻符之下，系上相应的说明词，用以推断吉凶祸福，这就有了爻（爻辞）。圣人就用这卦象与爻辞来表达天下最高深的奥义，那是不可以抵触它的；圣人就用这卦象、爻辞来描述天下至为纷繁复杂的变化，那是不允许曲解它的。作《周易》的人先比拟物象然后言说阴阳道理，先议论物情然后揭示变动规律，通过比拟、议论来确定事物的变化。

中孚卦九二爻："鸣鹤在阴，其子和之；我有好爵，吾与尔靡之。"多么美好的同类相应、同气和鸣之象！先圣说："君子居其室，出其言，善言则千里之外也有人呼应，况其近者乎？居其室，出其言，不善之言千里之外也会遭人抵制，况其近者乎？言出于己身，外加于万民；行发于近处，远方的人也能看见。可见，言行犹如君子门户开合的机要，门户机要的启发，是或荣或辱的关键。言行，是君子用以鼓动天地万物的，能不千谨慎、万小心吗？"

同人卦九五爻："先号啕而后笑。"先圣说："君子处世接物，有时出外营求，有时安居静处；有时静默，有时说话。二人同心，有断金截铁之利；同心之言，有兰花之香。"

大过卦初六爻："藉用白茅，无咎。"先圣说："祭品直接放在地面、桌面上就可以了，而用微贱之白茅为垫，这又何咎之有呢？这是敬慎到极点的表现。夫白茅之为物，并不值钱，而用之于祭礼，即可表达高度敬重谨慎之意。以此类推，敬慎地使用这类简朴方式来办理一切，只要心诚，是不会有什么错失的。"

谦卦九三爻："劳谦，君子有终，吉。"先圣说："有劳而不自夸，有功而不居为己德，这是最宽厚的品行。这是低姿态为人、甘心以己下人的表现。道德要隆盛，礼节要恭谨。所谓'谦'，正是发扬恭谦美德以保存其地位。"

乾卦上九爻："亢龙有悔。"先圣说："尊贵而没有实位，崇高而没有人民，贤人在下位而无人辅佐，是以在位者必定动而有悔、行而遭非。"

节卦初九爻："不出户庭，无咎。"先圣说："乱之所生也，则出口之言常以为阶梯、为媒介。君主不能保密则臣下受损，臣下不能保密则自身受损，办事的开始不守机密就会危害成功。所以君子千万要慎守机密，而不能随口放言。"

孔子说："作《易》者该是懂得窃盗之人的吧？解卦六三爻：'负且乘，致寇至。'背负包裹的人，必定是出卖苦力之婢仆；婢仆而乘上了只供君子乘坐的豪华车马，还背着个大包裹，盗贼一见，必然要想着来抢夺——上轻慢则下暴虐，强盗必会寻找下手的机会！所谓'慢藏诲盗，冶容诲淫'，'负且乘，致寇至'，可见这是招引大盗的'招子'。"招子，猎户拿来招诱高空猛禽的小鸡。你自当"招子"，致寇，又能怪谁？

【今按】第八章论述君子谨言慎行的必要。本章行文特色在于：以详解《周易》成篇佳句的方式来申述主张，证成己说。本篇之"子曰",是可以作为"孔子曰"来理解的。

【九章】大衍之数五十,其用四十有九。分而为二以象两,挂一以象三,揲之以四以象四时,归奇于扐以象闰,五岁再闰,故再扐而后挂。天一地二,天三地四,天五地六,天七地八,天九地十。天数五,地数五,五位相得而各有合。天数二十有五,地数三十,凡天地之数,五十有五,此所以成变化而行鬼神也。

乾之策二百一十有六,坤之策百四十有四,凡三百有六十,当期之日。二篇之策,万有一千五百二十,当万物之数也。是故,四营而成《易》,十有八变而成卦,八卦而小成。引而伸之,触类而长之,天下之能事毕矣。显道神德行,是故可与酬酢,可与佑神矣。子曰:"知变化之道者,其知神之所为乎?"

【释义】古人把十以内的正整数分为天数（单数）、地数（双数）两大类,这就有了天一、地二、天三、地四……的说法。天数为阳数,共有五个（一、三、五、七、九）；地数为阴数,共有五个（二、四、六、八、十）。五个数字相连加,各得其总数。那么,天数就是二十五,地数就是三十。天地之数相加,其和五十五。这就是《周易》用来推演事理变化、测算命运吉凶的"基数",或曰"模数"。

占卜的六十四卦,每卦有六爻,那么,每个卦体与每道爻符又是怎么确定的呢？它是如何操作的呢？是通过蓍草的四四分组与余数的排列组合（术语是"揲"和"扐"）来取得的。具体点说,就是:

第一步，卜算家先制作五十根蓍草茎来代表"大衍之数"。卜算时，从五十茎中抽去其一茎，把四十九茎蓍草随意分为大小两堆，以象征阴阳两方，术语叫"分二"。第二步，从任一堆中随机抽出一茎蓍草，另置一处。加上象征阴阳的两方，用以象征天地人"三才"，术语叫"挂一"或"挂一以象三"。第三步，"揲之以四以象四时"，就是说，把两堆蓍草分别以四四分组，逐次数出，拨除开，术语称之为"揲（点数，动词）"。第四步，经过揲数之后，则两堆都可能有一、二、三、零四个对应的剩余数字，标为一、二、三、四以备用；并归纳两组的奇零余数（称为"奇"），以象征闰年增出的一个闰月（古历五年两闰，十九年七闰），术语叫"归奇于扐"。第五步，如此再重复两轮揲数（动词），把三轮所得之奇零余数归扐之后，决定卦符之阴阳与爻符之位次。说明：后世有的卜算家嫌这套"分二、挂一、揲四、归扐"的手续太繁杂，改用了很简便的方法：投掷铜钱，看其正反面以定阴阳，画出卦符。

乾之策（一卦六爻，一爻配三十六策），共有二百一十六策；坤之策（一卦六爻，一爻配二十四策），共有一百四十四策；合计三百六十策，恰当一年三百六十日之大数。二篇之策之总和为一万一千五百二十，恰合万物之大数。这么说来，经过四次布策而成《周易》；而卦中的一爻，可做三次位变，六爻就会有十八次位变，即十八变而成卦；八卦而小成，最后再对照卦爻辞进行占卜推衍。推衍时，要做到引而申之，触类而旁通之，举一以反三，而不是死守僵持某一爻辞，那么，天下之能事就尽在其间了，宇宙之奥秘也就清楚地揭示出来了！从而显示出道、神、德、行来，于是可以参与酬酢交际，可以参与佑神祈天，可以应对一切世变。故先圣说："知道变易之道的人们，大概知道神妙的自然规律吧？——这也是孔子"不语怪力乱神"却又不反对占卜测算的缘故，因为他明白这背后有数据组合之秘密。另，今人有些版本将这句总结语移置于下章之首，并强为索解，其实不合逻辑，应予纠正。

【今按】第九章集中论列"易数"（含天数、地数、成数）的来历和用它来推算吉凶运命的数理，揭示了抽象易理背后所隐藏的"数据"。世间任何事物或变化机理（包括人生的命运与机遇）都可以用一组数值来表达或推演。认识到这一点，实在是中国先民的一个了不起的发现。"易数"与"易象"一起，构成了易理表达式的两大基石。

【十章】《易》有圣人之道四焉：以言者尚其辞，以动者尚其变，以制器者尚其象，以卜筮者尚其占。是以君子将有为也，将有行也，问焉而以言，其受命也如响，无有远近幽深，遂知来物。非天下之至精，其孰能与于此？参伍以变，错综其数，通其变，遂成天地之文；极其数，遂定天下之象。非天下之至变，其孰能与于此？《易》无思也，无为也，寂然不动，感而遂通天下之故。非天下之至神，其孰能与于此？

夫《易》，圣人之所以极深而研几也。唯深也，故能通天下之志；唯几也，故能成天下之务；唯神也，故不疾而速，不行而至。子曰"《易》有圣人之道四焉"者，此之谓也。

【释义】易道贯通于四大领域：用来指导言语表达者，推崇其辞令之美；用来规划事业行动者，崇尚其揭示事物变化之机枢；用来为器物做模具设计者，推尊其取象之神妙、成型之精巧；用来指导卜筮运筹者，崇尚其占卜之神、预测之准。因此，凡君子将要有所作为、有所行动时，便以言辞去卜问于它，而它也能受命即答，其报如响，无论多么幽深邈远的问题，当即就会告知你现实构成与未来走向。要不是拥有天下至精至微之方法论，谁能达到如此精明妙绝的境界？有三数或五数的变化，有交错综合的爻位次数，通晓它的变化，就能增益天地之文采；极尽卦爻的位数，就能论定天下之大象。要不是深明天下事物变化之因果缘由，谁能达到如此精准绝伦的程度而知来藏往？《周易》无思无为，易道寂然自在，但能为人所感通、所认知、所运用。要不是拥有天下至精至微之洞察力，谁能达到如此神妙无比的境界？

这部《周易》，是圣人穷究幽深事理而探研细微征象的智慧结晶。唯其能极深地探幽揭秘，从而掌握事物的根本原理，故能通达天下之理想；唯其能研悉细微，从而突破科研攻关的瓶颈，故能创制出利益天下万民之器物；唯其洞察神工鬼斧，内在规律，故能不疾而速，不行而至，不谋而成。先圣所言"《易》有圣人之道四焉"，指的就是这种精理奥论吧！

【今按】第十章阐述了易道在言辞、活动、制器、卜算四大领域中的社会功用，侧重揭示了易道至精、至变、至神的三大神妙内质。前者讲外在功效，后者讲内蕴本质，无内质则无外功，无外功则内质不显，这是一而二、二而一的事，故本章可概括为"四用三质"说。

从行文层次上看，这里说了"圣人之道四"之后，随即用三个并列的反诘句，揭示出易道之至精、至变、至神三项内质。有人认为应该还缺一项，怀疑此处有脱落文字，但难以考知；这是没有弄清原文层次的缘故。

又有人看上下文都是三项并提、三句并列的（比如"圣人以通天下之志，以定天下之业，以断天下之疑"三条短语），于是比附着此等句式，推断本句是"圣人之道三"的笔误，却又说不出四者去一该去谁？这也是因为没有分清章句层次，眉毛胡须一把抓了。

今人金景芳走得更远，他以言辞、变动、制器、占卜四项"不足以称为圣道"为由，删去了这段经文（见金景芳《周易全解》2005年版）。他把"易道"的"四用"与"三质"混为一谈，无视孔子本人对"备物致用，立成器以为天下利"致用功夫的热情赞赏，把经世致用排斥在"圣道"之外，使"圣道"空洞化、玄虚化，与经文本义无关，令人难以接受。

【十一章】子曰："夫《易》何为者也？夫《易》开物成务，冒天下之道，如斯而已者也。"

是故，圣人以通天下之志，以定天下之业，以断天下之疑。

是故，蓍之德，圆而神；卦之德，方以知；六爻之义，易以贡。圣人以此洗心，退藏于密，吉凶与民同患。神以知来，知以藏往，其孰能与此哉！古之聪明睿知神武而不杀者夫？是以明于天之道，而察于民之故，是兴神物以前民用。圣人以此斋戒，以神明其德夫！

是故，阖户谓之坤，辟户谓之乾，一阖一辟谓之变，往来不穷谓之通，见乃谓之象，形乃谓之器，制而用之谓之法，利用出入，民咸用之谓之神。

是故，《易》有太极，是生两仪，两仪生四象，四象生八卦，八卦定吉凶，吉凶生大业。

是故，法象莫大乎天地；变通莫大乎四时；县象著明莫大乎日月；崇高莫大乎富贵；备物致用，立成器以为天下利，莫大乎圣人；探赜索隐，钩深致远，以定天下之吉凶，成天下之亹亹者，莫大乎蓍龟。

是故，天生神物，圣人则之；天地变化，圣人效之。天垂象，见吉凶，圣人象之；河出图，洛出书，圣人则之。《易》有四象，所以示也；系辞焉，所以告也；定之以吉凶，所以断也。

【释义】先圣说："说起这部《周易》，它是干什么的呢？《周易》呀，它是开创事物、成就业务、统括天下之道的。"

因此，圣人就凭它来通达天下之志（理想与追求），就凭它来奠定天下之大业，就凭它来判断天下之疑难。

因此，那蓍草占问的好处是圆满而神妙，卦辞的好处是方正而智慧，六爻的意义通过变化来告谕吉凶。圣人凭此来自我洗心净虑，退藏于隐秘，维持低调人生，其吉凶与民同乐同患。占筮何等神奇，可以知未来；占筮者何等聪明，可以藏既往，还有谁能达到如此高妙的境界呢？难道不是古代那些聪明、睿智、神武而不嗜杀人者吗？因此，只要能明于天之道而察于民之事，就能创兴蓍占之术而预先应民之用。故圣人为此而斋戒，表现出最高的诚敬以奉献于易道神明之德。

　　因此，据易理可知，关闭门户以包藏万物就叫作坤，打开门户以吐出万物就叫作乾，一闭一开的交感互动就叫作变，往来无阻可称为通，供欣赏之品物谓之象，可实用之物件谓之器，依其制而用之就是法，便于利用出入、百姓皆能应用就是神（神圣也，非神秘也）。

　　因此，《周易》有太极，太极生阴阳两仪，两仪生出四象，四象生出乾坤八卦，八卦判定万事吉凶，吉凶定而大业成矣。

　　因此，法象没有比天地还大的；变通没有比四时还大的；高悬表象显示光明没有比太阳月亮更盛大的；地位崇高没有比富贵更大的；备置物件供人使用，创成器具来便利天下，没有比圣人更伟大的；为人类、为世界窥探幽义考察奥理，向深处远处钩引得来，以判定天下之吉凶，以成就天下勤勉不懈之事业，没有比蓍占龟卜更昌大的。

　　因此，天生神物（指蓍草、灵龟），被圣人取法利用；于是天地变化，圣人就可以效仿之而行动。天垂象以现吉凶，圣人取象而行；河出图而洛出书，圣人效仿而为。《周易》中有四象，所以示其变动征收；卦体附有文辞，用来陈述变化情状；文辞中确定吉凶的占语，可以晓谕众人明断是非弃取。

【今按】第十一章从哲理的六大层次上阐述易理易道的高深含义，讴歌其统领一切、规划一切、预示一切的神功圣德。

【十二章】《易》曰："自天佑之，吉，无不利。"子曰："佑者，助也。天之所助者，顺也；人之所助者，信也。履信思乎顺，又以尚贤也。是以自天佑之，吉，无不利也。"

子曰："书不尽言，言不尽意。"然则圣人之意，其不可见乎？子曰："圣人立象以尽意，设卦以尽情伪，系辞焉以尽其言，变而通之以尽利，鼓之舞之以尽神。"

乾坤，其《易》之缊邪？乾坤成列，而《易》立乎其中矣；乾坤毁，则无以见《易》；《易》不可见，则乾坤或几乎息矣。

是故，形而上者谓之道，形而下者谓之器，化而裁之谓之变，推而行之谓之通，举而错之天下之民谓之事业。

是故，夫象，圣人有以见天下之赜，而拟诸其形容，象其物宜，是故谓之象。圣人有以见天下之动，而观其会通，以行其典礼，系辞焉以断其吉凶，是故谓之爻。极天下之赜者存乎卦，鼓天下之动者存乎辞，化而裁之存乎变，推而行之存乎通，神而明之存乎其人，默而成之，不言而信，存乎德行。

【释义】《周易》大有卦上九爻："自天佑之，吉，无不利。"孔子说："佑就是佐助的意思。天之所助者，必是顺应于天意者；

人之所助者，定是取信于民心者。取信于民和顺应天意相统一、相结合，在社会人事上就集中表现为尚贤，这才能保证自天佑之，吉，无不利。"

先圣说："书不尽言，言不尽意。"那么，是否就意味着圣人之意是无法表述、不可传达的呢？孔子说过："圣人创立象来全面表达他的意思，设立卦来全面反映万物的真情和虚伪，在卦下撰系文辞来全面表述其语言，又变化会通三百八十四爻来全面施利于万物，于是就能鼓动天下来全面发挥《周易》的神妙作用。"

在孔子看来，乾坤二卦大概是《周易》意义的蕴藏吧！乾坤创立，《周易》的道就确立于其中了；假如乾坤毁了，又从哪里能见到《周易》呢？《周易》不可见，则乾坤也就不会独立存在了。

因此，形象以上的抽象道理叫作道，形象以下的具体东西叫作器，加以变化而改制叫作变，加以推行叫作通，取来把它用在天下之民之间叫作事业。

这样，圣人就通过卦象来探知天下的奥秘，模拟它的表现形态，显现它的活力所宜，这就叫作象。圣人凭借它来发现天下万事的变动，而观察其会通之妙，以推行其典礼仪则，在卦下撰系文辞来断吉凶，这就叫作爻。通达天下之奥理者，在于卦；鼓动天下之万千变化者，在于辞；化而裁之，裁而成之，依靠于变；推而行之，行而用之，依靠于通；神妙而明白运用的道理在于人；默而成之，不言而信，在于具备仁智的德。

【今按】第十二章，扼要介绍《周易》的特殊表达式，由其卦爻象及卦爻辞，洞悉其精彩内容。

五、《系辞下》阐释

《系辞下》十二章，始于"八卦""吉凶"要义的分析，终于"象理""辞情"特征的概括，其中既演释了六十四卦的卦名，又用专章简述了三才六爻的配置，申论了乾坤阴阳变化之理，这对人们观照、分析、预测事物当然具有指导意义。

【一章】八卦成列，象在其中矣；因而重之，爻在其中矣；刚柔相推，变在其中矣；系辞焉而命之，动在其中矣。吉凶悔吝者，生乎动者也；刚柔者，立本者也；变通者，趣时者也。吉凶者，贞胜者也；天地之道，贞观者也；日月之道，贞明者也；天下之动，贞夫一者也。

夫乾，确然示人易矣；夫坤，隤然示人简矣。爻也者，效此者也；象也者，像此者也。爻象动乎内，吉凶见乎外；功业见乎变，圣人之情见乎辞。

天地之大德曰生，圣人之大宝曰位。何以守位？曰仁。何以聚人？曰财。理财正辞，禁民为非曰义。

【释义】八卦排列出来了，卦象也就蕴含在其中了；再将八卦两两重叠，六爻也就系列于其中了；随着爻符的阴阳相推，刚柔交替，变动也就出现于其间了；每个爻符下系注上相应解说词，卦爻变动的象征义也就说清楚了。吉凶悔吝，就是从人事的种种变动中产生的；爻性的阴阳刚柔，是推演宇宙万物的根据；爻所象征的变通，正表明事物与时变化的走向；不论其结局是吉是凶，都要求人们安常守正、保持清醒；观照天地乾坤变易之道，必须秉持贞正纯一之心；日月遍照，就因其贞正纯一而大放光明；天下万物，也都因其贞正纯一而能争荣争胜。

乾道刚健，示人以平易之论；坤道柔顺，示人以简明之词。爻，是效法阴阳的简明而作；象，是仿拟乾坤的平易而立。爻象演化变动于内，吉凶也就呈现于外；社会的功业成就从卦体卦象的变化中看得清楚，圣人的深广情怀在卦辞爻辞的表述中被充分展现。

天地的根本德行在于护佑万物的生生不息，圣人的施为条件在于确保其有权有位。那么，圣人又如何守住其权位呢？不是靠暴力，而是靠仁爱。圣人又如何聚合民众呢？不是靠空口许诺，而是靠善用资财。养生、养民、养贤，端正制度法令，依法惩治非违，打击贪腐，禁绝虚浮——这才合乎"义"的最高准则。

【今按】《系辞下》之第一章紧接上文，继续论列《周易》的特殊表达式与其功能。本章的最大贡献是：提纲挈领地为中华法制、法理奠下基石，突出强调了"天地之大德曰生，圣人之大宝曰位。何以守位？曰仁。何以聚人？曰财。理财正辞，禁民为非曰义"之良法善政的基础构件，缺一不可。

【二章】古者包牺氏之王天下也，仰则观象于天，俯则观法于地，观鸟兽之文与地之宜，近取诸身，远取诸物，于是始作八卦，以通神明之德，以类万物之情。作结绳而为罔罟，以佃以渔，盖取诸离。

包牺氏没，神农氏作，斫木为耜，揉木为耒，耒耨之利，以教天下，盖取诸益。日中为市，致天下之民，聚天下之货，交易而退，各得其所，盖取诸噬嗑。

神农氏没，黄帝、尧、舜氏作，通其变，使民不倦；神而化之，使民宜之。《易》穷则变，变则通，通则久，是以"自天佑之，吉，无不利"。黄帝、尧、舜，垂衣裳而天下治，盖取诸乾坤。

刳木为舟，剡木为楫，舟楫之利，以济不通，致远以利天下，盖取诸涣。服牛乘马，引重致远，以利天下，盖取诸随。重门击柝，以待暴客，盖取诸豫。断木为杵，掘地为臼，臼杵之利，万民以济，盖取诸小过。弦木为弧，剡木为矢，弧矢之利，以威天下，盖取诸睽。上古穴居而野处，后世圣人易之以宫室，上栋下宇，以待风雨，盖取诸大壮。古之葬者，厚衣之以薪，葬之中野，不封不树，丧期无数，后世圣人易之以棺椁，盖取诸大过。上古结绳而治，后世圣人易之以书契，百官以治，万民以察，盖取诸夬。

【释义1】古时伏羲氏管理天下，仰观天上日月星辰的四季运行轨迹，俯察大地山川草木的纵横交错法则，又细细察看鸟兽身上的纹理及其对地势地貌的适应状态，（从中提取天地自然之象），近的就取象于人身，远的就取象于万物，于是创作出了一套原始八卦，人们就用这八卦卦符，来贯通神奇光明的德行，来比类万物的情状。那时，人们编织绳网用以捕鱼捉鸟，这大概是受了离卦的启发。

【今按】离，附丽也，光明也。另，离之卦体中虚，可以象征网罟；离在人体为"目"，目，孔也，网是有孔的。可不要小看了这结绳而治，除了捕猎，人们也用绳之结来记录劳动成果，传达生产信息；还用绳之索来穿结龟甲、玉片、贝壳，用来储存信息、寄托美好生活愿望……

【释义2】伏羲氏死后，神农氏兴起了，神农氏砍削木料，做成翻土的耒耜，装上弯曲的木柄，教会人民耕作，这大概是受了益卦的启发。他又规定中午做市集，招引天下的人，聚集天下的货，互相交换，满足各自的需要，这大概是受了噬嗑卦的启发。

【今按】噬嗑者，饮食咀嚼也，是食材入口的第一关。食是人生的第一需要。以此为象，报告了先民对"易货"的高度重视。

【释义3】神农氏死后，黄帝、尧、舜相继上位，他们深明与时更化的道理，随时改革，除旧布新，使百姓生活在活泼的创新风潮之中，不至于僵化死板而生厌倦之心。易学的道理原本就是讲"穷则变，变则通，通则久"的，所以黄帝、尧、舜有如得到上天之助一般，一切应时更化的举措，当然都"吉，无不利"了。黄帝、尧、舜能够垂衣而天下治，无为而成，应该是遵循了乾坤两卦的原理。

【今按】乾道刚健阳光，坤道厚德载物。故在这一历史时期，发明创造如井喷一般涌现，凡生产生活所需，衣食住行，养生送死，礼乐文字，哪样都不缺。

【释义4】将原木掏空，凿成独木舟；把木板削平，做成船楫，靠着舟楫之利，使两岸人得以来往，且可航行到很遥远的地方，以互通人员、物资和信息，这大概就取象于涣卦吧。驾上了牛车，驾驭着马匹，运载着重货，不远万里，去互通有无，便利天下四方之民生，这大概就取象于随卦。设置重重门关，敲梆巡逻，以防盗贼的侵夺，大概是取象于豫卦。

【今按】涣卦，下坎上巽，下水上木，犹如舟行水上。随卦，下震上兑，下动上悦，犹如马牛在下奔驰，乘驾者居上而欣悦。豫卦，预作防备也。这一组发明，与水陆交通运输及其安全相关。交通仅次于食货，古人是极聪明的！

【释义5】砍断木料做杵，在地上掘个坑当臼，发明杵臼，以便脱壳，万民得利，这大概是取象于小过卦。将木条弯成弓，续上弦，再把树枝削成箭矢，利用弓箭的锋利，来威服天下，那应该是取象于睽卦。上古时候，人们或藏身洞穴，或在旷野居住，为了防止洪水猛兽的侵袭，后世圣人就教人们建筑宫室，上有栋梁，下有檐宇，以抵御风雨，这大概是取象于大壮卦。

【今按】小发明，大作用。这组发明是为了提升生活水平而创制的。中国秦代以前，豆麦粟粱稷都是"粒食"，必须脱壳去皮，食用面食后，脱壳去皮更少不了，故"舂"的劳作一直极其重要。做弓箭，不仅为了狩猎，还要"威天下"，这是进入文明社会后才可能提出的口号。至于房屋建筑，大木器构造，更是中国先民对保证生活质量的高水平贡献。

【释义6】古时候的丧葬，用草木掩盖着尸体，搁在荒野中，不设立坟墓，也不植树，居丧也没有一定的期限，后世圣人制定了一整套丧礼丧仪，用棺木殡葬，这大约是取象于大过卦。

【今按】丧葬礼仪的确立与完善，是人类脱离野蛮蒙昧、进入文明社会的划时代标志。稳定的血脉亲情（以姓氏为标志），是殡礼的先决条件。中国先民对血脉认同的高度重视，举世无双。

【释义7】远古时期尚无文字，结绳以记事，圣人便发明了文书契刻，百官用文字来治政，人民用文字来记事，这大概取象于夬卦。

【今按】城邑聚居与文字发明，是世界公认的两大文明指标。中华文明的突出之处，不仅是发明了文字（古埃及人、古巴比伦人也有文字），还同时解决了文字书写载体的问题：先用甲骨、陶器、青铜器，但均非专用文字载体，且难以复制；后用帛书，但不廉宜；周代发明了竹简与木牍，用于契刻文字与图形。简牍廉宜，好加工，又便于批量复制、传布、保存，这才有了真正意义上的"书"。简书直到东晋末才被纸书所代替。欧非古人没有造出简书、纸书来，没有"书"，教育、出版、图书馆之类的文化事业，一概免谈。

中国人可千万不要淡忘了"后世圣人易之以书契"这项历史功勋。

【今按】《系辞下》第二章，简直就是一篇远古科技发明史纲。它通过对六十四卦卦名的演绎告诉人们：远古圣贤，无一不是终身劳动者，无一不是艰辛创业者，无一不是科技发明者，无一不是以美利利天下者！它又告诉人们：古来的圣贤崇拜，就是对劳动的崇拜，就是对民族创造力、民族创造精神的崇拜！当然，孔子不是不知道，六十四卦的生成与命名，是周文王以后的事，故伏羲尧舜们是不可能从中得到灵感启迪的；他的这番追溯，显然是"为圣化而托古"的思维方法论的产物，违背了历史逻辑。我们取其重发明创造之旨可也。

【三章】是故，《易》者象也。象也者，像也。彖者，材也。爻也者，效天下之动者也。是故，吉凶生而悔吝著也。

【释义】所以《周易》就是从天下万事万物取象的。象就是"像"，《周易》的卦象，是模拟万物的气质形象，而不是万物之物理状态。彖，是用以解释裁断卦辞的。爻，是仿效天下万物错综复杂的动态变化的。事物有了变动得失，就产生了吉凶，而对小疵小病的疚悔、忧虑，也就由此而日渐引人瞩目了。

【今按】承上篇第十章"取象制器"之说，申叙圣人创设卦、象、爻的用意。

【四章】阳卦多阴，阴卦多阳，其故何也？阳卦奇，阴卦耦。其德行何也？阳一君而二民，君子之道也；阴二君而一民，小人之道也。

【释义】六十四卦之阳卦卦体多用阴爻，阴卦卦体多用阳爻，这是为什么呢？阳卦以奇数为主，例如震（☳）、坎（☵）、艮（☶）都是一阳二阴；阴卦以偶数为主，例如巽（☴）、离（☲）、兑（☱）都是二阳一阴。震、坎、艮虽多阴爻，仍以一奇为主，即为阳卦；巽、离、兑虽多阳爻，仍以一偶为主，即为阴卦。阴阳两卦，它们的德行，有什么不同呢？阳卦是一个国君、两个臣民，君少民多，这是君子之道；阴卦是两个国君、一个臣民，君多民少，这是小人之道。

【今按】第四章说阴卦、阳卦的区别与寓意。

【五章】《易》曰："憧憧往来，朋从尔思。"子曰："天下何思何虑？天下同归而殊途，一致而百虑。天下何思何虑？日往则月来，月往则日来，日月相推而明生焉。寒往则暑来，暑往则寒来，寒暑相推而岁成焉。往者屈也，来者信也，屈信相感而利生焉。尺蠖之屈，以求信也；龙蛇之蛰，以存身也。精义入神，以致用也；利用安身，以崇德也。过此以往，未之或知也。穷神知化，德之盛也。"

《易》曰："困于石，据于蒺藜；入于其宫，不见其妻，凶。"子曰："非所困而困焉，名必辱；非所据而据焉，身必危。既辱且危，死期将至，妻其可得见邪？"

《易》曰："公用射隼，于高墉之上，获之，无不利。"子曰："隼者禽也，弓矢者器也，射之者人也。君子藏器于身，待时而动，何不利之有？动而不括，是以出而有获。语成器而动者也。"

子曰："小人不耻不仁，不畏不义，不见利不劝，不威不惩。

小惩而大诫，此小人之福也。《易》曰：'屦校灭趾，无咎'，此之谓也。""善不积，不足以成名；恶不积，不足以灭身。小人以小善为无益而弗为也，以小恶为无伤而弗去也。故恶积而不可掩，罪大而不可解。《易》曰：'何校灭耳，凶。'"

子曰："危者，安其位者也；亡者，保其存者也；乱者，有其治者也。是故，君子安而不忘危，存而不忘亡，治而不忘乱；是以身安而国家可保也。《易》曰：'其亡其亡，系于苞桑。'"

子曰："德薄而位尊，知小而谋大，力小而任重，鲜不及矣。《易》曰：'鼎折足，覆公𫗧，其形渥，凶。'言不胜其任也。"

子曰："知几其神乎！君子上交不谄，下交不渎，其知几乎？几者，动之微，吉之先见者也。君子见几而作，不俟终日。《易》曰：'介于石，不终日，贞吉。'介如石焉，宁用终日？断可识矣。君子知微知彰，知柔知刚，万夫之望。"

子曰："颜氏之子，其殆庶几乎？有不善，未尝不知；知之，未尝复行也。《易》曰：'不远复，无祗悔，元吉。'"

"天地絪缊，万物化醇；男女构精，万物化生。《易》曰：'三人行，则损一人；一人行，则得其友。'言致一也。"

子曰："君子安其身而后动，易其心而后语，定其交而后求。君子修此三者，故全也。危以动，则民不与也；惧以语，则民不应也；无交而求，则民不与也，莫之与，则伤之者至矣。《易》曰：'莫益之，或击之，立心勿恒，凶。'"

【释义】《周易》咸卦九四爻："心意不定地往来奔走，朋友们终究顺从你的意愿。"孔子说:"天下有何足以困扰忧虑的呢?天下同归于一个目标,而所走的途径有所不同;同一个理想,有百种不同的思考。天下有何足以困扰忧虑的呢?太阳落山了,月亮就升起了;月亮下山了,太阳又升起了,日月往来交替,因而有光明的出现。寒冷的日子结束了,炎热的日子就来了;炎热的日子结束了,寒冷的日子就到了,寒暑往来的交替,遂有了春生夏长、秋收冬藏的年成。过去的已经屈缩,将来的即将伸展,屈缩伸展,互相交感而用,而利益也就在其中了。尺蠖虫把身子屈缩起来,正是养精蓄锐,等待时机的来临,以求伸展;龙蛇之类,严冬酷寒的时候藏在土洞里,以保全它们的躯体。专精地研究精粹微妙的义理,到达神而化之的境界,也就可以学以致用了;利用易学而安洽其身,就可以崇高吾人的德业了。如超越这一切,则无人能知其状况。至于专研宇宙无穷的奥妙,了解万物变化的原理而默化之,则是其道德修持已达到极崇高的境界了。"

《周易》困卦六三爻:"前进则受困于巨石之阻,后退又窘迫于蒺藜之刺,即使回到家中,连妻子也见不上,该多么不利。"先圣说:"应能避免的困境而遭受困窘,必致声名俱裂;不应守的据点而据以安身,必定身家危殆。名辱而身危,将死,还指望见到妻子吗?"

《周易》解卦上六爻:"王公出猎,登上高墙射击鹰隼,一箭命中,象征着无往而不利。"先圣说:"鹰隼是猎物,弓矢是打猎的利器,能弯弓射击的是人。君子身藏利器,等待时机而有所行动,还怎么可能不达目标呢? 凡人有所行动而未见掣肘,则出外必有所获。就是说,平常有备于身,临事不被掣肘,那就事无不成,胜利属于有准备、有成器的人。"

先圣说:"小人不知道羞耻,不知道仁爱,不懂得敬畏,不懂得义理,不见到眼前功利,就不会勉力做好事;不施加刑罚威严,就不知道惩戒。对于小人来说,小小的惩罚而使他受到大大的戒惧,以致不犯大罪,这倒是他的福气。正如《周易》噬嗑卦初九爻所说:'加上脚镣,灭没他的足趾,错不了。'以轻刑促其悔过自新,岂有不可行之理?"(孔子说)"一个人,善行不积累,不足以成名于天下;罪恶不累积,不足以自灭其身。小人做事,完全以利害得失为出发点,以为做点小小善事,不会得到什么好处,便索性不做;以为犯些小小差错,无伤大体,便不改过,因此日积月累,罪恶便盈满天下,以致陷入不可解救的地步。这也正如《周易》噬嗑卦上九爻所说:'一旦罪恶深重,大枷就会戴于头上,连两耳都被掩灭了,那该是多么沉重的祸害!'"

先圣说:"危险,是因为他安于现职现位;灭亡,是因为他自以为可以长享尊荣;动乱,是因为他自以为大位可以永保安全。所以君子必须居安思危,存不忘亡,治不忘乱,这才身家可保。正如《周易》否卦九五爻所说:'将亡将亡,寄托于茂盛的桑树。'"

先圣说:"才德浅薄而身居尊位,才智浅狭而图谋大事,力量很小却担当天下重任,很少没有灾祸的。正如《周易》鼎卦九四爻所说：'鼎足折断，倾覆了公爵的美食，弄得鼎身一片狼藉，那是非常凶险的。'这是说才力不足以胜任的危险啊！"

先圣说："能预先晓得几微的事理，则将达到神妙的境界！君子对上决不谄媚阿谀，对下决不傲慢轻蔑，可以说这就是深明机理的人了。几微的事理，是事情变动的微妙机枢，是吉凶的预兆。君子能见机于未然，故能及时作为，不必等待日后。这正如《周易》豫卦六二爻所说：'耿介如石，不过一整天即转而为柔，故吉。'耿介如石，何用一整天？当即就能断然明知了。君子懂得事理的微妙与彰显，知道事物的柔弱与刚强，故通达而应变自如，这是万众所期盼的人物呀。"

孔子赞赏他的学生颜回说："颜家这位弟子，算得上是知几通达的君子！有了过失，没有自己不知道的；一经发觉，立即改正，从此不再犯。正如《周易》复卦初九爻所说：'迷途了，所走未远，及时回头，不至于有太大的悔吝，则大吉大利。'"

（孔子说）"天地间阴阳二气缠绵交结，化育万物；男女双方形气交通，遂得生生不息。这也如《周易》损卦六三爻所说：'三人同行，行动难以统一，势必减损一人；一人独行，反而容易得到志同道合的伙伴。'是说天下的事理，都归于一致。"

先圣说："君子必先安定其身，然后才可以有所作为；心平气和，然后开口说话；先建立交往，然后才可以对人有所要求。君子有了此三项基本修养，与人必能和睦相处，无所偏失。冒险地行动，人们不会拥护你；用言语去威胁人民，人民不会响应你；

无所交往，对人民有所征发和要求，则人民不会赞助你，若无人赞助追随，则伤害你的人会随时出现。《周易》益卦上九爻里说过：'对臣民没有益处，就会遭人攻击；动机不纯，立心不正的人，会有凶险。'"

【今按】第五章系统而周全地论述了易学易理的社会应用、政治应用价值，其"危以动，则民不与也；惧以语，则民不应也；无交而求，则民不与也"的结论，尤具政治伦理意味。

【六章】子曰："乾坤，其《易》之门邪？"乾，阳物也；坤，阴物也。阴阳合德而刚柔有体，以体天地之撰，以通神明之德。其称名也，杂而不越，于稽其类，其衰世之意邪？夫《易》，彰往而察来，而微显阐幽。开而当名，辨物正言，断辞则备矣。其称名也小，其取类也大，其旨远，其辞文，其言曲而中，其事肆而隐。因贰以济民行，以明失得之报。

【释义】先圣说："乾坤两卦，是理解《周易》的门户吧？"乾，示阳刚的物性；坤，显阴柔的物性。阴阳的德行相与配合，刚柔有一定的体制，用来体察天地间的一切撰作营为，以通达造化神明的自然德行。《周易》卦爻辞所称述的名物，庞杂但并不超越常理常类，稽考辞中表述忧虞警诫的事类，大概是作者处在衰乱时代的思想吧？《周易》彰明以往的事态轨迹，体察未来的事态演变，它致力于显微渺而察幽深。作《周易》者所立卦爻概念，无不确当而精准；它辨事态而发正言，所作象数判断，无不周延而完备。《周易》所取物名和爻象，乃近取于身边，故多具体而琐细（比如牝牛、羝羊、繁霜、篱笆、碎石、屎尿之类），但所指称的物性、物类、物理却是包容广大的，其寄寓的易理更是深广幽远的，而所用来表达的文辞，却又那么美丽、生动，有文采、有说服力，它的语言浅显、平易而又深合事态本身的曲隐，所论述的易理既明显通达而又深藏内奥。它总是从祸福、得失、吉凶、悔吝两端去调节协同民众的弃取，从而晓谕大众的吉凶抉择。

【今按】第六章专论易学的精妙：以平易胜高深，化繁杂为简易。这才是易道的精准表述。凡不能以简驭繁、化繁为简者，不足以称为"易道"。

【七章】《易》之兴也，其于中古乎？作《易》者，其有忧患乎？

是故，履，德之基也；谦，德之柄也；复，德之本也；恒，德之固也；损，德之修也；益，德之裕也；困，德之辨也；井，德之地也；巽，德之制也。

履和而至，谦尊而光，复小而辨于物，恒杂而不厌，损先难而后易，益长裕而不设，困穷而通，井居其所而迁，巽称而隐。

履以和行，谦以制礼，复以自知，恒以一德，损以远害，益以兴利，困以寡怨，井以辨义，巽以行权。

【释义】《周易》的兴起，大概是在中古时代吧？《周易》的作者，大概是心怀忧患的人士吧？

所以，履卦重视制作礼仪来夯实德业之基；谦卦倡言卑己尊人以作为行德的抓手；复卦劝人修身从善，这是德行的根本；恒卦教人始终如一，这是道德稳固的根由；损卦教人惩忿窒欲，做足修德的功夫；益卦教人迁善改过，拓宽德行的天地；困卦要人困而不乱，严守正道，辨明道德的分野；井卦施恩泽如井泉，取之不尽，用之不竭，达到普施道德的境界；巽卦教人因势利导，那是道德的因时因地因人而制宜。

履，人际协和而礼数到位；谦，越能谦虚待人，越是尊贵而光荣；复，回到善上，从小事做起，遍及一切事物；恒，事态变幻，难以捉摸，唯有恒心定志，才能抵达彼岸；损，其修身功夫有个艰难起步，要日损其欲，日减其忿，则日久成自然，便容易了；益，增益也，应长久地自身修德，无须刻意施设；困，困境也，困穷足以磨炼身心，增益其所不能；井，古语云"改邑不改井"，井水可养人，则处于其所而能施德于人；巽，巽顺人情，因势利导，隐而不露。

履，坚持用和来行动，才得大业有成；谦，以礼自制；复，反求诸己；恒，始终不二，坚定守一；损，摒除私欲，修德远害；益，指导你为万民兴利除害；困，可以减少怨尤；井，可以辨其义理；巽，可以申命行权。

【今按】第七章陈说履、谦、复、恒、损、益、困、井、巽九卦之寓意，也就论及各卦的主题。它明示了君子道德修持的路径与重大社会意义。克服中古时期的种种磨难与凶咎，要靠现实世界正人君子表里如一、知行如一的道德修持。

本文行文带有辩证思维：反复提倡履谦，警示复恒，正因为中古社会有这方面的可怕缺失！大讲困损，倡言井巽，也因为中古人品亟须这方面的补虚查漏！……越是短缺的东西越要大张旗鼓地宣传，越是大张旗鼓地宣传的东西越证明其短缺。作者推定《周易》兴于中古，作《周易》者有深深的忧患意识。这里的"中古"，指商周之际（参见第十一章）。

【八章】《易》之为书也不可远，为道也屡迁。变动不居，周流六虚，上下无常，刚柔相易，不可为典要，唯变所适。其出入以度，外内使知惧。又明于忧患与故，无有师保，如临父母。初率其辞，而揆其方，既有典常；苟非其人，道不虚行。

【释义】《周易》这部书，不可疏远它，它所体现的道，经常起变化。变动不拘于一时，周遍流转在六爻的位子，从上降至下，由下升向上，没有不变的爻位，而有互变的刚柔，说解不可固执经传言辞，典常不能僵守教条，事态变动不居，真意唯变是求。《周易》之理，出入于阴阳，进退乎吉凶，内外都合法度，上下都有戒惧。明了忧患的原因，虽无师保在旁，却似父母在前，不致颠越。初循卦辞，进揣爻象；玄理所在，把握典常；恪遵不二，经世化民；传之其人，道不虚行。

【今按】第八章突出学《周易》者应守之方法论：变动不居，上下无常，刚柔相易，唯变所适。

【九章】《易》之为书也，原始要终，以为质也。六爻相杂，唯其时物也。其初难知，其上易知。本末也，初辞拟之，卒成之终。若夫杂物撰德，辩是与非，则非其中爻不备。

噫！亦要存亡吉凶，则居可知矣；知者观其彖辞，则思过半矣。

二与四，同功而异位，其善不同：二多誉，四多惧，近也。柔之为道，不利远者，其要无咎，其用柔中也。三与五，同功而异位，三多凶，五多功，贵贱之等也。其柔危，其刚胜邪？

【释义】《周易》这部书，是追源事物的始终、根究其本质的经典文献。它有六十四卦，每卦有六爻，象征着万事万物的生死荣枯。通常说来，其初爻的意义一下子很难把握准，其上爻意涵终了，领会起来则容易得多。事物的过去未来，其外象与内质，初爻只是开始模拟之，难以充分展开，直到六爻之终才表达完成。至于陈物象而示本质，述阴阳而表德行，论真伪而辨是非，就必须依靠对中间四爻的仔细审度观察，分析评估，它的吉凶悔吝才能表露无遗。

人们要想探讨事物存亡吉凶的秘密，也并不神秘（真理总是简易的），那是平居无事就能把握的，聪明人只需看一下彖辞，也就可以知其大概了。比如，六爻中的第二爻与第四爻，同属于阴柔的性质，二爻与四爻功用相同，而位置不同，功能善恶也就不同：二爻居下卦之中，做事易得赞赏；四爻象征臣位，逼近君侧，动辄得咎，常处于危机之中。柔顺的本质，不利于谋求远大作为，其关键是免咎，其功在于不失中庸之道。第三爻与第五爻都处于阳位，同属阳刚，功用相同，而分居上下卦不同之位，三爻多凶险而五爻多功绩，这是因为地位贵贱不同。三五阳位，若阴柔处之则多危险，若阳刚处之就能取胜吧？

【今按】第九章专论爻位之性质与功能的不同。在通常情况下，初爻出于蒙稚，上爻须行反思；二多誉，四多凶；三成事，五尊荣；而临事调剂，则全看卜者变通运用之妙，不得拘执于一隅。

【十章】《易》之为书也，广大悉备，有天道焉，有人道焉，有地道焉。兼三才而两之，故六。六者非它也，三才之道也。道有变动，故曰爻；爻有等，故曰物；物相杂，故曰文；文不当，故吉凶生焉。

【释义】《周易》这部书，法理广备，无所不包：有天之道，有人之道，有地之道。兼有天地人三才再加重复，故成六爻。天有昼夜，人有男女，地有水陆，两两成列，六爻配三才，各占一对奇偶位。物类不齐，爻分等次，物相错杂而成文，文不相当则吉凶生，祸福出。

【今按】第十章简述三才六爻配置的原则。无论经卦还是重卦，天地与人为一，其价值是相等的。

【十一章】《易》之兴也，其当殷之末世、周之盛德邪？当文王与纣之事邪？是故其辞危。危者使平，易者使倾。其道甚大，百物不废，惧以终始，其要无咎。此之谓《易》之道也。

【释义】《周易》的兴起，大概在商衰周兴之时，对应着周文王和商纣王的事情。所以它的话语皆隐含警醒畏惧之意。其主旨在于居安思危，戒慎恐惧；其功能在于助安扶倾，化险为夷。易道如此广大，百物不违其理，万事定其终始，要旨归于慎求无咎。这就是《周易》的神奇！

【今按】本章赞美易道，推测《周易》兴于商周接替之际。什么是易道？"危者使平，易者使倾"是易道；"百物不废，惧以终始"也是易道。

【十二章】夫乾，天下之至健也，德行恒易以知险；夫坤，天下之至顺也，德行恒简以知阻。能说诸心，能研诸侯之虑，定天下之吉凶，成天下之亹亹者。是故，变化云为，吉事有祥，象事知器，占事知来。

天地设位，圣人成能。人谋鬼谋，百姓与能。八卦以象告，爻彖以情言，刚柔杂居，而吉凶可见矣！变动以利言，吉凶以情迁。是故，爱恶相攻而吉凶生，远近相取而悔吝生，情伪相感而利害生。凡《易》之情，近而不相得则凶；或害之，悔且吝。

将叛者其辞惭，中心疑者其辞枝，吉人之辞寡，躁人之辞多，诬善之人其辞游，失其守者其辞屈。

【释义】乾，是天下最刚健的，其秉性总是那么平易，所以可以照见天下深藏的危险；坤，是天下最柔顺的，其秉性总是那么简易，所以可以感知天下隐蔽的困阻。易学的道理，能使身心和悦，能专精研究一切思虑，断定天下吉凶悔吝，成就天下勤勉不息的事业。再说，无论是天地的阴阳变化，还是人类的言行举止，事情的吉凶悔吝，必有其相应的征兆，观察事物的征象，就能认识形而下之器，从而占知其未来的走向。

天地间的事物，都有它自己的法则和位置，圣人仿效之以参赞造化。圣人先谋划于贤士，又卜筮于鬼神，即使是民众也能参与到幽明能事的抉择中来。于是八卦透过卦象喻示哲理，象辞、爻辞以话语揭示其内情，刚柔杂陈则吉凶可见。阴阳变动，以其有利无利于人为论断依据；吉凶推移，随其情理变迁而被左右。因此，爱恶相攻而产生吉凶，远近感应而出现悔吝，事有真伪而生利害冲突。大凡易理的内在规律，相近而不相容者必斗，斗而至于相害，那就招致悔吝了。

将要阴谋叛变的人说话时定会露惭愧神色，心中犹疑不定的人其话语必然支吾零乱，吉人的言辞少，浮躁的人话语多，搞诬陷的人言辞游移而不定，没操守没原则的人会轻率变调。

【今按】本章申论乾坤阴阳变化之理，对于观照、分析、预卜事物情态发展具有指导意义。"八卦以象告，爻彖以情言""变动以利言，吉凶以情迁"，可知"《易》之情"是本章的关键词，理解了它，就能疏通全文，否则文义将隔碍不畅。

六、《说卦》的主干内容

《十翼》之《说卦》等三篇文章，专门揭示各卦内在的相互关联，但主要论及卦名，有时也涉及卦符的结体与卦符的性、位、数之变动。三篇行文大致以判断句式构成，没有论证过程，显示了早期议论文的"粗糙性"。

卦者，挂也，易卦之所以被称为"卦"，分明是远古时期将狩猎与采集之物做类别区分、实行结绳而治的历史记忆。"八卦"其实就是挂于它名下的八大类、六十四种社会吉凶问题的"兆端"或"征象"，通过观察这些兆端或征象，可以找到解决复杂社会问题的门路。

说卦者，说明所取卦象之缘由及其特征，陈说八卦之品质、功能与价值的演化与变通。另，《说卦》与《论语》《老子》的"语录体"相近，只是形式上粗具"专题论文"的外貌，语义矛盾不可避免。

【一章】昔者圣人之作《易》也，幽赞于神明而生蓍，参天两地而倚数，观变于阴阳而立卦，发挥于刚柔而生爻，和顺于道德而理于义，穷理尽性以至于命。

【释义】当年先圣创作《周易》，幽深地阐明万物的神奇变化而创用了蓍卜，依靠奇（天数）偶（地数）数的交错变化而推衍出易数，观察阴阳的变化规律而创立了八卦，发挥刚柔变动之密码而产生了三百八十四爻，协和于"天地人"之德行而顺达于义理，于是深刻地阐明了宇宙之先天大道和人类之先天命运。

【二章】昔者圣人之作《易》也，将以顺性命之理，是以立天之道曰阴与阳，立地之道曰柔与刚，立人之道曰仁与义。兼三才而两之，故《易》六画而成卦。分阴分阳，迭用柔刚，故《易》六位而成章。

【释义】当年先圣创作《周易》，是要用它来宣达性命之理的，所以《周易》把天地人三才各自的阴阳两面组合起来而有了六位六爻。其中，确定天之道的是阴与阳，确定地之道的是柔与刚，确定人之道的是仁与义，两两对应，依序陈列；并把六爻中的初、三、五爻定为阳位，二、四、上爻定为阴位。这样将六位分阴分阳，使之刚柔交替，一一对应，从而组成一个完整的易道表达式：

［地之道］初爻——刚，二爻——柔。

［人之道］三爻——义，四爻——仁。

［天之道］五爻——阳，上爻——阴。

【三章】天地定位，山泽通气，雷风相薄，水火不相射，八卦相错。数往者顺，知来者逆，是故《易》逆数也。

【释义】天地确定上下位置，山泽气息相通，雷风相搏而动，水火不相触击，八卦就是刚柔阴阳的交互错杂。过去之事顺着推算，未来之事逆着推算，将来之事隐秘难测，所以《周易》中的爻辞，是自下往上、由民至君，逆推未来。

【四章】雷以动之，风以散之，雨以润之，日以烜之，艮以止之，兑以说之，乾以君之，坤以藏之。

【释义】八卦所取的八大物象，各自具有其基本性能和功用：雷象征鼓动万物，风象征发散万物，雨象征滋润万物，太阳象征干燥万物，艮象征束止万物，兑象征愉悦万物，乾象征统领万物，坤象征包藏万物。

【五章】帝出乎震，齐乎巽，相见乎离，致役乎坤，说言乎兑，战乎乾，劳乎坎，成言乎艮。万物出乎震，震东方也。齐乎巽，巽东南也；齐也者，言万物之絜齐也。离也者，明也，万物皆相见，南方之卦也；圣人南面而听天下，向明而治，盖取诸此也。坤也者，地也，万物皆致养焉，故曰致役乎坤。兑，正秋也，万物之所说也，故曰说言乎兑。战乎乾，乾西北之卦也，言阴阳相薄也。坎者水也，正北方之卦也，劳卦也，万物之所归也，故曰劳乎坎。艮，东北之卦也，万物之所成终而所成始也，故曰成言乎艮。

【释义】主宰大自然的天帝用雷震使万物出生，用巽风使万物生长整齐，用离日的光明使万物相见，用坤地使万物得养，用兑秋使万物成熟喜悦，用乾初冬使万物在阴阳二气的搏斗中，用坎正冬使万物感到疲劳而归藏，用艮冬离初来使万物成终成始。万物从雷震出生，震卦对应于东方和春分；万物在巽风中生长，巽卦对应于东南和立夏；生长整齐，表明万物的生长状态一致。离卦喻示光明，万物旺盛相见，对应于南方和夏至；圣君南面而听天下之政，向明而治，也有取离之明白畅达义。所谓"致役乎坤"，坤卦对应西南和立秋，坤，地也，万物皆致养于地。兑，西方也，正秋也，万物所喜悦之收获季节也（可见"悲秋"并不合乎易道）。乾卦，对应于西北和立冬，战乎乾，言阴阳相迫而交战也。坎卦，劳卦也，对应于北方和冬至。坎者，水也，北方乃万物之所归宿、劳倦之所休息。最后，新一轮的成功启动，对应于东北和立春，是为艮卦，万物所成，终而复始，故曰"成言乎艮"。

【今按】这是按"后天八卦"来解说八卦之对应方位与节令。

【六章】神也者，妙万物而为言者也。动万物者莫疾乎雷，桡万物者莫疾乎风，燥万物者莫熯乎火，说万物者莫说乎泽，润万物者莫润乎水，终万物始万物者莫盛乎艮。故水火相逮，雷风不相悖，山泽通气，然后能变化既成万物也。

【释义】所谓神妙，表达的是天地化育万物的奇妙之理。鼓动万物，没有比雷更急速的；发散万物，没有比风更迅速的；干燥万物，没有比火更炎热的；欣悦万物，没有比泽更和悦的；滋润万物，没有比水更湿润的；最终成就万物又重新萌生万物，没有比艮卦的象征更美盛的。故火与水相互作用，雷与风不相背反，山和泽连体通气，然后能生化万物，长养万物，变易万物，成就万物。

【七章】乾，健也；坤，顺也；震，动也；巽，入也；坎，陷也；离，丽也；艮，止也；兑，说也。

【释义】八卦卦名各有其含义：乾取刚健义，坤取柔顺义，震为发动义，巽为吹入义，坎为陷阱义，离有丽采、附丽义，艮有停止、限止义，兑有兑现、喜悦义。

【八章】乾为马，坤为牛，震为龙，巽为鸡，坎为豕，离为雉，艮为狗，兑为羊。

【释义】八卦取象各取其特质：乾取马象之健行，坤取牛象之负重，震取龙象以示刚勇，巽取鸡象以示守信，坎取豕象以其朴厚，离取雉象以其机智，艮取狗象以其忠实，兑取羊象以其固执。

【九章】乾为首，坤为腹，震为足，巽为股，坎为耳，离为目，艮为手，兑为口。

【释义】八卦跟人体器官的对应关系：乾对应头，坤对应腹，震对应足，巽对应股，坎对应耳，离对应目，艮对应手，兑对应口。

【十章】乾，天也，故称乎父；坤，地也，故称乎母。震一索而得男，故谓之长男；巽一索而得女，故谓之长女；坎再索而得男，故谓之中男；离再索而得女，故谓之中女；艮三索而得男，故谓之少男；兑三索而得女，故谓之少女。

【释义】八卦（经卦）之对应于一户人的关系：父母与长男、中男、少男的关系，及父母与长女、中女、次女的关系。索：选取也，搜取也，这里指发生爻变。

坤卦初爻取阳，爻变为震，长男；坤卦二爻取阳，爻变为坎，中男；坤卦三爻取阳，爻变为艮，少男。乾卦初爻取阴，爻变为巽，长女；乾卦二爻取阴，爻变为离，中女；乾卦三爻取阴，爻变为兑，少女。

其卦符对应的是：☰（乾，父）、☷（坤，母）、☳（震，长男）、☴（巽，长女）、☵（坎，中男）、☲（离，中女）、☶（艮，少男）、☱（兑，少女）。

【十一章】乾为天，为圜，为君，为父，为玉，为金，为寒，为冰（出于西北方向），为大赤，为良马，为老马，为瘠马，为驳马（传说能食虎豹），为木果。

坤为地，为母，为布，为釜，为吝啬（出产稀少），为均，为子母牛，为大舆，为文（五彩），为众，为柄。其于地也，为黑。

震为雷，为龙，为玄黄，为旉，为大涂，为长子，为决躁，为苍筤竹，为萑苇。其于马也，为善鸣，为馵足，为作足，为的颡。其于稼也，为反生（豆类，其芽反生）。其究为健，为蕃鲜。

巽为木，为风，为长女，为绳直，为工，为白，为长，为高，为进退，为不果，为臭。其于人也，为寡发，为广颡，为多白眼，为近利市三倍。其究为躁卦（取风，木相关之象）。

坎为水，为沟渎，为隐伏，为矫輮，为弓轮。其于人也，为加忧，为心病，为耳痛，为血卦，为赤。其于马也，为美脊，为亟心，为下首，为薄蹄，为曳。其于舆也，为多眚（力弱），为通（多孔），为月（水之精），为盗（潜行）。其于木也，为坚，多心。

离为火，为日，为电，为中女，为甲胄，为戈兵。其于人也，为大腹，为乾卦。为鳖（以下均为硬壳在外者），为蟹，为蠃，为蚌，为龟。其于木也，为科上槁。

艮为山，为径路，为小石，为门阙，为果蓏，为阍寺，为指，为狗，为鼠，为黔喙之属。其于木也，为坚，多节（取山之所有、山之所出及能止者）。

兑为泽，为少女，为巫，为口舌，为毁折，为附决。其于地也，为刚卤。为妾，为羊（以卑小贱弱为对象）。

【释义】八卦取象于远古、上古的现实生活，本文对卦象所取之物象、事象或意象作了一番归纳，读者可以从中看到古人做如此归纳的原理、原则。今天，人们可用它来对现实生活现象做类比思考，而不必拘泥于原文字句。

（原文翻译略）

原文之外，据荀爽《九家集解》本，乾卦之后，尚增补了四象：为龙，为直，为衣，为言。坤后增加八象：为牝，为迷，为方，为囊，为裳，为黄，为帛，为浆。震后还有三象：为王，为鹄，为鼓。巽后还有二象：为杨，为鹳。坎后增加八象：为宫，为律，为可，为栋，为丛棘，为狐，为蒺藜，为桎梏。离后还有一象，为牝牛。艮后还有三象：为鼻，为虎，为狐。兑后还有二象：为常，为辅颊。事实上，历代都有所增补，因为社会生活是发展的，占卜家也总会有对应的发现与归纳。探寻六十四卦的卦象，全都来自现实生活，无一出于怪力乱神。

对大自然的取象。大自然是人类生存的依托，天、地、水、火、风、雷、山、泽构成了人类的原始生存环境，故成为八卦卦象的首选。

对日常事物的取象：井、履、革、鼎、师、家人、同人……这是上古生活中常见的物象，其象征义易于为百姓所理解，可形成共识。

对社会人事的造象：屯、蒙、兑、临、观、蛊、讼、升、姤、困、随、遁、谦、晋、豫、解、蹇、睽、夬、旅、颐、恒、丰、损、益、噬嗑、归妹……这是上古日常生活中常见的事理、事象，可表述古今中外同类事理。

对抽象情理的模拟形象：否、泰、剥、复、渐、需、无妄、小过、大过、大畜、大壮、大有、未济、既济……这是在人类日常生活中形成的意象，具有抽象性。

从"天人同构，阴阳相依"的理路出发，《说卦》把六十四卦象与三百八十四爻象统统归属于伏羲八卦的八个卦象之下，即把象征社会吉凶问题的对象物（包括自然物、社会事物，甚至人或人体构成、人的德行）归于天地山泽、风雷水火八大类属。这种归类，完全不考虑对象物的理化构成与理化性能，不考虑对象物的自然属性、社会属性或是人文属性，只论其阴阳配属。

社会生活是发展的，作为"象"的对象物也在不断更新，不同时代的占筮者对此会有所增删修正。

七、《序卦》的主干内容

《序卦》根据卦名含义来揭示卦与卦之间相互联结的原理和结构，其总的原则为以阳驭阴，以刚制柔，使整个卦序杂而不乱，阴阳平衡，呈现出一种双向的、多层次的立体结构。

六十四卦分上下两篇，上篇以乾卦为首，坤卦为次；下篇以咸卦为首，以未济卦作结，形成一个有序整体。《周易》之以乾为首，确立了全书乾阳刚健、坤阴柔顺的基调，体现出阴阳对应，刚柔转换，简易变易不易的哲理。

《序卦》行文富有思辨性。如"萃者聚也，聚而上者谓之升，故受之以升。升而不已必困，故受之以困。困乎上者必反下，故受之以井。井道不可不革，故受之以革。革物者莫若鼎，故受之以鼎……"，就这样，六十四卦都被依次串接起来。

不过，六十四卦的排列组合，实际上是依八经卦的爻变顺次来安排的，并无意义上的逻辑联系，而本文从卦义的关联性上立论，故行文往往显得牵强，如"饮食必有讼""讼必有众起""比必有所畜"之类判断，都不足以构成"必然联系"。

【原文】有天地然后万物生焉。盈天地之间者唯万物，故受之以屯。屯者盈也，屯者物之始生也。物生必蒙，故受之以蒙。蒙者蒙也，物之稚也。物稚不可不养也，故受之以需。需者饮食之道也，饮食必有讼，故受之以讼。讼必有众起，故受之以师。师者众也，众必有所比，故受之以比。比者比也，比必有所畜，故受之以小畜。物畜然后有礼，故受之以履。履而泰，然后安，故受之以泰。泰者通也，物不可以终通，故受之以否。物不可以终否，故受之以同人。与人同者，物必归焉，故受之以大有。有大者不可以盈，故受之以谦。有大而能谦，必豫，故受之以豫。豫必有随，故受之以随。以喜随人者必有事，故受之以蛊。蛊者事也。有事而后可大，故受之以临。临者大也，物大然后可观，故受之以观。可观而后有所合，故受之以噬嗑。嗑者合也。物不可以苟合而已，故受之以贲。贲者饰也，致饰然后亨则尽矣，故受之以剥。剥者剥也，物不可以终尽剥，穷上反下，故受之以复。复则不妄矣，故受之以无妄。有无妄然后可畜，故受之以大畜。物畜然后可养，故受之以颐。颐者养也，不养则不可动，故受之以大过。物不可以终过，故受之以坎。坎者陷也，陷必有所丽，故受之以离。离者丽也。

有天地然后有万物，有万物然后有男女，有男女然后有夫妇，有夫妇然后有父子，有父子然后有君臣，有君臣然后有上下，有上下然后礼义有所错。夫妇之道，不可以不久也，故受之以恒。恒者久也，物不可以久居其所，故受之以遁。遁者退也，物不可以终遁，故受之以大壮。物不可以终壮，故受之以晋。晋者进也，进必有所伤，故受之以明夷。夷者伤也，伤于外者必反于家，故受之以家人。家道穷必乖，故受之以睽。睽者乖也，乖必有难，故受之以蹇。蹇者难也，物不可以终难，故受之以解。解者缓也，缓必有所失，故受之以损。损而不已必益，故受之以益。益而不已必决，故受之以夬。夬者决也，决必有遇，故受之以姤。姤者遇也，物相遇而后聚，故受之以萃。萃者聚也，聚而上者谓之升，故受之以升。升而不已必困，故受之以困。困乎上者必反下，故受之以井。井道不可不革，故受之以革。革物者莫若鼎，故受之以鼎。主器者莫若长子，故受之以震。震者动也，物不可以终动，止之，故受之以艮。艮者止也，物不可以终止，故受之以渐。渐者进也，进必有所归，故受之以归妹。得其所归者必大，故受之以丰。丰者大也，穷大者必失其居，故受之以旅。旅而无所容，故受之以巽。巽者入也，入而后说之，故受之以兑。兑者说也，说而后散之，故受之以涣。涣者离也，物不可以终离，故受之以节。节而信之，故受之以中孚。有其信者必行之，故受之以小过。有过物者必济，故受之以既济。物不可穷也，故受之以未济。终焉。

【释义】有天地（意指乾坤二卦）然后万物生长。充盈于天地之间者唯有万物，故承接之以屯卦。屯义在充盈，屯字象草木始生萌芽之形。物始生必蒙稚，故承接之以蒙。蒙为蒙昧，是万物幼稚时的表现。幼稚则不可不养育之，故承接之以需。需指人的饮食之道，饮食则必引发争讼，故承接之以讼。争讼必有群众之发起，故承接之以师。师是群体，群体中必有比较、比拼，故承接之以比。比较比拼，必预先有所积蓄，故承接之以小畜。物之积蓄过程须有礼法，故承接之以履（古文履就是礼，礼是言行的规矩）。人践履守礼，必获安泰，故承接之以泰。安泰就会通达，但事物不可能始终通达，故承接之以否。事物也不可能总是遭否，故承接之以同人。同人就是与人同志，那么物利必归于他，故承接之以大有。大有者是不可以盈满自得的，故承受之以谦。大有而能恭谦，必获逸豫，故承受之以豫。逸豫必有追随者，故承受之以随。以喜悦追随他人者必有因由，故承受之以蛊。蛊是事故的意思，有事故而后可能发展，故承受之以临。临是位高监临的意思，位高监临然后可以观察查验，故承接之以观。可观而后有所契合，故承接之以噬嗑。噬嗑，咬合也，它是一种分离，同时也是一种结合。物不可以苟且结合，故承受之以贲。贲有华饰文彩义，华饰文彩而后亨通，一直这样下去，必会走到尽头，故相承以剥。剥就是敲剥与剥击，事物不可能终遭剥击，穷上而返下，故相承以复。能往复，有复兴，则前程不妄，故相承以无妄。有无妄然后可蓄积，故相承以大畜。物大畜然后可大养，故相承以颐。颐就是安乐之奉养，不奉养则不可有所作为，故相承以大过。物不可能永远过错，故相承以坎。坎者坎陷艰难也，坎陷艰难必有所附丽，故相承以离。离是附丽之义。

有天地乾坤而后有天下万物，有天下万物而后有世间男女，有男女而后有夫妇，有夫妇而后有父子，有父子而后有君臣，有君臣而后有上下秩序，有上下秩序而后有安放（施行）礼义规则之所。夫妇之道，不可以不长久，故接下去是恒卦。恒者久也，事物不可以久居其所，故接下去是遁卦。遁者退隐也，事物不可以始终遁退，故接下去是大壮。事物不可能始终壮实，故接下去是晋卦。晋者进取也，一直进取必有所损伤，故接下去是明夷。夷就是伤害，伤于外者必返回家，故接下去是家人。家道穷困的必乖违，故接下去是睽卦。睽者乖违也，乖违必有险难，故接下去是蹇卦。蹇者难也，事物不能永远困难，故接下去是解卦。解者缓和也，缓和必有所失，故接下去是损卦。耗损不已，必反向增益，故接下去是益卦。增益不停必转为溃决，故接下去是夬。夬者决也，决必有所遇，故接下去是姤。姤是邂逅、遭遇义，物相遇而后集聚，故接下去是萃。萃者聚也，聚而上者谓之升，故接下去是升。不停上升，必然受困，故接下去是困。困于上的必反于下，故接下去是井。井道在于疏浚，不可不革除淤塞，故接下去是革。革物者莫若烹调大鼎，故接下去是鼎。主管重器者莫若家中长子，故接下去是震。震就是震动，物不可以始终震动，须适时而止之，故接下去是艮。艮是止义，物又不可以始终静止不变，故接下去是渐。渐者渐进而量变也，量变持续积累必归于质变，故接下去是归妹。妹子得其所归者必大发，故接下去是丰卦。丰者大也，穷极丰大者必失其居，故接下去是飘游不定的旅。旅而无所收容，故接下去是巽。巽者顺而入也，得入而后喜悦，故接下去是兑卦。兑者悦也，悦而后布散之，发散之，故接下去是涣。涣者离散也，事物不可以永远离散，故接下去是节。裁断节制而信守之，故接下去是中孚。坚守诚信的人必践行之，故接下去是小过。有小过的加以改进一定成功，故接下去是既济。事物发展不可穷尽，故接下去是未济。故一事物之终也就是新事物之始，终始循环，无穷尽焉。

八、《杂卦》的主干内容

《杂卦》之杂，为交叉错杂之义。它打破了经文既定卦序，举卦名、卦义相交错、相对应的卦做出思辨式解说，指出各组卦爻之间，存在着"吉凶贞悔""承乘比应"关系。承，相承接；

乘，相反制；比，相比照；应，相呼应——这是占筮家专讲的六爻之间的关系。

本文行文拉杂，难定其为孔子亲作。

【原文】乾刚坤柔，比乐师忧。临观之义，或与或求。屯见而不失其居，蒙杂而著。震起也，艮止也，损益盛衰之始也。大畜时也，无妄灾也。萃聚而升不来也，谦轻而豫怠也。噬嗑食也，贲无色也。兑见而巽伏也。随无故也，蛊则饬也。剥烂也，复反也。晋昼也，明夷诛也。井通而困相遇也。咸速也，恒久也，涣离也，节止也；解缓也，蹇难也；睽外也，家人内也。否泰反其类也。大壮则止，遁则退也。大有众也，同人亲也；革去故也，鼎取新也；小过过也，中孚信也。丰多故也，亲寡旅也，离上而坎下也，小畜寡也，履不处也，需不进也，讼不亲也。大过颠也，姤遇也，柔遇刚也。渐女归，待男行也。颐养正也，既济定也。归妹女之终也，未济男之穷也。夬，决也，刚决柔也。君子道长，小人道忧也。

【释义】乾道在于刚直，坤道在于柔顺，比讲乐而师讲忧。临观两卦之旨义，或在施与，或在营求。屯卦萌芽出现各得其所，蒙卦明暗交杂而童真显著。震为兴起，艮为停止，损益为盛衰之始。大畜追求时机，而无妄把灾凶回避。萃意集聚而升卦不下降，谦义轻己尊人而豫义懈怠。噬嗑如口进食，贲美饰不须色彩。兑欣悦外现而巽逊从内伏。随无故守而蛊用心治乱。剥腐烂剥落，复求重返正本。晋如白昼，明夷如暮夜光明损伤。井在通达而困在前途被挡。咸讲感应神速而恒求长久,涣使离散而节为节制;解舒缓,蹇急难;睽乖违于外而家人和睦于内。否泰互相反其类而行。大壮强盛适可而止,遁则及早退避。大有是所有的众多,同人是彼此亲密;革去故也,鼎取新也;小过也是过,中孚要信守。丰大则多事,亲朋寡少是旅,离者火向上而坎者水向下,小畜积蓄少,履卦是行动,不停在一处;需待之而不进,讼争讼纷起难以相亲。大过颠痴而姤乃相遇,此为"柔遇刚"。渐如女子出嫁,待男子礼备而成双。颐养身守正,既济事成安定。归妹是女子出嫁,得到归宿;未济是男子的事业没有成功。夬,决也,刚决定柔。君子之道盛长,小人之道困忧。

【今按】《十翼》中唯本文无"子曰"字样,恐非孔子言论的记录,或许直接出于孔门弟子之手。

《周易》之卦名很接地气。《周易》中的八经卦之命名、六十四重卦之命名,没有一个用的是巫卜术语,全是实际生活用语的精粹;都来自民间,是当时的"白话",不带任何玄秘色彩。《十翼》对卦名的解释,也体现了这一精神。如《说卦》第七章曰:"乾,健也;坤,顺也;震,动也;巽,入也;坎,陷也;离,丽也;艮,止也;兑,说也。"是从百姓的生活经验、生活哲理出发来立论。《系辞下》第七章言:"履,德之基也;谦,德之柄也;复,德之本也;恒,德之固也;损,德之修也;益,德之裕也;困,德之辨也;井,德之地也;巽,德之制也。"德指事物的本质、本性。这么讲,把各卦自身的本质特点表述得十分明畅。《杂卦》讲六十四卦的卦名、卦德与卦用亦如此："……震起也，艮止也，损益盛衰之始也。大畜时也，无妄灾也。萃聚而升不来也，谦轻而豫怠也。噬嗑食也，贲无色也……"这么讲就把人们引向了对现实生活的观察、分析，做求实的思考。

要知道，上古的星纪名、干支名、二十八宿名之类，都显得很玄奥，其来历与意涵，至今无人说得清楚；相比之下，《周易》的卦名及其义理诠释，就显得很朴实，很贴近民生，很接地气，此之谓"简易"。

《说卦》三篇以卦名为解读对象，很少涉及卦符的结体，也未尝论及各式各样的变卦与卦变，故整个《十翼》也罕见"承乘比应""少阳""老阴"之类指导卜筮操作才用得到的术语；因为《周易》的经文中原就没有这方面的内容——那是汉唐明清玩占卜术的人借用易之卦爻符人为地添加进去的"别解"，以至于世人误把《周易》也视为"算命打卦之书"，与"奇门遁甲"之类相混同。那些占卜术，并不在孔子所解《周易》的义理模式范畴，故本文亦不涉及。

九、《十翼》论及仁义，但未论忠孝

古《易》经文的正文中，并没有出现"仁"这个概念，而《十翼》则对"仁"做了理论界定，与《论语》相表里，这是孔子仁爱观的理性表达。

《系辞下》声明："何以守位？曰仁。何以聚人？曰财。理财正辞，禁民为非曰义。"把"仁"看成巩固统治地位的生命线，把"财"看成国民昌盛发展的依据，把"义"明定为理财正辞，禁民为非，充分评价了理财与禁民为非的正当性和刑赏适用的必要性。《说卦》言："昔者圣人之作《易》也，将以顺性命之理，是以立天之道曰阴与阳，立地之道曰柔与刚，立人之道曰仁与义。"把仁义视为"人道"的核心，这正是中华良性法治的精神前提。

《系辞上》："知周乎万物而道济天下，故不过；旁行而不流，乐天知命，故不忧；安土敦乎仁，故能爱。"仁，君子德能修养之必需！"休复之吉，以下仁也。"此谓当一阳来复之吉时，能够主动去俯就、亲近仁人，才是获得吉祥的关键。

《系辞上》："仁者见之谓之仁，知者见之谓之知，百姓日用而不知，故君子之道鲜矣！显诸仁，藏诸用，鼓万物而不与圣人同忧。"君子之道彰显于仁爱，蕴含于实用；往往不为人所知，故评价不一；但君子要持守仁心，不忘初心，不为外界论议所动摇。

请注意，《十翼》虽略论了仁义，但未述及忠孝，更未讲到对不忠不孝者的暴力惩治。夬卦："君子以施禄及下，居德则忌。"晋卦："君子以自昭明德。"家人卦："君子以言有物而行有恒。"睽卦："君子以同而异。"蹇卦："君子以反身修德。"损卦："君子以惩忿窒欲。"鼎卦："君子以正位凝命。"这里竟无一句涉及"忠孝""贞节"的道德说教，本书中凡论及庶民的祸福遭际、吉凶境遇，无一句是委之于"天命"的，更无一句要求民众对自己的灾难负责，无一句说什么社会冲突、民生灾难是老百姓自身"在劫难逃"，是庶民对不忠、不孝、不贞节的"赎罪"付出的代价。《周易》主张：治理者不得推卸治理的责任，被治者不必承担治理的义务。翻遍全书，没有一句是民众"必遭惩罚"之类的诅咒与恫吓，也没有一句脱离民生吉凶去奢谈"仁政""忠孝"。什么叫民本思想？这才是！

谁都知道，忠孝是历代道德宣传的核心，而不忠不孝则是历代惩治的重点对象，可是《周易》的经与传均未论及于此，实在出人意外。先秦儒家的原创经典如《易》《书》《诗》《礼》没有架空论道的问题；假大空的忠孝仁义说教，那是法家和后世庸儒联手推出的，与孔门教诲并无内在相关性。

十、《十翼》的中庸论与辩证思维

（一）《十翼》的中庸论

《周易》经文的象辞与爻辞，对居于二、五两位的占卜，特别强调"以中正也""以刚中也""位正中也"，为"中庸"思想提供了理论支持。

如比卦九五爻《象》曰："显比之吉，位正中也。舍逆取顺，失前禽也。邑人不诫，上使中也。"这段《小象辞》是说，"比"之所以能获得正能量，是位守正中的缘故。狩猎者能纵其前禽，君上能舍逆取顺，守其中正之道，不走极端，不斩尽杀绝，百姓也就会消除戒备心理，故能有众。

【今按】故事：商王汤出外狩猎，三面张网，驱禽兽而捕获之；一面不张网，纵禽兽而给出路。百姓赞其有仁人之心而愿追随他。

又如豫卦："六二，介于石，不终日，贞吉。《象》曰：不终日贞吉，以中正也。"耿介如石，不过一整天即转而为柔，故吉。《小象辞》说：那是因为居中持正。

【今按】中正：内卦之中爻。得中正之性，能够坚持正道，故吉。

爻位定吉凶。由初爻至上爻，有贵贱远近之不同。多半以居中得正者为吉，二、五两爻是也。间有不正者，若能因中以求正，亦可免于悔吝。

（二）《十翼》对爻变做了规律性的解说

就爻数、爻位、爻性之变化做占筮解释，最容易陷入玄奥迷思，《十翼》力求找出它的客观规律，让占筮者的思路有所依循。

《系辞》论及爻位之性质与功能的变易与区分时，告诉人们：真理总是简易的；事物的存亡吉凶并不神秘，是可以把握的。反映到六爻上，通常情况下，初爻蒙稚，二爻多誉，三爻成事，四爻位凶，五爻尊荣，而上爻反思。

初爻反映的事态，尚未展开，处于幼稚蒙昧阶段；第二爻与第四爻，同属于阴柔的性质，功用相同，但因位置不同，其寓意善恶也就不同。这是因为：二爻处内卦之中，上应五爻之尊，不为君王所疑，做事易得赞赏，故多能获得吉利；四爻象征臣位，挨近五爻君位，逼近君侧，动辄得咎，常处于危机之中。同时，三爻与五爻都处于阳位，其功用相同；虽同属阳刚，而地位贵贱却不同，故三爻多成事而五爻多功绩。今日来看这席话，纯是借筮占之名，传授从政经验。

至于临事调剂，则全看运用之妙，不可拘执僵持，因为"变动不居"，"不可为典要"。

（三）《十翼》的辩证思维

这里举出四组卦名，各就其主旨之辩证关系略加说明，其余可以类推。

【第一组】今拈出观卦、蒙卦、颐卦三卦来说一说当官奉职的辩证法。官人就任的第一件事就是要学会"观"，要会做社会观察，要善于搞社会调查；他应办的事是"蒙"：启蒙，这是深得人心的善举，抓好儿童启蒙教育和社会启蒙教育，要懂得"蒙以养正""正法刑人"的道理；同时，还应懂得"颐"，制定政策、采取措施，做到"圣人养贤""国家养民"，使贤人和普通百姓都得到相应的颐养。这三项做到了，官才当得稳，当得久长。

【第二组】现以节卦、中孚、噬嗑三卦来说。政府之一切举措皆应有"节",皆需"节以制度,不伤财,不害民"。这是政刑底线。狱政是行政的聚焦点,政法官员尤其要做到慎狱恤刑,议狱缓死,以取信于民,以孚人望。噬嗑曰"先王以明罚敕法",这就为清明法治设置了理想路标。君子应为庶民摆脱牢狱之灾担责尽职。凡做得不到位者,必非好官员,很难有好下场。

【第三组】拿咸卦、需卦、复卦三卦来说。它们讲的都是"食色,人之所大欲",必须得到有效保障。咸就是"感",讲少男少女两情相悦的天然互感。有天地而后有男女,有男女而后有夫妇,这是真理。又,人生在世,衣食之需,天经地义,民以食为天。为官施政,要履善亲仁。那种把食色"大欲"排除在"天理"之外,大倡"灭人欲"的主张,决不是仁政。

【第四组】以恒卦、遁卦、既济卦、未济卦来说立身做事的哲学:能持恒真是好品行,但有时会产生负效应;当变应变,勿钻牛角尖。官场待久了,有人希求隐遁,这是正当的,但应区分是隐遁还是逃遁。若借口逃避、回避,知难而退,则是不负责任的小丈夫所为。今生一切事业,都没有终点;所有成功的节点、结点,都是新的起点。要弄明白个中义理,请读既济卦、未济卦,事业没有终点,只有新的起点。

一句话,对所有卦名,都应做辩证思考,勿钻牛角尖,莫片面。

十一、《十翼》论农业文化与财富

综合考古学、生物学等方面的研究结果，中华农业文化有9000年以上的历史。湖南彭头山古文化遗址，出土了9000年前的早期农耕文化的遗物；浙江河姆渡文化遗址，发现了7000年前的纺织工具和蚕的图像。这得来不易。

中国的耕作农业，从一定意义上说，从一开始就是"规模生产"：全国的水土田林沟渠道路都被置于网格化的"井田"设计之下，实行大田作业；都邑庐舍，必须建在水土田林足以承担的地区。《诗·豳风·七月》等篇章对此有生动的描述。"十千维耦"式的集体劳动场面，就出现在周初。《诗·小雅·甫田》唱道："曾孙之稼，如茨如梁。曾孙之庾，如坻如京。乃求千斯仓，乃求万斯箱。"这样的产业，这样的收成，正是现实生活的记录。《诗·小雅·无羊》："谁谓尔无羊？三百维群。谁谓尔无牛？九十其犉。"这样的业态，充满了生机，且是大体量的。

（一）农业文化

《周易》文化，正是中华农业文化的高度提炼，它站在这种"规模农业"的起点线上，对农村、农业与农民的生态，作了合乎天道的理性思考。

大哉乾元，万物资始，乃统天。云行雨施，品物流形。大明

终始，六位时成……首出庶物，万国咸宁。(《乾卦·彖辞》)

至哉坤元，万物资生，乃顺承天。坤厚载物，德合无疆，含弘光大，品物咸亨。牝马地类，行地无疆。(《坤卦·彖辞》)

天地交，泰。后以财成天地之道，辅相天地之宜，以左右民。(《泰卦·象辞》)。

上述三条，都把农业提高到践行"天道"的高度，视为神圣的事业。

地中有水，师。君子以容民畜众。(《师卦·象辞》)

文义：国家以水土养民。

地上有水，比。先王以建万国，亲诸侯。(《比卦·象辞》)

文义：国家要选择水土好的、生产资源供应潜力大的地方建国，建居民点。

农业是人类所以存续至今的根基。以生态眼光去看，农业文明的最大特色是：农业生产是在"第一自然界"里完成的。

（二）财富观

先秦儒学富有财利思想，所谓"《洪范》五福先言富，《大学》十章半理财"是也。《系辞上》坦言："法象莫大乎天地；变通莫大乎四时；县象著明莫大乎日月；崇高莫大乎富贵；备物致用，立成器以为天下利，莫大乎圣人。"又说："天地之大德曰生。"《乾文言》也说："乾始能以美利利天下。"

《十翼》中这样的论述，表达了它的财富观，孔子何尝反对言"利"？他只是反对一心谋私利而已。对这方面的误解必须澄清。

元者善之长也，亨者嘉之会也，利者义之和也，贞者事之干也。……乾始能以美利利天下，不言所利。(《乾文言》)

盛德大业至矣哉！富有之谓大业，日新之谓盛德。生生之谓易，成象之谓乾，效法之谓坤，极数知来之谓占，通变之谓事，阴阳不测之谓神。(《系辞上》)

法象莫大乎天地；变通莫大乎四时；县象著明莫大乎日月；崇高莫大乎富贵。(《系辞上》)

观颐，观其所养也；自求口实，观其自养也。天地养万物，圣人养贤以及万民。(《颐卦·彖辞》)

雷以动之，风以散之，雨以润之，日以烜之，艮以止之，兑以说之，乾以君之，坤以藏之。(《说卦》)

这里实际上提出了一种生态建设的总思路，依照震巽坎离艮兑乾坤之序，从"震"入手，依次推进：雷震风动，打破现状；滋润发扬，完善功能；稳定秩序，满足需求；宏观引导，藏富于民。

富家大吉，顺在位也。……王假有家，交相爱也。(《家人卦》)

子曰："夫《易》何为者也？夫《易》开物成务，冒天下之道，如斯而已者也。"(《系辞上》)

天地节而四时成，节以制度，不伤财，不害民。《象》曰：泽上有水，节。君子以制数度，议德行。(《节卦》)

这里强调了"制度"的原则与功能：一切制度的底线都是"不伤财，不害民"，这也是易理的基本原则。

十二、《十翼》倡导科技利民

孔子十分重视科技利民，他说："《易》有圣人之道四焉：以言者尚其辞，以动者尚其变，以制器者尚其象，以卜筮者尚其占。……往来不穷谓之通，见乃谓之象，形乃谓之器，制而用之谓之法，利用出入，民咸用之谓之神。"(《系辞上》)他主张"明于天之道，而察于民之故，是兴神物以前民用"，他赞赏"备物致用，立成器以为天下利，莫大乎圣人！"从中可见以人为本的思想。

孔子在解释六十四卦的卦名时，是从"善利万民"的角度去讲的。他非常明白科技对于创造社会财富、改善民生的极端重要性，他非常明白科技对于推进实体产业的极端重要性。在《系辞》中，孔子从伏羲画八卦说起，一直说到尧舜创"重门击柝"、发明"臼杵之利"——他们干的全都是利益万民的事业。这些圣人都是最有爱心的科技劳动者，他们关顾生者，不忘死者；他们的作为，全是从提升人的价值、品位，改善万民之社会生活出发。顺便说一下，孔子所崇奉的圣人，除了上面提到的诸位，还有益、稷、傅说、伊尹、姜太公……谁都不是出身高贵者，不是天生的圣人，全是实干家，事业有成之后，才被民众推尊为"圣人"。原来，古代圣贤，就是一批优秀劳动者，一批杰出"创客"，一批在现实世界为百姓"趋吉避凶"而辛勤创新的君子，一批以美利利天下者！它告诉人们：古来的圣贤崇拜，就是对劳动的崇拜，就是对民族创造力的崇拜，就是对民族创造精神的崇拜！我们肯定孔子重科技、重利益万民的质朴表述。孔子这样讲科技创造，也就给学生灌输了"乾始能以美利利天下"的创新意识，而把占卜带来的神秘气息扫除得干干净净，这在《周易》成书史上，可说是划时代的大事。

我国历代科技工作者，农学、医学、数学、天文学、音律学等，都从这里得到了思想支持；尤其是明代科学家徐光启、李之藻等，为了从西方引进数学、几何学、天文学、物理学、工程机械学等，从《周易》这儿找到了精神依托，实现了中西学术的沟通。

应该指出，把"圣道"空洞化、玄虚化，是后世小儒、腐儒们的惯常嗜好，是对真实"易道"的背叛。典型的事例是：宋代中国传统科技发展到了顶峰，可恰恰从宋代起，科学严重沦为道学附庸，甚至更为低微。程颐便讲："士之所以贵乎人伦者，以明道也。若止于治声律，为禄利而已，则与夫工技之事将何异乎！"（《二程集·河南程氏文集》卷八《为家君作试汉州学策问三首》）至明清，此种观念可谓尤烈。徐光启在《刻同文算指序》中说中华学术长期受到来自两个方向的压制：其一为"名理之儒，士苴天下之实事"，其二为"妖妄之术，谬言数有神理，能知来藏往，靡所不效"。言及于此，徐愤然曰："卒于神者无一效，而实者亡一存。往昔圣人所以制世利用之大法，曾不能得之士大夫间，而术业政事尽逊于古初远矣。"他主张大力引进西方科技，使之融于中国传统科技，由"翻译"而"会通"而"求超胜"。

（一）研深握几：深入研讨规律，把握要害

科学是干什么的？科学是研几的。几：精微义。研几就要透过关键，抓住要害，把握时机进行创造。这是一种专攻要害，以最小投入突破瓶颈、解决难题的科技思想、科技理念。《十翼》说：

夫《易》，圣人之所以极深而研几也。唯深也，故能通天下之志；唯几也，故能成天下之务。（《系辞上》）

研几的学问，就是"通天下之志""成天下之务"的学问，需要关注基础理论的贯通性与应用功能的全面性，学会贯通于百科的原理，遵行畅达于百业的通则。

法象莫大乎天地；变通莫大乎四时；县象著明莫大乎日月；崇高莫大乎富贵；备物致用，立成器以为天下利，莫大乎圣人。（《系辞上》）

由此看来，孔子是十分重视产业、重视科技、重视利益万

民的。

子曰："知几其神乎！……几者，动之微，吉之先见者也。君子见几而作，不俟终日。"（《系辞下》）

君子见于微、敏于事，能在最紧要的关头作出决断。

这里提出了几个具有指导性与启发性的命题：（1）"研几"是最核心最重要的科研方法论之一；（2）"崇高莫大乎富贵"，求富是光明正大的社会目标；（3）成就崇高事业者便是圣贤，而只要有益于万民，"重门击柝""杵臼之利"也值得追求。

下面，我们就"研几"问题多说几句。

五代的谭峭对"研几说"有很贴切的理解。他在《化书》中讲："转万斛之舟者由一寻之木，发千钧之弩者由一寸之机，一目可以观大天，一人可以君兆民。太虚茫茫而有涯，太上浩浩而有象。得天地之纲，知阴阳之房，见精神之藏，则数可以夺，命可以活，天地可以反覆。"这正是中国人的文化能动性的最大发挥。不要以眼前可计量的财力物力论成败，要从知微、握机、扼要、把关的认识能力、创造能力、控制能力上看未来。这种"研几"思想是真正的"东方智慧"。

（二）从人出发的科研才是真正的科研，科研不得以取代人、消灭人为目标

应该指出的是，中国传统的机器制作，是为了最大限度地使

用劳动力而不是一味节约劳动力,并不一律要求高智力、高素质的操作者,而是让每一个生命体都有用,越发展越能创造就业机会,体现人生价值。比如一架纺车,何其简单,连乡村的瞎老婆婆和八九岁的小女孩都能用它来纺纱织线,使最弱小的劳动力也能发挥其人生价值,共同参与社会财利的创造。

中国人的发明与制作,总是尽力把握事物的机枢,使一切装制都尽可能地简化到由一寻之木转万斛之舟,以一寸之机发千钧之弩的程度。比如远古用一座土圭来测日影,就可以实现时空测量与时空转换;比如一块三角马镫及一片马掌,就能让骑兵团作飞速的万里远征;比如川人用一副唧筒式装置,就能从地下深层提取出制井盐的卤水;豫人用一把洛阳铲,可以探知庄稼地深处有无古墓葬……它们无不证明着中华科技一贯追求的一种低成本、高效率,而又最简便、易普及、充分人性化、可以循环利用的特殊风格。能握机举要、化繁为简,这才是发明的真谛。

总的说来,中华科技的特色有三:(1)它是握机的,而不是救急纠偏的;(2)它是生态的,而不是无机的;(3)它是服务于提高人的生命价值的,而不是取代劳动力的。

十三、《周易》的艺文之美

《周易》一书包括《易经》和《易传》(也叫《十翼》)两部分,其语言文章之结体样式之美(对称美、图案美、韵律美)与思想情感之抒发表达之美（形象美、情志美、气韵美）都很突出，体现了中华文化的生态之美。

《周易》文章的"生态美"表现在多方面，例如：（1）气韵美：句式长短配置，有韵律感，有音乐美；（2）对称美：语言对称，章节匀称，词义词采选择、搭配得当，是生态场中对称、对偶、对立、对应关系的书面表达；（3）形象美：以自然生态形象寄寓理性思考，最大程度地发挥文字的描写、叙述、抒情、说明功能，思辨语言形象化等。

（一）《周易》文章的气韵美

《周易》的文句长短配置，以短句为主，词义词采配备确当，表义凝练，叙述、说明、议论的功能发挥得当；多用语气词，给人以韵律感、节奏感；且自然串接，环环相扣，显现出天然顺适、随流放舟、行云流水、舒卷自如的生态气韵之美。如：

子曰："同声相应，同气相求；水流湿，火就燥；云从龙，风从虎。圣人作而万物睹。本乎天者亲上，本乎地者亲下，则各从其类也。"（《乾文言》）

天尊地卑，乾坤定矣。卑高以陈，贵贱位矣。动静有常，刚柔断矣。方以类聚，物以群分，吉凶生矣。在天成象，在地成形，变化见矣。是故刚柔相摩，八卦相荡。鼓之以雷霆，润之以风雨；日月运行，一寒一暑。乾道成男，坤道成女。（《系辞上》）

乾以易知，坤以简能；易则易知，简则易从；易知则有亲，易从则有功；有亲则可久，有功则可大；可久则贤人之德，可大则贤人之业。(《系辞上》)

神也者，妙万物而为言者也。动万物者莫疾乎雷，桡万物者莫疾乎风，燥万物者莫熯乎火，说万物者莫说乎泽，润万物者莫润乎水，终万物始万物者莫盛乎艮。故水火相逮，雷风不相悖，山泽通气，然后能变化既成万物也。(《说卦》)

有天地然后有万物，有万物然后有男女，有男女然后有夫妇，有夫妇然后有父子，有父子然后有君臣，有君臣然后有上下，有上下然后礼义有所错。(《序卦》)

(二)《周易》文章的对称美

对称是自然生态的规律，也是汉语文章的显著特色之一。历代诗文中词义词采的最佳配置就是"对称"，那是生态场中对应、对称、对偶、对立、对比、对照、对等关系的文化表达。

六三，得敌，或鼓或罢，或泣或歌。(《中孚卦》)

同声相应，同气相求；水流湿，火就燥；云从龙，风从虎。(《乾文言》)

天尊地卑，乾坤定矣。卑高以陈，贵贱位矣。动静有常，刚柔断矣。方以类聚，物以群分，吉凶生矣。在天成象，在地成形，变化见矣。(《系辞上》)

天生神物，圣人则之；天地变化，圣人效之。天垂象，见吉凶，圣人象之；河出图，洛出书，圣人则之。(《系辞上》)

动万物者莫疾乎雷，桡万物者莫疾乎风，燥万物者莫熯乎火，说万物者莫说乎泽。(《说卦》)

从上列各例看来，《周易》句式多用对偶，上下两个分句字数相等，句内节奏点相同，对应语位上的单词、词组或短语的结构相同，词性词采相同或相近，而词义则或相反，或相近，或相应，上下句之间对应、对称、对等或对立、对抗。这种语型用于表达哲理性思考的成果，很有效，它用重复出现的句型表达并不重复的抽象道理，可直诉人的心灵；有时又搭配长句子，使文气疏密有致。可贵的是，《周易》全文语言的整齐是明显的，却自然而然，没有故意做作的痕迹，这也是其能保持鲜活生命的重要条件。

除了文句的对称美，还有章节配置的图案匀称之美。全文六十四卦，每卦文字全都用一个结体模式（卦符、卦名、卦辞、彖辞、象辞、六爻爻辞相配置，似花边），形成一种循环往复的图案之美。

（三）《周易》文章的形象美

哲理的形象表现方式很重要，以自然生态寄寓理性思考，通过形象——事象、物象、意象、景象、情境来表现人的思想、观点、情绪、意念、神韵，是《周易》行文的奥秘，也是中国历代美文行文的奥秘。

《系辞上》："在天成象，在地成形。"我国传统文化中有星象、天象、气象之说，这些"象"在《周易》中，都是"不可抟而得"、难以具体把握的东西，但又是特定的天体表征在古人头脑中的反映，能示现给人们某种启示、带给人们某种信息。中国人看星空，能"看到"银河、牛郎、织女，那都是"象"，带有中国人的民族意识和民族情感。

《系辞上》："圣人有以见天下之赜，而拟诸其形容，象其物宜，是故谓之象。"拟诸形貌，象其物宜，这正是"象"的质的规定性：摄取客体事物的形貌，形象地表达其意义，反映宇宙人生的奥秘。

《系辞上》："圣人立象以尽意，设卦以尽情伪，系辞焉以尽其言，变而通之以尽利，鼓之舞之以尽神。"这里提出了"立象尽意"的命题，在中国思想史、美学史、文学史上是第一次。王弼《周易略例·明象》章："言者所以明象，得象而忘言；象者所以存意，得意而忘象。""尽意莫若象，尽象莫若言。"这里，王弼论述了"言—象—意"三者的关系：在作品中，作者用文辞（言）勾画形象（象），透过形象传达主体认识（意）；读者则透过文辞设想形象，通过形象体悟道理。刘禹锡《绝编生墓表》："古先圣人知'道'之妙不可抟而得也，故设'象'以致意，梯有以取亡，取当其粗，用当其精。……以天时为卦体，以地理为爻位，外附人事以象焉，内取诸身以象焉：得枢于寰中，迎数于象外。自然之理，不知其然。"这是说，古人善于梯有取无，借粗示精，用生活中平易浅近之"象"来传达深奥玄妙之精"义"。那么，就让我们来看看《周易》取粗用精、梯有取无的实例吧，看看其取"象"路径之多、之广！

初九，潜龙，勿用。九二，见龙在田，利见大人。九三，君子终日乾乾，夕惕若，厉无咎。(《乾卦》)——龙是虚拟之象。

初六，履霜，坚冰至。(《坤卦》)——这是向自然物取象。

上六，羝羊触藩，不能退，不能遂，无攸利。(《大壮卦》)——生活小镜头，以浅喻深。

九五，《象》曰：大人虎变，其文炳也。上六，《象》曰：君子豹变，其文蔚也；小人革面，顺以从君也。(《革卦》)——比喻设象。所设之象，生活中未必实有。

《彖》曰：日中则昃，月盈则食；天地盈虚，与时消息。(《丰卦》)——取自天象。

九二，鸣鹤在阴，其子和之；我有好爵，吾与尔靡之。(《中孚卦》)——取自意境。

六三，得敌，或鼓或罢，或泣或歌。(《中孚卦》)——取自场景。

九四，贞吉，悔亡。震用伐鬼方，三年有赏于大国。(《未济卦》)——取自史事。

要知道，形象是作为情意的载体而存在的，形象可以复制，可以储存；在受众那里，还可以"变形"，可以"增值"，可以

"换质",所谓"得之于象外"。这便是形象的生命力所在。玄奘西天取经,鉴真东渡说法,其"形象"至今活在人们心中,但这是经过时代"换质"的形象,玄奘、鉴真已经不仅是宗教意义上的英杰了。我们今天读《周易》,同样要取这样的观察角度去看文中的龙马秋霜、触藩羝羊,不要死守一隅,钻牛角尖。

(四)《周易》的美学灵魂在于情志美

文章要愉悦身心,陶冶性灵,开阔心胸,增进智能,提高读者的综合素质,离开情志美是办不到的。中国人历来追求真善美的统一。求大道之真、求社会之善、求灵魂之美是历代哲人、历代文章的本质意义上的使命。在《周易》中,便体现为灌注于其中的情志美。

情志美,可以表现为壮美、崇高美、阳刚之美,也可以表现为优美、秀美、阴柔之美。优美是天人合一、情理和谐的审美愉悦;壮美是在崇高伟岸的事物中体会自身力量的审美愉悦,是人类对生命力的衷心赞佩。提倡积极向上、健康乐观的阳光情感,排除悲观厌世、庸俗委琐的阴幽情怀,是我国古文的优良传统。文到情深自有韵,以真情运笔,必然生动,必然符合生态美学。

《系辞下》:"将叛者其辞惭,中心疑者其辞枝,吉人之辞寡,躁人之辞多,诬善之人其辞游,失其守者其辞屈。"这段话有利于启发人们认识不同的文风,不同的情志。以下略举数例:

是故君子所居而安者，《易》之序也；所乐而玩者，爻之辞也。是故君子居则观其象而玩其辞，动则观其变而玩其占。(《系辞上》)——孔子连用三个"玩"字，把自己读《周易》的情态活灵活现地表现了出来。

与天地相似，故不违；知周乎万物而道济天下，故不过；旁行而不流，乐天知命，故不忧；安土敦乎仁，故能爱。(《系辞上》)——不违，不过，不忧，能爱，这是孔子情志美的表达。这样的话，很有鼓动力！

子曰："君子居其室，出其言，善则千里之外应之，况其迩者乎？居其室，出其言，不善则千里之外违之，况其迩者乎？言出乎身，加乎民；行发乎迩，见乎远。言行，君子之枢机。枢机之发，荣辱之主也。言行，君子之所以动天地也，可不慎乎？"(《系辞上》)——完全是一位老人循循善诱生徒的口气，娓娓而谈，很亲切。

"法象莫大乎天地；变通莫大乎四时；县象著明莫大乎日月；崇高莫大乎富贵；备物致用，立成器以为天下利，莫大乎圣人；探赜索隐，钩深致远，以定天下之吉凶，成天下之亹亹者，莫大乎蓍龟。是故，天生神物，圣人则之；天地变化，圣人效之。天垂象，见吉凶，圣人象之；河出图，洛出书，圣人则之。《易》有四象，所以示也；系辞焉，所以告也；定之以吉凶，所以断也。"(《系辞上》)——读这些话，能感受到孔子那种综观宇内、大济万民的胸襟，那种积极向上、健康乐观的情感，那种力排悲观厌世、庸俗委琐的圣贤努力。

十四、《十翼》是孔门儒学成熟的标志

孔门儒学的成熟，有下面这几大标志：

1. 稳定的世界观

天人合一、阴阳对应，是孔子解析问题的思想根基，是《十翼》的灵魂。

2. 明确的人生观、价值论

孔子以"三才论"的人本思想来看待人的价值，看待人的主动性、创造性，处置人的人格、人权、人欲问题。因此，他高度评价劳动，高度评价圣贤，高度评价有利万民的科技与实业；他以"三才论"为依据来回答政清法明问题，回答慎狱恤刑问题；认为官以民信为本，政以民随为高；他以积极的人生态度与敞亮情怀，回答了个人与国家与群体的关系问题，回答了人生苦难与幸福、吉凶与悔吝、奋斗与挫折的问题，回答了如何面对灾难、面对黑暗、面对污秽的问题。他一生罕言命，不寄望于彼岸鬼神。

3. 思辨式的思维方法论

孔子头脑健全而敏锐，观察问题总有独到之处，常发人所未发；思考问题总能顾及双方而抓住两头，处理问题坚持中庸，不走极端，不致陷入片面性。例如，讲到讼卦时，他提倡作事谋始，以降低争讼的发生率；他认为讼不可长，即使小胜，也无甚可喜；

因讼获胜而得表彰，更须谨慎对待。说到小畜时，他提醒人们：适当积财是对的，但要力戒满招损。讲到睽卦时，他提醒人们：人际的隔膜、疏离是难免的，但只要适时沟通，并不难消除；不要用对立性思维去看待矛盾，去撕裂关系。论及蹇卦时，他主张：见险能止，及时止步；要求反躬自问，反身修德；而不是盲目蛮干，怨天尤人，推诿己责。论及谦卦时，他特别指出：为人要谦和，但谦和不碍进取，只知谦退，淡忘进取，决不是君子之所为。至于泰与否、损与益、既济与未济之间的辩证关系，说的人已经不少，这里只提一点：人在顺境下要保持外柔内刚，逆境中须记住否极泰来。说到"损"，要想想怎样损己利人；说到"益"，要想想怎样克己利人。一句话，不要总是围绕个人的利害得失去考虑损益。

4. 精确美妙的表达式

有三项：立象，设卦，系辞。《系辞上》曰："圣人立象以尽意，设卦以尽情伪，系辞焉以尽其言。"《周易》有三个绝妙的表义手段：一曰符，二曰象，三曰辞。卦爻以极简的阴阳符号象征最幽深奥妙的道与理。阴阳符是简明的、概括的，也是高度抽象的；它从性数格位各方来表达自己的存在，又从性数格位各方来表达自己和其他卦爻之间的承乘比应关系，借以"藏往知来"。象有虚象、实象两类，有抽象、具象两种，有物象、事象、景象、意象各式。《周易》之经文之取象，前文论之详矣，这里从略。系辞是指在卦符或爻符上系上的相应的说明文辞。《十翼》的说明文字清晰畅达，论理文字曲尽其隐，记叙文字伦次分明，抒情文字不浮不躁，文学价值极高。

5. 坚守思想原则与个人品行

《十翼》中论述了圣人践行大德的基本原则与应有遵循，对此，孔子终生服膺之、力行之。凡事皆有其"度"，万事之进退存亡皆有其定数、定量、定时、定位、定态，过犹不及，中庸为上，此之谓"不失其正"。故他不违天，不违人（民意），善于把握进退存亡之机，应时而动。这是唯有圣人才能达到的崇高境界。

应该指出，孔子对殷商文化是有特殊感情的，而商人是最爱龟卜的，但恰恰是孔子，把这本"龟卜之书"变成了"形而上学"之书，专讲哲学之道、吉凶之源、政刑之典；又变成了"形而下学"之书（科技实业之术），用以引导人们去研深极几，"立成器以为天下利"。他在学术上的破旧立新是很彻底的。孔子善于继承古圣。凡人死读书、读死书，最后读书死，是无益于社会，无益于知识传承的，更何论创新！孔子早已"为民立范"，不要再带着教科书式的刻板印象去看孔子、论儒学。